21世纪高职高专财经类规划教材
21SHIJI GAOZHIGAOZHUAN CAIJINGLEI GUIHUA JIAOCAI

市场营销理论与实训

Shichang yingxiao lilun yu shixun

方凤玲 周博 ◎ 主编
林小燕 李磊 ◎ 副主编

21SHIJI GAOZHIGAOZHUAN CAIJINGLEI GUIHUA JIAOCAI

人民邮电出版社
北京

图书在版编目（CIP）数据

市场营销理论与实训 / 方凤玲，周博主编. -- 北京：人民邮电出版社，2011.9（2019.8 重印）
21世纪高职高专财经类规划教材
ISBN 978-7-115-25909-7

Ⅰ. ①市… Ⅱ. ①方… ②周… Ⅲ. ①市场营销学－高等职业教育－教材 Ⅳ. ①F713.50

中国版本图书馆CIP数据核字(2011)第158692号

内 容 提 要

本教材立足于高职高专的教育特点和规律，从国内外市场营销理论及应用的实际出发，全面、系统地介绍了市场营销学观念和基础理论。

教材主要内容涵盖了市场营销的基础理论和主要的理论发展，包括市场营销的基本概念、营销环境分析、竞争分析及竞争战略、目标市场分析、顾客购买行为分析、产品策略、价格策略、分销渠道策略、促销策略及市场营销的发展。

教材内容顺序按照市场营销活动的基本流程进行设计，结构清晰，案例丰富且有针对性。作为高职高专教育用书，教材每章后都设置了实训项目及实训操作流程，以增强对实训教学环节的支撑。

本书提供课件、教案、习题答案、模拟试卷补充教学案例和实训支持材料。

本教材适合作为高职高专院校市场营销、工商管理或其他相关专业的市场营销课程教材，也可作为企业市场营销从业人员的培训用书或参考书。

◆ 主　　编　方凤玲　周　博
副 主 编　林小燕　李　磊
责任编辑　刘　琦
执行编辑　万国清

◆ 人民邮电出版社出版发行　　北京市丰台区成寿寺路 11 号
邮编　100164　　电子邮件　315@ptpress.com.cn
网址　http://www.ptpress.com.cn
北京捷迅佳彩印刷有限公司印刷

◆ 开本：700×1000　1/16
印张：15.25　　2011 年 9 月第 1 版
字数：338 千字　　2019 年 8 月北京第 5 次印刷

ISBN 978-7-115-25909-7

定价：29.00 元

读者服务热线：(010)81055256　印装质量热线：(010)81055316
反盗版热线：(010)81055315
广告经营许可证：京东工商广登字 20170147 号

21世纪高职高专财经类规划教材·专业基础系列

编 委 会

丛书序

本丛书根据高职高专的教学需求设计并编写，丛书涉及的书目包含财经专业基础课教材和财政金融、财务会计、经济贸易三个专业课系列教材。

众所周知教材质量的核心是内容质量，为了将本丛书打造成为优秀教材，由众多教育一线的专家学者组建成的丛书编委会为本套丛书审纲、审稿。可以说丛书中每种教材均凝结了众多编委的心血。我们相信通过大家共同的努力，本套丛书将有希望涌现出几种堪称优秀的、能适应高职高专教学需求的、高质量的立体化教材。

为满足社会对人才的需求，高职高专教学改革持续进行，不少教学改革已经取得令人瞩目的成果。当前，高校教师对教学改革配套教材的需求呼声很高，但我们考虑教材出版周期较长和教书育人的特性使其只适合作为已成熟教改方案的载体，未经过较长时间检验的教学改革成果直接体现在教材上并不合适。

本丛书的教材无论是基于何种教学思路编写，均已经过作者多年的教学实践检验，从内容到形式上均已有一定的成熟度。

教材虽然是传播教学改革成果的最佳工具之一，但仅靠教材本身很难全面地将教改思想贯彻到位，需要有与教材配套的教案及其他辅助资料。为此我们将本丛书打造成主教材与配套电子资料包相结合的立体化教材，提高教材的应用性和实用性。

本丛书每种教材所配的电子资料包均含作者精心制作的电子课件、电子教案、习题答案，有些教材还提供了案例分析、学习指导等更为丰富的教学素材或学习素材。

尽管我们力图为高校提供高质量的、立体化的、符合未来两三年教改趋势及教学需求的优秀教材，但正如一位国家级教学名师所说："教材不是编出来的，是教出来的，来回反复修改，来回'磨'出来的。"我们这套丛书还未经过"打磨"，再加上我们的水平有限，尚存在已知的和未知的一些不足，我们有决心持续地"打磨"这套教材，也希望读者给予反馈以资我们修正，使本套教材尽早达到"优秀"的水准（编委会联系方式 wanguoqingljw@163.com 或 goodbook2010@tom.com）。

本书编委会

2010 年 6 月

前言

随着市场经济的不断发展，企业要在激烈的市场竞争中不断提升和发展，市场营销能力成为重中之重，企业对应用型营销人才的需求也不断增加。

本书是一本系统介绍市场营销基本理论、营销策略的高职高专教材。本书共分十章，包括市场营销基本概念、营销环境分析、竞争战略、目标市场分析、顾客购买行为分析、营销组合策略以及市场营销理论的新发展。在教材编写过程中，编者立足于高等职业教育，把握了以下原则。

1. 够用、实用。在教材内容的选择过程中根据高等职业教育的规律和特点，以够用、实用为原则。教材注重介绍市场营销的基础理论，并且尽量将理论知识与实际运用相链接。

2. 引入新理论。在市场营销基础理论介绍的基础上，适当加入了学科研究发展的较新内容，例如整合营销、关系营销等。将这些新理论与基础营销理论进行比较，将其核心思想通过教材传递给学生。

3. 注重实训教学环节。为增强对学生知识运用能力的培养，加强了教材对实训教学环节的支撑。每章除一般性习题外，另设置了章节实训项目，并提供了实训操作流程。这些项目实训内容具体，可操作性强，方便教学过程中实训环节的开展（本书配套资料中提供实训支持材料）。

4. 案例针对性强。针对教材内容，在每章前后加入了与章节内容紧密联系的营销案例，供教师课堂讲解或学生课后阅读分析，加强对理论知识的理解。

5. 提供配套资料。为方便读者学习和教师授课，本书提供课件、教案、习题答案、补充教学案例和实训支持材料。

本书由方凤玲教授主编，编写分工如下：第一、第二、第五章由王馨编写，第三、第四章由李磊编写，第六章由林小燕、张翠林共同编写，第七、第八、第九章由张翠林编写，第十章由周博编写。全书由方凤玲教授和周博老师进行统稿。

在编写本书的过程中，参阅、引用了大量国内外市场营销学界专家学者的著作、教材、学术观点，在此一并表示真诚的感谢。由于编者水平有限，书中难免存在疏漏和不妥之处，恳请广大读者批评指正。

编　者

2011 年 5 月

目录

第一章 市场营销的基本概念

总体目标

1. 了解市场营销学的发展历程。
2. 分析企业营销观念的含义及其演进。
3. 掌握市场与市场营销等相关概念。

案例点评

20世纪末，一个新品牌酱油异军突起，在不到3个月的时间里成为湖南酱油市场的第二品牌。其魔力仅仅是因为一个“瓶盖”，一个可以比较准确地把握分量的内盖——使用装有这种瓶盖酱油的巧妇们再也不用担心酱油倒得太多或是太少而影响菜的味道了。其广告诉求（USP）即在一个瓶盖上，这一举措竟打得同行措手不及。

营销其实很简单，关键是心中要有消费者，要了解消费者的需求。只要摸准顾客关心什么、有什么问题、有什么不方便之处，想顾客所想，做顾客想做而未做的，则营销工作可以说成功了一半。

第一节 市场营销的基本概念

一、基本概念

市场营销学是研究经营规律的科学。国际著名的市场营销学家菲利普・科特勒指出：“营销是企业成功的关键因素。‘营销’一词不应该被认为是过去大家认定的销售，而必须赋予新的意义——满足顾客需求。”

（一）市场及其相关概念

1. 需要、欲望和需求

人类的需要和欲望是市场营销活动的出发点。需要是指没有得到基本满足的感受状态，如人们为了生存，需要食物、衣服、房屋等。

欲望是指想得到基本需要的具体满足物的愿望。不同背景下的消费者欲望不同，比如中国人需求食物则欲求大米饭；法国人需求食物则欲求面包；美国人需求食物则欲求汉堡包。人的欲望受社会因素及机构因素，诸如职业、团体、家庭、教会等影响。因而，欲望会随着社会条件的变化而变化。市场营销者能够影响消费者的欲望，如建议消费者购买某种产品。

需求是指对于有能力购买并且愿意购买的某个具体产品的欲望。人类为了生存，需要食品、衣服、住所、安全、归属、受人尊重等条件。这些需要可用不同方式来满足。人类的需要有限，但其欲望却很多。当具有购买能力时，欲望便转化成需求。将需要、欲望和需求加以区分，其重要意义就在于阐明市场营销者并不创造需要，需要早就存在于市场营销活动出现之前；市场营销者连同社会上的其他因素，只是影响了人们的欲望，并试图向人们指出何种特定产品可以满足其特定需要，进而通过使产品富有吸引力，适应消费者的支付能力且使之容易得到而影响需求。

案例链接

三角形冰箱

一位姓宋的消费者别出心裁地在互联网上向国内一电冰箱知名品牌订购了一台纯属特殊需求的左开门冰箱，并要求 7 天交货。之后，这台国内绝无仅有的 BCD-130E 左开门冰箱如期送到了购买者家中。这是该品牌通过电子商务售出的第一台个性化冰箱，也是国内第一台通过网上定制的冰箱。

该企业总裁张瑞敏认为，个性化需求正成为新经济时代的消费趋势，对于家电企业来说，谁能洞悉更多的个性化需求，制造出更多的个性化产品，谁就拥有更多的市场先机和市场份额。他断言，只要用户需要，也许明天企业能给你一台三角形冰箱。

2. 交换

交换是市场营销的核心。当人们决定以交换方式来满足需要或欲望时，就存在市场营销了。一个人可以通过四种方式获得自己所需要的产品。第一种方式是自行生产。一个饿汉可以通过打猎、捕鱼或采集野果来充饥。这个人不必与其他任何人发生联系。在这种情况下，既没有市场，更无所谓市场营销。第二种方式是强制取得。一个饿汉可以从另一个人那里夺取或偷得食物。而对另一个人而言，毫无益处。第三种方式是乞讨。一个饿汉可以向别人乞讨食物，除了一声“谢谢”之外，乞讨者没有任何有形的东西作回报。第四种方式是交换。一个饿汉可以用自己的钱、其他物品或服务与拥有食物的人进行交换。市场营销活动产生于第四种获得产品的方式。

所谓交换是指通过提供某种东西作为回报，从别人那里取得所需物的行为。交换应看作是一个过程而不是一个事件。如果双方正在进行谈判，并趋于达成协议，这就意味着他们正在进行交换。一旦达成协议，我们就说发生了交易行为。

3. 市场

市场是商品经济的范畴，是一种以商品交换为内容的经济联系形式。对于企业来说，市场是其营销活动的出发点和归宿。

（1）狭义市场。狭义市场是指商品买卖的场所，即买卖双方聚集在一起交换货物和劳务的实际场所。这里所强调的是交易的场所或地点，如遍布于城乡的集贸市场、商业区、购物中心等。这些市场通常在交通方便、人口稠密之地。

（2）广义市场。广义市场是指一定时间、地点、条件下商品交换关系的总和，即把市场当作商品交换的总体。这是马克思主义政治经济学的观点，即从一定的经济关系来说明市场的性质。市场上所有的买卖活动，都涉及直接参与者和间接参与者的利益，在物与物的关系背后存在着人与人的关系。所以市场是商品生产者、中间商及消费者交换关系的总和。

（3）市场营销学中的市场。美国营销学家菲利普·科特勒把市场定义为“市场是指某种产品的所有实际的和潜在的购买者的集合”。据此，可以把市场的含义概括为“市场是指具有现实的或潜在的购买欲望，且有货币支付能力的个人或组织。”

从微观角度来考察，市场的构成包括人口、购买力、购买欲望三个要素，即市场=人口+购买力+购买欲望。

市场的这三个因素是相互制约、缺一不可的，只有三者结合起来才能构成现实的市场，才能决定市场的规模和容量。例如，一个国家或地区人口众多，但收入很低，购买力有限，则不能构成容量很大的市场；又如，购买力虽然很大，但人口很少，也不能成为很大的市场。只有人口既多，购买力又高，才能成为一个有潜力的大市场。但是，如果产品不适合需要，不能引起人们的购买欲望，对销售者来说，仍然不能成为现实的市场。所以市场是上述三个因素的统一。

4. 市场的功能

市场具有媒介经济行为主体、通过供求和价格等信息实现资源合理配置、调节经济行为和协调社会生产比例等功能。市场的功能一般表现为市场在运动过程中存在的客观职能。

（1）价值实现功能。即通过市场实现商品价值和使用价值，实现再生产过程中的实物补偿和价值补偿。商品的价值是在劳动过程中创造的，但其价值的实现则是在市场上通过交换来完成的。任何商品都要经受市场的检验，商品的状况好，能顺利地在卖者和买者之间转移，最终送到消费者手里实现消费，价值才能得到实现。

在市场经济条件下，无论是个别再生产或是社会再生产，都只有通过市场才能实现。就个别再生产来说，一方面，商品的价值只有通过市场出售给消费者以后才能最终实现；另一方面，所需的生产要素都只有向市场购买才能获得。

（2）经济联系功能。即通过市场实现国家之间、地区之间、城乡之间、不同行业之间、不同经济成分之间、同一经济成分不同企业之间、生产和消费之间的经济联系。商品生产是社会化大生产，在市场经济条件下，尤其强调各部门、各地区之间的经济联系。例如，主要在城市进行的工业生产，它的发展以农业为基础，依靠农业提供粮食、副食品和原料；

而在农村进行的农业生产，它的发展又以工业为主导，依靠工业提供技术装备等。只有在两者密切联系、相互促进的基础上，整个国民经济才能持续而快速地发展。又如，由于自然条件、经济条件等方面的不同，各个国家或地区的经济发展必须根据扬长避短的原则发挥各自优势，必须沟通国家之间或地区之间的经济联系。凡此种种经济联系，在市场经济条件下只能通过市场活动来实现。

（3）利益协调功能。即通过市场调节社会劳动总量在不同部门的分配比例，优化社会资源的配置。商品生产和商品消费在任何条件下总是存在着一定的矛盾，反映在市场上必然表现为供不应求或供过于求的矛盾运动。供求矛盾必然引起价格的变动，价格的变动又会改变供求状况。供求和价格相互作用，相互制约，这是供求规律的要求。供求关系不仅能够在价格的调节下趋于协调，而且社会资源的配置能够在市场机制调节下趋于优化。因为供不应求的商品的价格会上涨，利润会提高，就会刺激和诱导更多的人、财、物资源投入这种商品的生产；相反，则资源投入少，流出多。

市场的功能是通过价值规律和竞争规律来体现的。企业的经营者得到有关市场供求、市场价格和市场竞争情况的信息后，可以通过一定的调节手段和措施来适应市场的需要。

（4）信息传导功能。即通过市场来传播、交流、反馈信息。市场是经济信息的载体，它能够通过交易活动或其他联系的形式和手段，把市场的供求变化、价格变动以及买方或卖方的生产、经营和消费情况等信息传递给生产者、经营者、消费者，使他们能够依据这些信息来研究和判断，作出合理的选择。国家作为市场调控主体，同样也可以依据市场所传递的信息制定宏观决策。

（5）优劣评判功能。即通过市场来评判交易当事人情况、交易商品的情况、交易方式、交易手段、交易机会、交易风险、交易环境、交易费用，交易效率及效益等。商品交换是市场功能的核心，通过市场进行商品的购销能实现商品所有权与货币持有权的互相转移，在交易的过程中，对交易的各种条件和情况进行评判，使买卖双方都得到满足。

（二）市场营销

想一想

在我们对“营销是什么”进行理论阐释之前，问问自己，你对市场营销了解多少？你认为什么是市场营销？列举一些你身边与市场营销有关的事实。

1. 市场营销的概念

对于市场营销的概念，不同的学者有不同的定义。美国市场营销协会 1960 年给市场营销的定义是：“市场营销是引导商品或劳务从生产者到达消费者（或用户）所进行的一切企业活动。”

美国哈佛大学教授马尔科姆 · 梅耐尔提出市场营销是“对社会水准的创造与实现”。

美国市场营销学者菲利普 · 科特勒在《市场营销管理》中提出：“市场营销是一个社会管理过程，在这个过程中，个人或群体通过创造、提供、与他人交换有价值的产品而满足自身的需要和欲望。”后来他对市场营销的研究有了进一步的发展，他提出“市场营销是个人或组织通过创造并同他人或组织交换产品和价值以获得其所需所欲之物的一种社会活动过程”。这个对市场营销的解释得到了众多专家的赞同。

所谓市场营销，就是指以消费者为中心，通过一定的市场交易程序，为满足消费者的现实或潜在需求，而在市场上进行的综合性经营销售活动过程。根据这一定义，市场营销的目的是满足消费者现实或潜在的需求，市场营销是以消费者为中心的，市场营销的核心是达成交易，而达成交易的手段则是开展综合性的营销活动。

知识拓展

市场营销不是“什么”？

菲利普·科特勒：市场营销不是推销。

杰伊·康拉德·莱文森：营销不仅不是推销，还不是其他很多东西，如下所述。

♦ 营销不是广告。千万不要以为广告就是营销。营销的方法有上百种，广告只是其中之一，还有其他多种方法。如果你正在做广告，那你也只是在做广告——因为你只做了你应该做的1%。

♦ 营销不是直接邮寄广告。有些企业认为直接邮寄广告就能获得它们需要的全部业务。邮寄订单的企业或许适合使用这种方法，但大多数企业需要大量其他类型的营销手段来支持直接邮寄广告，这样才能获得成功。

♦ 营销不是电话推销。企业对企业的营销，包括能进行详细产品介绍的电话推销，很少能获得成功。但你可以通过广告和直接邮寄广告的方式，来提高产品的影响力从而使电话反馈大大增加。所以，营销不仅仅是电话推销。

♦ 营销不只是制作宣传册。许多企业一股脑地忙于制作用于介绍其产品或服务的宣传册，而且还对其制作精良的宣传册赞不绝口。但是这本宣传册真的就是营销的全部吗？如果你的营销计划中还包括其他10个或15个重要方面，那宣传册就是这个计划中不可或缺的一个重要方面。如果只有宣传册，那是远远不够的。

♦ 营销并不意味着仅在黄页中做广告。在美国，大多数企业都在黄页中做广告，希望这样做可以给自己的营销带来益处。但是黄页中的广告只能为企业带来全部业务的5%，而对于剩下的95%而言，仅仅依靠这种方式是不行的。因此，应该把在黄页中做广告作为你计划的一部分——也仅仅是一部分。

♦ 营销不是作秀。没有什么行业像娱乐业那样需要作秀，而娱乐业也有适合它自身的营销措施。你应该把营销当成是销售、创造希望和激发动机的工作。营销者不是在搞娱乐活动——也就是说营销并不意味着要去取悦他人。

♦ 营销不是用来展现幽默的舞台。如果你在营销过程中使用幽默手段，那人们将只会记住你所讲的笑话，而对于你想借此引起人们注意的产品或服务印象不深。如果你采用幽默的手法进行营销，那么在开始的一两次，它会让你的营销活动显得很有趣，但几次以后，幽默的作用将会逐渐下降。

♦ 营销不是为了把吸引顾客的方式做得如何巧妙。你并不会希望潜在的顾客只是记住营销措施中的闪光点，实际上，你希望他们能记住你所提供的产品或服务。过多地考虑如何使营销手段更巧妙、更吸引人的做法对营销并没有什么益处，它会像吸血鬼一样把顾客对产品或服务的注意力吸走。

◆ 营销不是创造奇迹。营销人员因为期望在营销中创造奇迹而浪费的钱，远比因为其他任何错误想法而浪费的钱要多得多。本来期望创造奇迹，而实际上却给营销带来很多问题。在美国，如果你的做法得当，营销会是你最佳的投资方式，而要做得得当，就需要计划和耐心。

2. 营销的功能

市场营销的功能可分为四类：交换功能，物流功能，便利功能，示向功能。

（1）交换功能。交换功能包括购买和销售两个方面。除了两者都要实现产品所有权的转移外，购买的功能还包括购买什么、向谁购买、购买多少、何时购买等决策，即买主需要对购买什么、向谁购买、购买数量、购买时间等进行选择；销售的功能包括寻找市场、销售促进、售后服务等决策，即卖主主体需要确定目标市场，努力促销并实施售后服务等。购买和销售都离不开价格，定价也就成了交换功能的必要环节。

（2）物流功能。物流功能又称实体分配功能，包括货物的运输与储存等。运输是为了实现产品在空间位置上的转移，储存是为了保存产品的使用价值，并调节产品的供求矛盾。物流功能的发挥是实现交换功能的必要条件。

（3）便利功能。便利功能指便利交换、便利物流的功能，包括资金融通、风险承担、信息沟通、产品标准化和分等分级等。借助资金融通和商业信用，可以控制或改变产品的流向和流量，在一定条件下能够给买卖双方带来交易上的方便和利益。风险承担，指在产品交易和产品储运中必然要承担的某些财务损失，如因产品积压而不得不削价出售，产品损坏、短少、腐烂而造成的经济损失等。市场信息的收集、加工与传递，对于生产者、中间商、消费者或用户都是重要的，没有信息的沟通，交换功能、物流功能都难以实现。产品的标准化和分等分级，可以大大简化和加快交换过程，不但方便储存与运输，也方便顾客购买。

（4）示向功能。示向功能指通过对市场调查、研究、分析，描绘出消费需求对产品的预期，以及市场上的供求态势、竞争状况等，从而对企业因时、因地制宜地推出适销对路的产品发挥示向作用。相对于市场营销的前几种功能来说，示向功能对企业往往更具有战略意义。

市场营销通过执行其功能，创造出经济效用，从而解决社会生产与消费之间存在的种种矛盾。

二、市场营销的兴起与发展

市场营销学作为一门科学产生于 20 世纪初，当时其研究目标是了解和研究经济学家忽略或过分简化的某些问题。例如，经济学家试图通过供求曲线解释食品价格；而市场营销学家则对导致最终价格及消费水平的复杂过程展开研究，包括农民决定种植何种作物，选择哪些种子、肥料、设备，如何将农产品卖给收购站，收购站如何转卖给农产品加工厂，生产加工出来的食品如何经由批发商、零售商卖给消费者。

如今，市场营销学已不再是经济学的一个分支，而是一门重要的应用科学。严格地讲，它是一门建立在经济科学、行为科学和现代管理理论基础之上的应用科学。

（一）市场营销学在国外的产生与发展

1. 产生阶段（19世纪末~1920年）

产生阶段时期是美国资本主义迅速发展的时期。西部开发运动和铁路向全国各地延伸，使美国国内市场急剧扩大，加之市场竞争日趋激烈，促使企业日益重视广告、分销活动。专业化广告代理商在美国日渐活跃，发挥着相当重要的市场营销职能。连锁商店、邮购商店的产生与发展，给市场营销带来了薄利多销的新观念。在此期间，出现了几位被视为市场营销研究先驱的人物，其中最著名的有阿克·肖、拉尔夫·斯达·巴特勒和韦尔德。

最初在美国几所大学开设的有关市场营销的课程，较多地被称为“分销学”，而不是“市场营销学”。例如，1902年密执安大学开设的课程名称为“美国分销管理行业”。在美国早期的教学研究活动中，还没有人使用“市场营销”这一术语，而用得最广泛的是“贸易”、“商业”、“分销”等。

在1900年~1910年，人们的观念发生了变化。随着垄断资本主义的出现以及“科学管理”的实施，企业的生产效率大大提高，生产能力大大增强，一些产品的销售遇到了困难。为了解决产品的销售问题，一些经济学家和企业就根据企业销售活动的需要，开始研究销售的技巧，研究各种推销方法，1905年，美国宾夕法尼亚大学开设了名为“产品的市场营销”的课程。1912年，第一本以分销和广告为主要内容的《市场营销学》教科书在美国哈佛大学问世，这是市场营销学从经济学中分离出来的起点。但这时的市场营销学主要研究有关推销术、分销及广告等方面的问题，而且仅限于某些大学的课堂中，并未引起社会的重视，也未应用于企业的营销活动。这一时期的市场营销理论大多是以生产观念为导向的，其依据仍然是以供给为中心的传统经济学。但是，这些研究在经济学家所持的生产观念和市场营销学家所持的消费观念之间架起了一座桥梁。所以，这一时期可称为市场营销理论的萌芽时期。

2. 发展阶段（1921年~1955年）

美国的消费经济结构在第一次世界大战以后的十几年间发生了明显的变化。由于美国经济的发展和国际地位的提高，国民收入迅速增加，生活水平显著提高，一跃成为世界上消费水平最高的国家，但是美国国内分配不均的现象日趋严重，尽管国民收入大幅度增加，但广大消费者中间却蕴藏着大量未满足的需求。美国消费经济结构的变化，再度引起学术界和企业界研究市场营销理论的热潮。这一时期的研究以市场营销职能研究为最突出的特点。

从20世纪30年代到第二次世界大战结束，是市场营销学逐步应用于社会实践的阶段。1929年~1933年，资本主义国家爆发用严重的经济危机，生产过剩、产品大量积压，因而，企业产品如何转移到消费者手中就很自然地成了企业和市场学家们认真思考和研究的课题，市场营销学也因此从课堂走向了社会实践，并初步形成体系。这期间，美国相继成立了全国市场营销学和广告学教师协会（1926年）、美国市场营销学学会（1936年）。理论与实践的结合促进了企业营销活动的发展，同时也促进了市场营销学的发展。但这一阶段的市场营销仍局限于产品的推销、广告宣传、推销策略等，仅处于流通领域。

这一时期的市场营销研究主要集中在职能研究上，但对于销售这一职能的解释却是耐人寻味的。克拉克和韦尔德认为销售就是寻找买主。亚历山大则提出，销售应该更富有生动性，来说服现有顾客和潜在顾客购买。1942年，克拉克又提出，销售是创造需求。从销售定义的演变中，我们可以窥见市场营销观念的雏形。

第二次世界大战以后，社会主义国家纷纷诞生，殖民地国家相继独立，导致了资本主义世界市场相对狭小，而战时膨胀起来的生产力又急需寻找新的出路，市场竞争日趋激烈。为适应这种情况的变化，市场营销学者除了继续从经济学中吸取养料外，还开始转向社会科学的其他领域寻觅灵感。此时，职能研究仍占据重要地位。1952年，有两部重要著作问世：一部是由范利、格雷瑟和柯克斯合著的《美国经济中的市场营销》；一部是由梅纳德和贝克曼合著的《市场营销原理》。

市场营销理论在这一时期开始形成。市场营销已被明确为是满足人类需要的行为，市场营销调研也在现实经济生活中受到了越来越广泛的重视，甚至连市场营销的社会效益也开始受到人们的重视。

3. 变革阶段（1956年～1965年）

大约在1956年～1965年，美国国内生产和生活方式发生了巨大变化，市场营销理论研究也开始迈向一个新的里程，这是从传统的市场营销学转变为现代市场营销学的阶段。20世纪50年代后，随着第三次科技革命的发展，劳动生产率空前提高，社会产品数量剧增，花色品种不断翻新，市场供过于求的矛盾进一步激化，原有的只研究在产品生产出来后如何推销的市场营销学，显然不能适应新形势的需求。许多市场学者纷纷提出了生产者的产品或劳务要适合消费者的需求与欲望，以及营销活动的实质就是企业适应动态环境创造性的观点，并通过他们的著作予以论述。从而使市场营销学发生了一次变革，企业的经营观点从“以生产为中心”转为“以消费者为中心”，市场也就成了生产过程的起点而不仅仅是终点，营销也突破了流通领域，延伸到生产过程及售后过程，市场营销活动不仅是推销已经生产出来的产品，而且是在对消费者的需要与欲望的调查、分析和判断的基础上，通过企业整体协调活动来满足消费者的需求。

其间，对市场营销思想作出卓越贡献的代表人物有奥德逊、霍华德和麦卡锡。奥德逊在其《市场营销活动和经理行动》（1957年）一书中提出了“职能主义”。霍华德的《市场营销管理：分析和决策》一书主张从市场营销管理的角度论述市场营销理论和应用。当时，以“管理”为题的论文、专著屡见不鲜，但在“管理”之前冠以“市场营销”尚属首创。麦卡锡在其《基础市场营销》一书中描述了研究市场营销的三种方法：商品研究法、机构研究法和职能研究法。此外，他还对美国市场营销协会定义委员会1960年给市场营销所下的定义进行了修正，进而提出自己的定义：“市场营销就是指将商品和服务从生产者转移到消费者或用户手中所进行的企业活动，以满足顾客需要和实现企业的各种目标。”

从他们的论述中可以看出，霍华德只是从企业环境和市场营销策略两者的关系来讨论市场营销管理问题，强调企业必须适应外部条件。而麦卡锡则提出了以消费者为中心，全面考虑企业内外部条件，以促成企业各项目标实现的市场营销管理体制。

4. *成熟阶段*（1966 年至今）

经过前几个阶段的历程，市场营销学逐渐从经济学中独立出来，又吸收了行为科学、管理科学，以及心理学、社会学等学科的若干理论。在此期间市场营销理论进一步成熟，市场营销概念和原理的运用日益普及。市场营销学更紧密地结合经济学、哲学、心理学、社会学、数学及统计学学科，成为一门综合性的边缘应用科学，并且出现了许多分支，例如，消费心理学、工业企业市场营销学、商业企业市场营销学等。现在，市场营销学无论在国外还是在国内都得到了广泛应用。乔治·道宁和菲利普·科特勒等学者为市场营销理论的发展作出了突出贡献。

道宁的主要贡献，就在于他首次提出了系统研究法。他在《基础市场营销：系统研究法》（1971 年）一书中提出，市场营销是企业活动的总体系统；通过定价、促销、分销活动，运用各种渠道把产品和服务供应给现实顾客和潜在顾客。菲利普·科特勒是当代市场营销学界最有影响的学者之一。他所著的《市场营销管理》一书在 1967 年出版后，成为美国管理学院最受欢迎的教材，并多次再版，译成十几国文字，受到各国管理学界和企业界的高度重视。

20 世纪 80 年代后，市场营销领域又出现了大量的新概念，使得市场营销这门学科出现了变形和分化的趋势，其应用范围也在不断地扩展。

进入 20 世纪 90 年代以来，关于市场营销、市场营销网络、政治市场营销、市场营销决策支持系统、市场营销专家系统等新的理论与实践问题开始引起学术界和企业界的关注。

（二）市场营销学在中国的传播与发展

党的十一届三中全会以后，党中央提出了“对外开放、对内搞活”的总方针，从而为我国重新引进和研究市场营销学创造了有利的环境。1978 年，北京、上海、广州的部分学者和专家开始着手市场营销学的引进研究工作。虽然当时还局限在很小的范围内，而且在名称上还称为“外国商业概论”或“销售学原理”，但毕竟在市场营销学的引进上迈出了第一步。经过十几年的时间，我国对于市场营销学的研究、应用和发展已取得了可喜的成绩。从整个发展过程来看，大致经历了以下几个阶段。

1. *启蒙阶段*（1978 年～1982 年）

在此期间，通过对国外市场营销学著作、杂志和国外学者讲课的内容进行翻译介绍，选派学者、专家到国外访问、考察、学习，邀请外国专家和学者来国内讲学等方式，系统介绍和引进了国外市场营销理论。但是，当时该学科的研究还局限于部分大专院校和研究机构，从事该学科引进和研究工作的人数还很有限，对于西方市场营销理论的许多基本观点的认识也比较肤浅，大多数企业对于该学科还比较陌生。然而，这一时期的努力毕竟为我国市场营销学的进一步发展打下了基础。

2. 传播阶段（1983 年~1985 年）

经过前一时期的努力，全国各地从事市场营销学研究、教学的专家和学者开始意识到，要使市场营销学在中国得到进一步的应用和发展，必须成立各地的市场营销学研究团体，以便相互交流和切磋研究成果，并利用团体的力量扩大市场营销学的影响，推进市场营销学研究的进一步发展。1984 年 1 月，全国高等综合大学、财经院校市场学教学研究会成立。在以后的几年时间里，全国各地各种类型的市场营销学研究团体如雨后春笋般纷纷成立。各团体在做好学术研究和学术交流的同时，还做了大量的传播工作。例如，广东市场营销学会定期出版了《营销管理》，全国高等综合大学、财经院校市场学教学研究会在每届年会后都向会员印发了各种类型的简报。各团体分别举办了各种类型的培训班、讲习班。有些还通过当地电视台、广播电台举办了市场营销学的电视讲座和广播讲座。通过这些活动，既推广、传播了市场营销学知识，又扩大了学术团体的影响。在此期间，市场营销学在高等院校教学中也开始受到重视，有关市场营销学的著作、教材、论文在数量上和质量上都有很大的提高。

3. 普及阶段（1986 年~1994 年）

1985 年以后，我国经济体制改革的步伐进一步加快，市场环境的改善为企业应用现代市场营销原理指导经营管理实践提供了有利条件，但各地区、各行业的应用情况又不尽相同，具体表现为：①以生产经营指令性计划产品为主的企业应用得较少，以生产经营指导性计划产品或以市场调节为主的产品的企业应用得较多、较成功；②重工业、交通业、原材料工业等和以经营生产资料为主的行业所属的企业应用得较少，而轻工业、食品工业、纺织业、服装业等以生产经营消费品为主的行业所属的企业应用得较多、较成功；③经营自主权小、经营机制僵化的企业应用得较少，而经营自主权较大、经营机制灵活的企业应用得较多、较成功；④商品经济发展较快的地区（尤其是深圳、珠海等经济特区）的企业应用市场营销原理的自觉性较高、应用得也比较好。在此期间，多数企业应用市场营销原理时，偏重于分销渠道、促销、市场细分和市场营销调研部分。

1994 年后，无论是市场营销教学研究队伍，还是市场营销教学、研究和应用的内容，都有了极大的扩展。全国各地的市场营销学学术团体，改变了过去只有学术界、教育界人士参加的状况，开始吸收企业界人士参加。其研究重点也由过去的单纯教学研究，改为结合企业的市场营销实践进行研究。全国高等综合大学、财经院校市场学教学研究会也于 1987 年 8 月更名为“中国高等院校市场学研究会”。学者们已不满足于仅仅对市场营销一般原理的教学研究，对其各分支学科的研究也日益深入，并取得了一定的研究成果。在此期间，市场营销理论的国际研讨活动进一步发展，这极大地开阔了学者们的眼界。1992 年春，邓小平南方讲话以后，学者们还对市场经济体制的市场营销管理，中国市场营销的现状与未来，跨世纪中国市场营销面临的挑战、机遇与对策等重大理论课题展开了研究，这也有力地扩展了市场营销学的研究领域。

4. 国际化阶段（1995 年至今）

1995 年 6 月，由中国人民大学、加拿大麦吉尔大学和康克迪亚大学联合举办的第五届市场营销与社会发展国际会议在北京召开。中国高等院校市场学研究会等学术组织作为协办单位，为会议的召开作出了重要的贡献。来自46个国家和地区的135名外国学者和142名国内学者出席了会议。25名国内学者的论文被收入《第五届市场营销与社会发展国际会议论文集》(英文版)，6名中国学者的论文荣获国际优秀论文奖。从此，许多中国市场营销学学者开始全方位地登上国际舞台，与国际学术界、企业界的合作进一步加强。

第二节　营销观念的变迁

营销观念，又称市场观念、营销哲学，是一种在一定时期内占统治地位的组织营销活动的指导思想，即由于人们对市场状况的认识而产生的对于本企业营销活动的指导原则。在商品经济条件下，任何企业的营销活动，都要受一定的指导思想的支配。在经营指导思想的引导下，企业领导层制订企业的营销计划、目标以及确定为达到这些目标要采取的策略、手段；同时，企业还要在经营指导思想的要求下进行营销管理、营销控制，检查营销计划的实施。因此，对一个企业来说，有没有正确的经营指导思想至关重要。许多市场营销学学者把企业的市场观念称为企业之“魂”。因为企业的所有营销活动必然在一定的观念指导下进行，它清楚地阐明了企业的营销活动的责任和结果，使企业遵循一定的原则处理营销活动中的效率、效果和社会责任等方方面面的问题。从19世纪末到现在，西方发达国家先后出现了五种营销观念。

一、生产观念

生产观念是指导销售者行为的最古老的观念之一。这种观念产生于20世纪20年代前。企业经营哲学不是从消费者需求出发，而是从企业生产需要出发。其主要表现是“我生产什么，就卖什么”。生产观念认为，消费者喜欢那些可以随处买得到而且价格低廉的产品，企业应致力于提高生产效率和分销效率，扩大生产，降低成本以扩展市场。例如，美国皮尔斯堡面粉公司，从1869年至20世纪20年代，一直运用生产观念指导企业的经营，当时这家公司提出的口号是“本公司旨在制造面粉”。美国汽车大王亨利·福特曾傲慢地宣称：“不管顾客需要什么颜色的汽车，我只有一种黑色的”也是典型表现。显然，生产观念是一种重生产、轻市场营销的商业哲学。

生产观念是在卖方市场条件下产生的。在资本主义工业化初期以及第二次世界大战末期和战后一段时期内，由于物资短缺，市场产品供不应求，生产观念在企业经营管理中颇为流行。我国在计划经济体制下，由于市场产品短缺，企业不愁其产品没有销路，工商企业在其经营管理中也奉行生产观念，具体表现为：工业企业集中力量发展生产，轻视市场营销，实行以产定销；商业企业集中力量抓货源，工业企业生产什么就收购什么，工业企业生产多少就收购多少，也不重视市场营销。除了物资短缺、产品供不应求的情况之外，有些企业在产品成本高的条件下，其市场营销管理也受生产观念支配。例如，福特汽车公司在20世纪初期曾倾全力进行汽车的大规模生产，努力降低成本，使消费者购买得起，借以提高福特汽车的市场占有率。

二、产品观念

产品观念也是一种较早的企业经营观念。产品观念认为，消费者喜欢高质量、多功能和具有某种特色的产品，企业应致力于生产高价值产品，并不断加以改进。它产生于市场产品供不应求的“卖方市场”形势下，当企业发明一项新产品时最容易滋生产品观念，此时，企业最容易导致“市场营销近视”，即不适当地把注意力放在产品上，而不是放在市场需求上。在市场营销管理中缺乏远见，只看到自己的产品质量好，看不到市场需求在变化，致使企业经营陷入困境。

案例链接

美国某钟表公司自1869年创立到20世纪50年代，一直被公认为是美国最好的钟表制造商之一。该公司在市场营销管理中强调生产优质产品，并通过由著名珠宝商店、大百货公司等构成的市场营销网络分销产品。1958年之前，公司销售额始终呈上升趋势。但此后其销售额和市场占有率开始下降。造成这种状况的主要原因是市场形势发生了变化：这一时期的许多消费者对名贵手表已经不感兴趣，而趋于购买那些经济、方便、新颖的手表；而且，许多制造商迎合消费者需求，已经开始生产低档产品，并通过廉价商店、超级市场等大众分销渠道积极推销，从而夺得了该钟表公司的大部分市场份额。而该钟表公司竟没有注意到市场形势的变化，依然迷恋于生产精美的传统样式手表，仍旧借助传统渠道销售，认为自己的产品质量好，顾客必然会找上门。结果企业经营遭受重大挫折。

三、推销观念

推销观念（或称销售观念）产生于20世纪20年代末至50年代前，是被许多企业所采用的另一种观念，表现为“我卖什么，顾客就买什么”，认为消费者通常表现出一种购买惰性或抗衡心理，如果听其自然的话，消费者一般不会足量购买某一企业的产品。因此，企业必须积极推销和大力促销，以刺激消费者大量购买本企业产品。推销观念在现代市场经济条件下被大量用于推销那些非渴求物品，即购买者一般不会想到要去购买的产品或服务。许多企业在产品过剩时，也常常奉行推销观念。

推销观念产生于资本主义国家由“卖方市场”向“买方市场”过渡的阶段。在1920年~1945年，由于科学技术的进步，科学管理和大规模生产的推广，产品产量迅速增加，逐渐出现了市场产品供过于求，卖主之间竞争激烈的新形势。尤其在1929年~1933年的特大经济危机期间，大量产品销售不出去，因而迫使企业重视采用广告术与推销术去推销产品。许多企业家感到即使有物美价廉的产品，也未必能卖得出去，企业要在日益激烈的市场竞争中求得生存和发展，就必须重视推销。例如，美国皮尔斯堡面粉公司在此经营观念导向下，当时提出“本公司旨在推销面粉”。推销观念仍存在于当今的企业营销活动中，如对于顾客不愿购买的产品，往往采用强行的推销手段。

这种观念虽然比前两种观念前进了一步，开始重视广告术及推销术，但其实质仍然是以生产为中心的。

四、市场营销观念

市场营销观念是作为对上述各种观念的挑战而出现的一种新型的企业经营哲学。这种观念是以满足顾客需求为出发点的，即“顾客需要什么，就生产什么”。尽管这种思想由来已久，但其核心原则直到 20 世纪 50 年代中期才基本定型，当时社会生产力迅速发展，市场趋势表现为供过于求的买方市场，同时广大居民个人收入迅速提高，有可能对产品进行选择，企业之间为销售产品的竞争加剧，许多企业开始认识到，必须转变经营观念，才能求得生存和发展。市场营销观念认为，实现企业各项目标的关键，在于正确确定目标市场的需要和欲望，并且比竞争者更有效地传送目标市场所期望的物品或服务，进而比竞争者更有效地满足目标市场的需要和欲望。

市场营销观念的出现，使企业经营观念发生了根本性变化，也使市场营销学发生了一次革命。市场营销观念同推销观念相比具有重大的差别。

西奥多·莱维特曾对推销观念和市场营销观念做过深刻的比较，推销观念注重卖方需要；市场营销观念注重买方需要。推销观念以卖主需要为出发点，考虑如何把产品变成现金，而市场营销观念则考虑如何通过制造、传送产品以及与最终消费产品有关的所有事物，来满足顾客的需要。可见，市场营销观念的四个支柱是：市场中心，顾客导向，协调的市场营销和利润。推销观念的四个支柱是：工厂，产品导向，推销和赢利。从本质上说，市场营销观念是一种以顾客需要和欲望为导向的哲学，是消费者主权论在企业市场营销管理中的体现。

案例链接

日本某汽车公司要在美国推出一种新车。在设计新车前，他们派出工程技术人员专程到洛杉矶地区考察高速公路的情况，实地丈量路长、路宽，采集高速公路的柏油，拍摄进出口道路的设计。回到日本后，他们专门修了一条 9 英里长的高速公路，就连路标和告示牌都与美国公路上的一模一样。在设计行李箱时，设计人员意见有分歧，他们就到停车场看了一个下午，看人们如何放取行李。这样一来，意见马上统一起来。结果该公司的新汽车一到美国就备受欢迎，被称为是全世界都能接受的好车。

五、社会市场营销观念

社会市场营销观念是对市场营销观念的修改和补充。它产生于 20 世纪 70 年代西方资本主义出现能源短缺、通货膨胀、失业增加、环境污染严重、消费者保护运动盛行的新形势下。市场营销观念回避了消费者需要、消费者利益和长期社会福利之间隐含着冲突的现实。社会市场营销观念则认为，企业的任务是确定各个目标市场的需要、欲望和利益，并以保护或提高消费者和社会福利的方式，比竞争者更有效、更有利地向目标市场提供能够满足其需要、欲望和利益的物品或服务。如图 1.1 所示，社会市场营销观念要求市场营销者在制定市场营销政策时，要统筹兼顾三方面的利益，即企业利润、消费者需要的满足和社会福利。

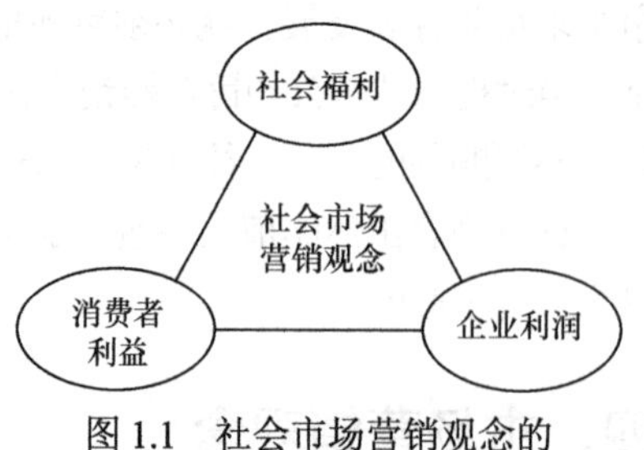

图 1.1　社会市场营销观念的平衡与协调

上述五种企业经营观，其产生和存在都有其历史背景和必然性，都是与一定的条件相联系、相适应的。当前，外国企业正在从生产型向经营型或经营服务型转变，企业为了求得生存和发展，必须树立具有现代意识的市场营销观念和社会市场营销观念。但是，必须指出的是，由于诸多因素的制约，当今美国企业并不是都树立了市场营销观念和社会市场营销观念。事实上，还有许多企业仍然以产品观念及推销观念为导向。目前，我国仍处于社会主义市场经济初级阶段，由于社会生产力发展程度及市场发展趋势，经济体制改革的状况及广大居民收入状况等因素的制约，我国企业经营观念仍处于以推销观念为主、多种观念并存的阶段。

本章小结

市场营销是指通过交换来满足目标顾客的需要和欲望，从而实现企业赢利目标的综合性经营销售活动。市场营销学产生于 20 世纪初的美国，其发展经历了产生阶段、发展阶段、变革阶段和成熟阶段四个阶段。在市场营销的发展过程中产生了不同的市场营销观念。市场营销观念是指企业决策人在组织和谋划企业市场营销实践活动时所依据的指导思想和遵循的行为准则，它包括企业营销活动的目的、手段和重点等内容。西方国家的市场营销观念大体经历了生产观念、产品观念、推销观念、市场营销观念、社会市场营销观念五个阶段。

知识巩固

一、名词解释

需要　　需求　　交换　　市场　　市场营销

二、判断题

1. 把商品集中在一起，便于购买者与出售者进行买卖的场所，即为广义的市场。(　　)
2. 企业的产品，只要质量好，就不愁打不开销路。(　　)
3. 一项交易做成以后，市场营销的任务即告结束。(　　)
4. 市场营销就是研究产品的销售。(　　)
5. 市场营销是销售部门的工作。(　　)
6. 市场需求不是一个函数，而是一个固定的数值。(　　)

7. 凡是市场机会都是企业可以利用的。(　　)

8. 消费者之所以购买商品，根本目的在于获得并拥有产品本身。(　　)

三、选择题

1. 市场营销运行的基本要求是：一切经济活动都要围绕（　　）而进行。

A. 企业　　B. 市场营销　　C. 等价交换　　D. 市场

2. 哪种观念下容易出现“市场营销近视”？（　　）

A. 生产观念　　B. 推销观念

C. 产品观念　　D. 社会市场营销观念

3. “酒香不怕巷子深”是一种（　　）观念。

A. 生产　　B. 产品

C. 推销　　D. 社会市场营销

4. 市场营销组合的 4Ps 是指（　　）。

A. 价格、权力、地点、促销　　B. 价格、广告、地点、产品

C. 价格、公关、地点、产品　　D. 价格、产品、地点、促销

5. 市场营销的核心是（　　）。

A. 生产　　B. 分配　　C. 交换　　D. 促销

四、填空题

1. 人类的________和________是市场营销活动的出发点。

2. 当具有________时，欲望便转化成需要。

3. 市场包含的三个主要因素是________、________、________。

4. 社会市场营销观念要求市场营销者在制定市场营销政策时，要兼顾________、________、________等。

5. 大市场营销就是在原来“4Ps”的基础上，加上两个“P”，即________与________。

五、思考题

1. 企业的营销观念有哪几种？并阐述每一种观念在什么条件下具有存在的合理性？

2. 市场营销活动对于企业经营有哪些重要意义？

案例分析

别硬着头皮烤“炊饼”

天目山的雾，怪得很，一年到头，绵绵不绝。尤其是春夏，雾浓得化不开，似乎要把这里的一切全浸透。雾，孕育出了上好的茶叶。十多年前，我在江苏工作时，办公室一位深谙茶道的老同志告诉我，这里的绿茶，单从制作工艺来说，独步天下，不仅枝叶完整，且形态划一。上品的绿茶，1 万枚中枝叶不完整者绝不会超出 5 枚。每当新茶下来，盖水前，这位仁兄总忘不了把杯子朝我跟前一举：“啧啧，你瞧，这茶形！”确实，这里出产的“雀

舌”、“旗枪”、“凤头”等品牌的茶叶，近些年在国内外的茶叶博览会上出尽了风头。

原以为，有了大自然这份厚爱，山民们会因茶而致富。谁知去年到溧阳采访，问起茶叶销售情况，当地一位干部连连摇头：“现在种茶的太多，而咱这儿的茶，制作工艺讲究，成本比人家高，所以……”“那么，为什么不简化一下制作工艺呢？”“那怎么行呢！咱这儿的茶，讲的就是个茶味！”

当地外贸部门的一位朋友讲，他们曾设想把茶叶销向海外。外商对茶叶的质量和价格都没有提出意见，但对枝叶完整成形这点，很不以为然。咱们呢，醉心于“状似凤头戏碧波”，他那里却为残茶如何处理发愁，要求把茶叶加工成碎末状的“方便茶”。还有些国家，干脆求购滤去茶叶的茶水罐头，人家这样认为：生活节奏这么快，哪有闲暇把盏品茗！若照你们的喝法，会已开完，客已宴毕，茶叶的头汤还未泡好呢！

类似上述墨守成规而失掉商机的事儿，非止一例。

我国地大物博，不少地方都有自己的传统产品。不过，我们应该明白，有了传统产品，并非就拥有了市场。随着时代的变迁，人们的消费观念也在不断发生变化。今天你喜欢吃“武大郎炊饼”，也许明天你喜欢吃“鸡腿汉堡”呢！因此，产品要走向市场，因循守旧不行！不符合市场需求的传统，该改的，必须改。如果大家都喜欢吃“鸡腿汉堡”，你却硬着头皮烤“炊饼”，那没办法，只好眼瞅着大把大把的钞票流走了！

（王慧敏，2000）

案例思考

将以上案例的信息和本书配套资料“案例及案例分析”中“天目山茶叶”的有关资料（另请通过互联网查找最新资料）进行对照，分析 2000 年到现在天目山人对茶叶的营销观念有什么变化。

实训项目

市场营销：认知与体验

【训练目的】

实际认知与体验市场营销。

【训练方案】

1. 人员：3～5 人组成一个小组，以小组为单位开展训练。
2. 时间：与第一章教学时间同步。
3. 方式：仔细浏览卓越网，并以 PPT 或其他形式发表自己对下列问题的看法。

（1）描述你所看到的卓越网，尝试在卓越网上购物并描述这一过程。

（2）你看到了市场营销的存在吗？以实例支持你的说法。

（3）卓越网是怎样与顾客建立关系的？你认为卓越网重视顾客利益吗？请说明理由。

（4）你觉得卓越网怎样才能做得更好？

第二章 营销环境分析

总体目标

1. 掌握市场营销环境的含义和内容。
2. 了解并学会分析微观环境因素。
3. 了解并学会分析宏观环境因素。
4. 掌握SWOT分析方法。

案例点评

日本有一家仅有30多人的生产雨衣的小公司，因产品滞销，公司准备转产。

有一次，公司董事长偶尔看到一份人口普查资料，得知日本每年出生婴儿250万。他想，每个婴儿一天用两条尿布，一年就需要500万条，如果再销往国外，市场就更加广阔。于是他果断决策：转产尿布。

结果，几年工夫，该公司生产的尿布就占领了日本市场，并占世界销售总量的30%。该公司董事长由此成为世界著名的“尿布大王”。

企业作为社会经济组织的一个组成部分，它总是基于一定的外界环境和内部条件进行市场营销活动。而这些环境和条件是不断变化的，一方面，它既给企业造成了新的市场机会；另一方面，它又给企业带来某种威胁。因此，市场营销环境对企业的生存和发展具有重要意义。企业必须重视对市场营销环境的分析和研究，并根据市场营销环境的变化制定有效的市场营销战略，扬长避短，趋利避害，适应变化，抓住机会，从而实现自己的市场营销目标。

市场营销环境是指与企业市场营销活动相关的特定的影响因素和条件。企业的所有活动都是在一定的环境中进行的，它们不断地与环境发生着这样或那样的交流，从环境吸纳各种物质和信息资源的同时，也通过企业自身的活动，对外界施加影响。企业的营销活动就是一种促使企业内外资源发生交流的活动。

第一节 宏观市场营销环境

宏观市场营销环境，或者说间接市场营销环境，是指那些作用于直接营销环境，并由此造成市场机会或环境威胁的主要社会力量，包括人口、政治法律、经济、社会文化、科学技术、自然等企业不可控制的宏观因素。企业及其直接环境都受到这些社会力量的制约和影响。

一、人口环境

市场营销学认为市场是由有购买愿望并且具备购买能力的人构成的，人的需求正是企业营销活动的基础。所以，对人口环境的考察是企业把握需求动态的关键。

众多的人口及人口的进一步增长，给企业带来了市场机会，也带来了威胁。

首先，人口数量是决定市场规模和潜力的一个基本要素，人口越多，如果收入水平不变，则对食物、衣着、日用品的需要量也越多，那么市场也就越大。因此，按人口数目可大致推算出市场规模。我国人口众多，无疑是一个巨大的市场。

其次，人口的迅速增长促进了市场规模的扩大。因为人口增加，其消费需求也会迅速增加，那么市场的潜力也就会很大。例如，随着我国人口增加，人均耕地减少，粮食供应不足，人们的食物消费模式将发生变化，这就可能对我国的食品加工业产生重要影响；随着人口增长，能源供需矛盾将进一步扩大，因此研制节能产品和技术是企业必须认真考虑的问题；而人口增长将使住宅供需矛盾日益加剧，这就给建筑业及建材业的发展带来机会。

但是，人口的迅速增长，也会给企业营销带来不利的影响。比如人口增长可能导致人均收入下降，限制经济发展，从而使市场吸引力降低。又如由于房屋紧张引起房价上涨，从而增大企业产品成本。另外，人口增长还会对交通运输产生压力，企业对此应予以关注。

从量的角度看，人口的数量是市场规模的重要标志，在人均消费水平一定的情况下，人口数量越多，市场需求规模就越大。而从人口的分布、结构及变动趋势等方面进行质的分析，则能够刻画出市场需求的特点和发展趋势。我们可以从以下方面讨论人口环境及其变化对企业营销活动的影响。

（一）人口总量

随着世界科学技术进步，生产力发展和人民生活条件改善，世界人口平均寿命延长，死亡率下降，全球人口尤其是发展中国家的人口持续增长。据联合国2010年发布的《2010年世界人口状况报告》显示，2010年世界总人口已经超过69亿人，并将在2050年达到91.5亿人以上。20世纪的最后20年中，世界人口增长了近18亿人。世界人口的迅速增长意味着人类需求的增长和世界市场的扩大。东亚地区被人们誉为“最有潜力的市场”，除了因为该地区近年来经济发展迅速外，也因为它的人口数量庞大且增长较快，使得该地区的市场需求日益扩大。

世界人口的增长极端不平衡。发达国家的人口出生率下降，人口甚至出现负增长，导致这些国家市场需求增长缓慢，有的甚至开始萎缩。例如，欧洲儿童数量的减少，给以儿童为目标顾客的企业造成威胁，却因为年轻夫妇有更多的闲暇和收入用于旅游和娱乐，为另一些行业带来佳音。世界人口的80%在发展中国家，而且人口增长最快的往往是那些落后、欠发达的国家。贫穷问题困扰着这些国家的人民，在人口呈几何级数上升的同时，消费者的购买力并没有提高多少，市场需求层次较低，以追求基本需求的满足为主。世界人口的过度膨胀给有限的地球资源带来巨大的压力，由此，可持续发展战略的研究为市场营销提出了新的课题。

（二）人口结构

人口结构可从其自然结构（性别、年龄）和社会结构（文化素质、职业、民族和家庭）两方面进行分析。

1. 人口的年龄结构

人口年龄结构是企业分析市场环境的主要内容之一，不同年龄层次的消费者因为生理和心理特征、人生经历、收入水平和负担状况的不同，有着不同的消费需要、兴趣爱好和消费模式。

目前，人口老龄化是世界人口年龄结构变化的新特点，其原因在于许多国家尤其是发达国家的人口死亡率普遍下降，平均寿命延长。这一人口环境动向对市场需求的影响是十分深刻的，市场对摩托车、体育用品等青少年用品的需求将会减少，而且由于老年人对添置住宅、汽车等高档商品兴趣不大，这部分产品的市场需求也呈下降趋势；另外，老年人的医疗和保健用品、生活服务、旅游和娱乐的市场需求将会迅速增加。

国家统计局 2011 年 4 月 28 日公布的第六次全国人口普查主要数据显示，以 2010 年 11 月 1 日零时为准，我国总人口为 13.4 亿人，其中 60 岁及以上人口占比已达到 13.26%，比 2000 年第五次人口普查上升 1.91 个百分点，接近 1.78 亿人预计 2015 年我国老年人总数将突破 2 亿人，到 2025 年将超过 3 亿人，2045 年将达到 4 亿人。

我国老年产品与服务的多种需求构成了一个十分庞大、丰富多彩的市场。目前仅 7000 亿元人民币产值的银发产业，“十二五”期间将快速增长迈向万亿的规模。老年人的消费需求以人寿保险、医疗保健和生活服务为热点。有关人士预测说，在未来的相关产业中，第一产业将出现老年人饮食特需的农副产品，第二产业将出现老年人专用商品，第三产业中将出现照料老年人生活的特殊行业，信息产业中还会出现为老年人提供精神慰藉的服务。

2. 人口的性别结构

人口的性别构成与市场需求的关系密切。男性和女性在生理、心理和社会角色上的差异决定了他们不同的消费内容和特点。一些产品有明显的性别属性，只为男性或女性专用。而男女不同的性别心理和社会角色对消费行为有直接影响，一般来说，男性以阳刚粗犷为美，崇尚冒险精神，以事业为重，决策果断，因而男性消费者的需求特征常常表现为粗放型、冒险型、冲动型和事业型；女性比较温柔细腻，善于谨慎从事，以生活和家庭为重，因而女性消费者的需求特点多为谨慎型、生活型和唯美型。

随着社会经济的发展，男女的性别角色也在悄然变化，并影响到市场需求的变动。越来越多的女性摆脱传统观念的束缚，走向社会寻求与男性同样的发展机会，女性就业的人数和领域在不断增加和扩大，她们的家庭和社会地位都有所改善。女性不仅在家庭中参与消费决策的权利有所提高，而且职业女性本身日益成为被商家瞩目的消费者群体。

3. 人口的家庭结构

家庭是社会的细胞，也是某些商品的基本消费单位，例如住房、成套家具、电视机、厨房用品等商品的消费数量就和家庭单位的数量密切相关。目前，家庭规模缩小已经是世界趋势。家庭规模小型化，一方面导致家庭总户数的增加，进而引起对家庭用品总需求的增加；另一方面则意味着家庭结构的简单化，从而引起家庭需求结构的变化，例如单人户、双人户和三人户的增加使得家庭对产品本身的规格和结构有不同于多代同堂的大家庭对产品的要求。营销者应在产品设计、包装和促销上作出相应的调整。

4. 人口的社会结构

人口的文化素质对市场消费需求的影响亦不能忽视。一般来说，随着受教育人数和受教育水平的提高，市场将增加对优质高档产品、旅游、书籍杂志等文化消费品的需求，而且人们的需求会更加追求个性化和多样化。此外，企业采用的营销手段及其效果也因目标顾客的受教育程度而异。

职业是消费者的社会角色。不同的职业往往和相应的收入水平联系在一起，直接制约消费者的购买能力。特定的职业常常和一定的生活方式联系，进而影响消费方式、消费习惯。例如，即使收入水平相同，出租车司机和大学教授的消费兴趣也不会相同。

5. 人口的民族结构

不同民族的消费者在各自传统民族文化的影响下，其消费行为、消费内容有鲜明的民族性。我国是一个多民族的国家，除占人口绝大多数的汉族外，还有满、藏、回、壮、维吾尔、蒙古等50多个少数民族，每个民族都有特殊的需求和消费习惯。以不同民族消费者为目标顾客的营销者必须尊重民族文化，理解民族文化间的差异。

（三）人口地理分布

人口的地理分布指人口在不同的地理区域的密集程度。由于各区域的自然条件、经济发展水平、市场开放程度以及社会文化传统和社会经济与人口政策等因素的不同，不同区域的人口具有不同的需求特点和消费习惯。例如在我国，不同区域的食品消费结构和口味上就有很大差异，俗话说“南甜北咸，东辣西酸”，也因此形成了如粤菜、川菜、鲁菜、徽菜等著名菜系。

人口密度是反映人口分布状况的重要指标。人口的地理分布往往不均匀，各区域的人口密度大小不一。人口密度越大，意味着该地区人口越稠密、市场需求越集中。准确地了解这一指标有助于营销者制订有效的营销计划。

（四）人口流动状况

人口的地理分布并不是一成不变的，它是一个动态的概念，这就是人口流动问题。

近几十年来，世界上人口“城市化”是普遍存在的现象，有些国家的城市人口占总人口的百分之七八十。但近些年来，在一些发达国家，与城市化倾向相反，出现了城市人口向郊区及卫星小城镇转移的“城市空心化”趋势。这些人口流动现象无一不造成了市场需求的相应变化，营销者必须充分考虑人口的地理分布及其动态特征对商品需求及流向的决定性影响。

二、经济环境

经济环境指企业营销活动所面临的外部社会条件，其运行状况及发展趋势会直接或间接地对企业营销活动产生影响。经济环境包括许多因素，如产业结构、经济增长率、货币供应量、利率等。

（一）经济发展阶段

企业的市场营销活动会受到一个国家或地区的整个经济发展水平的制约。经济发展阶段不同，居民的收入不同，顾客对产品的需求也不一样，从而会在一定程度上影响企业的营销。例如，以消费者市场来说，经济发展水平比较高的地区，在市场营销方面，强调产品款式、性能及特色，品质竞争多于价格竞争；而在经济发展水平低的地区，则较侧重于产品的功能及实用性，价格因素比产品品质更为重要。在生产者市场方面，经济发展水平高的地区着重投资较大而能节省劳动力的先进、精密、自动化程度高、性能好的生产设备。在经济发展水平低的地区，其机器设备大多是一些投资少而耗劳动力多、简单易操作、较为落后的设备。因此，对于不同经济发展水平的地区，企业应采取不同的市场营销策略。

知识拓展

美国学者罗斯顿根据他的“经济成长阶段”理论，将世界各国的经济发展归纳为五种类型：传统经济社会；经济起飞前的准备阶段；经济起飞阶段；迈向经济成熟阶段；适量消费阶段。凡属前三个阶段的国家称为发展中国家，而处于后两个阶段的国家则称为发达国家。不同发展阶段的国家在营销策略上也有所不同。以分销渠道为例，国外学者认为：经济发展阶段越高的国家，其分销途径越复杂而且广泛；进口代理商的地位随经济发展而下降；制造商、批发商与零售商的职能逐渐独立，不再由某一分销路线的成员单独承担；批发商的其他职能增加，只有财务职能下降；小型商店的数目下降，商店的平均规模在增加；零售商的成本上升。随着经济发展阶段的上升，分销路线的控制权逐渐由传统权势人物移至中间商，再至制造商，最后大零售商崛起，控制分销路线。

我国目前正处于经济起飞阶段。市场规模进一步扩大；企业投资机会增多；市场交换成为企业的根本活动；信息竞争将成为市场竞争的焦点。因此，企业应当注意经济起飞阶段市场中的变化，把握时机，主动迎接市场的挑战。

（二）地区与行业的发展状况

我国地区经济发展很不平衡，逐步形成了东部、中部、西部三大地带和东高西低的发展格局。同时在各个地区的不同省市，还呈现出多极化发展趋势。这种地区经济发展的不平衡，对企业的投资方向、目标市场以及营销战略的制定等都会带来巨大影响。

我国行业与部门的发展也有差异。十二·五期间，我国将大力发展节能新一代信息技术、环保、新能源、生物、高端装备制造业、新材料、新能源汽车等产业，这些行业和部门的相应发展，也给市场营销带来一系列影响。因此，企业一方面要处理好与有关部门的关系，加强联系；另一方面则要根据与本企业联系紧密的行业或部门的发展状况，制订切实可行的营销措施。

（三）购买力水平

市场不仅是由人口构成的，这些人还必须具备一定的购买力。而一定的购买力水平则是市场形成并影响其规模大小的决定因素，它也是影响企业营销活动的直接经济环境。主要包括以下几方面。

1. 消费者收入

消费者收入，是指消费者个人从各种来源中所得的全部收入，包括消费者个人的工资、退休金、红利、租金、赠予等收入。消费者的购买力来自消费者的收入，但消费者并不是把全部收入都用来购买商品或劳务，购买力只是收入的一部分。因此，在研究消费收入时，要注意以下几点。

（1）国民生产总值。它是衡量一个国家经济实力与购买力的重要指标。从国民生产总值的增长幅度，可以了解一个国家经济发展的状况和速度。一般来说，工业品的营销与这个指标有关，而消费品的营销则与此关系不大。国民生产总值增长越快，对工业品的需求和购买力就越大，反之，就越小。

（2）人均国民收入。这是用国民收入总量除以总人口的比值。这个指标大体反映了一个国家人民生活水平的高低，也在一定程度上决定了商品需求的构成。一般来说，人均收入增长，对消费品的需求和购买力就大，反之就小。例如，根据近 40 年的统计，一个国家人均国民收入达到 5000 美元，机动车可以普及，其中小轿车约占一半，其余为摩托车和其他类型车。

（3）个人可支配收入。这是在个人收入中扣除税款和非税性负担后所得余额，它是个人收入中可以用于消费支出或储蓄的部分，它构成实际的购买力。

（4）个人可任意支配收入。这是在个人可支配收入中减去用于维持个人与家庭生存不可缺少的费用（如房租、水电、食物、燃料、衣着等项开支）后剩余的部分。这部分收入是消费需求变化中最活跃的因素，也是企业开展营销活动时所要考虑的主要对象。因为这部分收入主要用于满足人们基本生活需要之外的开支，一般用于购买高档耐用消费品、旅游、储蓄等，它是影响非生活必需品和劳务销售的主要因素。

（5）家庭收入。很多产品是以家庭为基本消费单位的，如冰箱、抽油烟机、空调等。因此，家庭收入的高低会影响很多产品的市场需求。一般来讲，家庭收入高，对消费品需求大，购买力也大；反之，需求小，购买力也小。需要注意的是，企业营销人员在分析消费者收入时，还要区分“货币收入”和“实际收入”。只有“实际收入”才影响“实际购买力”。因此，实际收入和货币收入并不完全一致，由于通货膨胀、失业、税收等因素的影响，有时货币收入增加，而实际收入却可能下降。实际收入即扣除物价变动因素后实际购买力的反映。

2. 消费者支出

随着消费者收入的变化，消费者支出模式会发生相应变化，继而使一个国家或地区的消费结构也发生变化。消费者支出模式指消费者各种消费支出的比例关系，也就是常说的消费结构。社会经济的发展、产业结构的转变和收入水平的变化等因素直接影响了社会消费支出模式，而消费者个人收入则是单个消费者或家庭消费结构的决定性因素。

知识拓展

西方一些经济学家常用恩格尔系数来反映这种变化。德国经济学家和统计学家恩斯特·恩格尔1857年在对英国、法国、德国、比利时不同收入家庭的调查基础上，发现了关于家庭收入变化与各种支出之间比例关系的规律性，提出了著名的恩格尔定律并得到其追随者的不断补充、修正。该定律已成为分析消费结构的重要工具。该定律指出：随着家庭收入增加，用于购买食品的支出占家庭收入的比重就会下降；用于住房和家庭日常开支的费用比例保持不变；而用于服装、娱乐、保健和教育等其他方面及储蓄的支出比重会上升。其中，食品支出占家庭收入的比重被称作恩格尔系数。恩格尔系数是衡量一个国家、一个地区、一个城市、一个家庭的生活水平高低的标准。该系数越小，表明生活越富裕；越大，则生活水平越低。企业从恩格尔系数可以了解市场的消费水平和变化趋势。

消费支出模式不仅与消费者收入有关，而且还受到下面两个因素的影响。

（1）家庭生命周期的阶段影响。据调查，没有孩子的年轻人家庭，往往把更多的收入用于购买冰箱、电视机、家具、陈设品等耐用消费品上，而有孩子的家庭，则在孩子的娱乐、教育等方面支出较多，而用于购买家庭消费品的支出减少。当孩子长大独立生活后，家庭收支预算又会发生变化，用于保健、旅游、储蓄部分就会增加。

（2）家庭所在地点的影响。如住在农村与住在城市的消费者相比，前者用于交通方面支出较少，用于住宅方面的支出较多，而后者不仅用于住房的支出较多，而且用于衣食、交通、娱乐方面的支出多。

消费结构指消费过程中人们所消耗的各种消费资料（包括劳务）的构成，即各种消费支出占总支出的比例关系。优化的消费结构是优化的产业结构和产品结构的客观依据，也是企业开展营销活动的基本立足点。

知识拓展

第二次世界大战以来，西方发达国家的消费结构发生了很大变化：

- 恩格尔系数显著下降，目前大都下降到20%以下；
- 衣着消费比重降低，幅度在20%～30%；
- 住宅消费支出比重增大；
- 劳务消费支出比重上升；
- 消费开支占国民生产总值和国民收入的比重上升。

而从我国的情况看，消费结构还不尽合理。在建立社会主义市场经济体制前，由于政府在住房、医疗、交通等方面实行福利政策，从而引起了消费结构的畸形发展，并且决定了我国居民的支出模式以食物、衣物等生活必需品为主。随着我国社会主义市场经济的发展，以及国家在住房、医疗等制度方面改革的深入，人们的消费模式和消费结构都会发生明显的变化。企业要根据这些变化，尤其应掌握拟进入的目标市场中支出模式和消费结构的情况，输送适销对路的产品和劳务，以满足消费者不断变化的需求。

3. 消费者储蓄与信贷

消费者的购买力还要受储蓄和信贷的直接影响。消费者个人收入不可能全部花掉，总有一部分以各种形式储蓄起来，这是一种推迟了的、潜在的购买力。消费者储蓄一般有两种形式：一是银行存款，增加现有银行存款额；二是购买有价证券。当收入一定时，储蓄越多，现实消费量就越小，但潜在消费量越大；反之，储蓄越少，现实消费量就越大，但潜在消费量越小。企业营销人员应当全面了解消费者的储蓄情况，尤其是要了解消费者储蓄目的的差异。

储蓄目的不同，往往影响到潜在需求量、消费模式、消费内容、消费发展方向的不同。这就要求企业营销人员在调查、了解储蓄动机与目的的基础上，制定不同的营销策略，为消费者提供有效的产品和劳务。

我国居民有勤俭持家的传统，长期以来养成储蓄习惯。近年来，我国居民储蓄额和储蓄增长率均较大。据调查，居民储蓄的目的主要用于供养子女和婚丧嫁娶，但从发展趋势看，用于购买住房和大件用品的储蓄占整个储蓄额的比重将逐步增加。我国居民储蓄增加，显然会使企业目前产品价值的实现比较困难。但另一方面，企业若能调动消费者的潜在需求，就可开发新的目标市场。

案例链接

1979年，日本电视机厂商发现，尽管中国人可任意支配的收入不多，但中国人有储蓄的习惯，且人口众多。于是，他们决定开发中国黑白电视机市场，不久便获得成功。当时，西欧某国电视机厂商虽然也来中国调查，却认为中国人均收入过低，市场潜力不大，结果贻误了时机。

西方国家广泛存在的消费者信贷对购买力的影响也很大。所谓消费者信贷，就是消费者凭信用先取得商品使用权，然后按期归还贷款，以购买商品。这实际上就是消费者提前支取未来的收入，提前消费。西方国家盛行的消费者信贷主要有以下几种：①短期赊销；②购买住宅分期付款；③购买昂贵的消费品分期付款；④信用卡信贷等。

消费信贷允许人们购买超过自己现实购买力的商品，从而创造了更多的就业机会、更多的收入以及更多的需求；同时，消费者信贷还是一种经济杠杆，它可以调节积累与消费、供给与需求的矛盾。当市场供大于求时，可以发放消费信贷，刺激需求；当市场供不应求时，必须收缩信贷，适当抑制、减少需求。消费信贷把资金投向需要发展的产业，刺激这些产业的生产，带动相关产业和产品的发展。我国现阶段消费信贷发展迅速，已经由最初公共事业单位提供的水、电、煤气费用交纳等服务信贷，普及住宅、汽车等大宗消费信贷，而像手机、家电等小额消费信贷正在越来越快的融入人们的生活。

三、社会文化环境

社会文化是指一个社会的民族特征、价值观念、生活方式、风俗习惯、伦理道德、教育水平、语言文字、社会结构等的总和。它主要由两部分组成：一是全体社会成员所共有的基本核心文化；二是随时间变化和外界因素影响而容易改变的社会次文化或亚文化。人类在某种社会中生活，必然会形成某种特定的文化。不同国家、不同地区的人民，不同的社会与文化，代表着不同的生活模式，对同一产品可能持有不同的态度，直接或间接地影响产品的设计、包装、信息的传递方法、产品被接受的程度、分销和推广措施等。社会文化因素通过影响消费者的思想和行为来影响企业的市场营销活动。因此，企业在从事市场营销活动时，应重视对社会文化的调查研究，并作出适宜的营销决策。社会文化所包含的内容很多，下面仅就与企业营销关系较为密切的社会文化因素进行讨论。

1. 价值观念

价值观念是人们对社会生活中各种事物的态度、评价和看法。不同的文化背景下，人们的价值观念差别是很大的，而消费者对商品的需求和购买行为深受其价值观念的影响。例如，在西方一些发达资本主义国家，大多数人比较追求生活上的享受，超前消费也是司空见惯的事情。一些人为了生活上的享受，采用分期付款、赊销等形式，甚至大举借债。在我国，勤俭节约是民族的传统美德，借钱买东西这种消费行为往往被看成是不会过日子，人们大多攒钱购买商品，而且大多局限在货币的支付能力范围内，量入为出。当然，也有少数富裕的消费者过分追求西方的生活方式，崇尚享乐主义。

可见，不同的价值观念在很大程度上决定着人们的生活方式，从而也决定着人们的消费行为。因此，对于不同的价值观念，企业营销人员应采取不同的策略。对于乐于变化，喜欢猎奇、富有冒险精神、较激进的消费者，应重点强调产品的新颖和奇特；而对一些注重传统、喜欢沿袭传统消费习惯的消费者，企业在制定促销策略时应把产品与目标市场的文化传统联系起来。例如，东方人将群体、团结放在首位，所以广告宣传往往突出人们对产品的共性认识；而西方人则注重个体和个人的创造精神，所以其产品包装装潢也显示出醒目或标新立异的特点。我国人民重人情，求同步，消费偏于大众化，这些东方人的传统习俗，也对企业营销产生广泛的影响。

2. 风俗习惯

风俗习惯是人们根据自己的生活内容、生活方式和自然环境，在一定的社会物质生产条件下长期形成，并世代相袭而成的一种风尚和由于重复、练习而巩固下来并变成需要的行动方式等的总称。它在饮食、服饰、居住、婚丧、信仰、节日、人际关系等方面，都表现出独特的心理特征、伦理道德、行为方式和生活习惯。不同的国家、不同的民族有不同的风俗习惯，它对消费者的消费偏好、消费模式、消费行为等具有重要的影响。企业营销者应了解和注意不同国家、民族的消费习惯和爱好，做到“入境随俗”。可以说，这是企业做好市场营销尤其是国际经营的重要条件，如果不重视各个国家、各个民族之间的文化和风俗习惯的差异，就可能造成难以挽回的损失。

知识拓展

不同的国家、民族对图案、颜色、数字、动植物等都有不同的喜好和不同的使用习惯，像中东地区严禁带六角形的包装；英国忌用大象、山羊作为商品装潢图案即是如此。再如中国、日本、美国等国家对熊猫特别喜爱，但一些阿拉伯人却对熊猫很反感；墨西哥人视黄花为死亡，红花为晦气而喜爱白花，认为可驱邪；德国人忌用核桃，认为核桃是不祥之物；匈牙利人忌“13”单数；日本人忌荷花、梅花图案，也忌用绿色，认为不祥；南亚有一些国家忌用狗作商标；在法国，仙鹤是蠢汉和淫妇的代称，法国人还特别厌恶墨绿色，这是基于对第二次世界大战的痛苦回忆；新加坡华人很多，所以对红、绿、蓝色都比较喜好，但视黑色为不吉利，在商品上不能用如来佛的形态，禁止使用宗教语言；伊拉克人视绿色代表伊斯兰教，但视蓝色为不吉利；日本人在数字上忌用“4”和“9”，因在日语发音中“4”同死相近，“9”同苦相近；港台商人忌送茉莉花和梅花，因为“茉莉”与“末利”同音，“梅花”与“霉花”同音。我国是一个多民族国家，各民族都有自己的风俗习惯。如蒙古族人喜穿蒙袍、住帐篷、饮奶茶、吃牛羊肉、喝烈性酒；朝鲜族人喜食狗肉、辣椒，穿色彩鲜艳的衣服，食物上偏重素食，群体感强，男子地位较突出。

3. 宗教信仰

不同的宗教信仰有不同的文化倾向和戒律，从而影响人们认识事物的方式、价值观念和行为准则，影响着人们的消费行为，带来特殊的市场需求，与企业的营销活动有密切的关系，特别是在一些信奉宗教的国家和地区，宗教信仰对市场营销的影响力更大。教徒信教不一样，信仰和禁忌也不一样。这些信仰和禁忌限制了教徒的消费行为。某些国家和地区的宗教组织在教徒的购买决策中有重大影响。一种新产品出现，宗教组织有时会提出限制和禁止使用，认为该商品与该宗教信仰相冲突。相反，有的新产品出现，得到宗教组织的赞同和支持，它就会号召教徒购买、使用，起到一种特殊的推广作用。因此，企业应充分了解不同地区、不同民族、不同消费者的宗教信仰，提供适合其要求的产品，制定适合其特点的营销策略。否则，会触犯宗教禁忌，失去市场机会。这说明，了解和尊重消费者的宗教信仰，对企业营销活动具有重要意义。

4. 审美观

审美观通常指人们对事物的好坏、美丑、善恶的评价。不同的国家、民族、宗教、阶层和个人，往往因社会文化背景不同，其审美标准也不尽相同。有的以“胖”为美，有的以“瘦”为美，有的以“高”为美，有的则以“矮”为美，不一而足。例如，缅甸的巴洞人以妇女长脖为美；而非洲的一些民族则以纹身为美，等等。因审美观的不同而形成的消费差异更是多种多样。例如，在欧美，妇女结婚时喜欢穿白色的婚礼服，因为她们认为白色象征着纯洁，美丽；在我国，妇女结婚时喜欢穿红色的婚礼服，因为红色象征吉祥如意，幸福美满。又如，中国妇女喜欢把装饰物品佩戴在耳朵、脖子、手指上，而印度妇女却喜欢在鼻子上、脚踝上配以各种饰物。因此，不同的审美观对消费的影响是不同的，企业应针对不同的审美观所引起的不同消费需求，开展自己的营销活动，特别要把握不同文化背景下的消费者审美观念及其变化趋势，制定良好的市场营销策略以适应市场需求的变化。

5. 教育水平

教育水平是指消费者受教育的程度。一个国家、一个地区的教育水平与经济发展水平往往是一致的。不同的文化修养表现出不同的审美观，购买商品的选择原则和方式也不同。一般来讲，教育水平高的地区，消费者对商品的鉴别力强，容易接受广告宣传和接受新产品，购买的理性程度高。因此，教育水平高低影响着消费者心理、消费结构，影响着企业营销组织策略的选取，以及销售推广方式方法的差别。例如，在文盲率高的地区，用文字形式做广告，难以收到好效果，而用电视、广播和当场示范表演形式，才容易为人们所接受。又如在教育水平低的地区，适合采用操作使用、维修保养都较简单的产品；而教育水平高的地区，则需要先进、精密、功能多、品质好的产品。因此，在产品设计和制定产品策略时，应考虑当地的教育水平，使产品的复杂程度、技术性能与之相适应。另外，企业的分销机构和分销人员受教育的程度等，也对企业的市场营销产生一定的影响。

四、政治法律环境

政治与法律是影响企业营销的重要的宏观环境因素。政治因素像一只有形之手，调节着企业营销活动的方向，法律则为企业规定营销活动行为准则。政治与法律相互联系，共同对企业的市场营销活动发挥影响和作用。

（一）政治环境

政治环境指企业市场营销活动的外部政治形势和状况以及国家方针政策的变化对市场

营销活动带来的或可能带来的影响。

1. 政治局势

政治局势指企业营销所处的国家或地区的政治稳定状况。一个国家的政局稳定与否会给企业营销活动带来重大的影响。如果政局稳定，生产发展，人民安居乐业，就会给企业造成良好的营销环境。相反，政局不稳，社会矛盾尖锐，秩序混乱，这不仅会影响经济发展和人民的购买力，而且对企业的营销心理也有重大影响。战争、暴乱、罢工、政权更替等政治事件都可能对企业营销活动产生不利影响，能迅速改变企业环境。例如，一个国家的政权频繁更替，尤其是通过暴力改变政局，这种政治的不稳定，会给企业投资和营销带来极大的风险。因此，社会是否安定对企业的市场营销关系极大，特别是在对外营销活动中，一定要考虑东道国政局变动和社会稳定情况可能造成的影响。

2. 方针政策

各个国家在不同时期，根据不同需要颁布一些经济政策，制定经济发展方针，这些方针、政策不仅会影响本国企业的营销活动，而且还会影响外国企业在本国市场的营销活动。

就对本国企业的影响来看，一个国家的经济与社会发展战略、各种经济政策等的执行结果必然影响市场需求，改变资源的供给，扶持和促进某些行业的发展，同时又限制另一些行业和产品的发展，那么企业就必须按照国家的规定，经营和生产国家允许的行业和产品。这是一种直接的影响。国家也可以通过方针、政策对企业营销活动施以间接影响。例如，通过征收个人收入调节税，调节消费者收入，从而影响消费者的购买力来影响消费者需求；国家还可以通过增加产品税来抑制某些商品的需求，如对香烟、酒等课以较重的税收来抑制消费者的消费需求。这些政策必然影响社会购买力，影响市场需求从而间接影响企业营销活动。

从对国外企业的影响来看，市场国的方针、政策是外国企业营销的重要环境因素，会直接和间接影响到外国企业在市场国的营销活动。例如，改革开放之初，我国的外贸政策还比较谨慎，有关外贸的法律制度既不健全，又缺乏稳定性和连续性。因此，外国资本来华投资多表现为短期行为，投资期限短，抱着捞一把算一把的想法的投资者也不乏其人。随着我国改革的进一步深入和对外开放的进一步扩大，特别是对外开放政策的进一步明朗化和外贸、外商投资法律制度的进一步完善，外商看到了在华投资的前景，因而扩大投资规模，延长投资期限（由最初的1~3年，延长到5年以上，甚至10年、20年、50年）。来华投资的外国企业也越来越多。这说明，市场国的方针、政策对外来投资有非常大的影响作用。

知识拓展

目前，国际上各国政府采取的对企业营销活动有重要影响的政策和干预措施主要有以下几方面。

（1）进口限制。这指政府所采取的限制进口的各种措施，如许可制度、外汇管制、关税、配额等。它包括两类：一类是限制进口数量的各项措施；另一类是限制外国产品在本国市场上销售的措施。政府进行进口限制的主要目的在于保护本国工业，确保本国企业在市场上的竞争优势。

（2）税收政策。政府在税收方面的政策措施会对企业经营活动产生影响。比如对某些产品征收特别税或高额税，则会使这些产品的竞争力减弱，给经营这些产品的企业效益带来一定影响。

（3）价格管制。当一个国家发生了经济问题时。如经济危机、通货膨胀等，政府就会对某些重要物资，以至所有产品采取价格管制措施。政府实行价格管制通常是为了保护公众利益，保障公众的基本生活，但这种价格管理直接干预了企业的定价决策，影响企业的营销活动。

（4）外汇管制。外汇管制指政府对外汇买卖及一切外汇经营业务所实行的管制。它往往是对外汇的供需与使用采取限制性措施。外汇管制对企业营销活动特别是国际营销活动产生重要影响。例如，实行外汇管制，使企业生产所需的原料、设备和零部件不能自由地从国外进口，企业的利润和资金也不能或不能随意汇回母国。

（5）国有化政策。国有化政策指政府由于政治、经济等原因对企业所有权采取的集中措施。例如出于保护本国工业避免外国势力阻碍等原因，将外国企业收归国有。

3. 国际关系

这是国家之间的政治、经济、文化、军事等关系。发展国际的经济合作和贸易关系是人类社会发展的必然趋势，企业在其生产经营过程中，都可能或多或少地与其他国家发生往来，开展国际营销的企业更是如此。因此，国家间的关系也就必然会影响企业的营销活动。这种国际关系主要包括两个方面的内容。

（1）企业所在国与营销对象国之间的关系。例如，中国在国外经营的企业要受到市场国对于中国外交政策的影响。如果该国与我国的关系良好，则对企业在该国经营有利；反之，如果该国对我国政府持敌对态度，那么中国的企业就会遭到不利的对待，甚至攻击或抵制。比如中美两国之间的贸易关系就经常受到两国外交关系的影响。这对中国企业在美国市场上的营销活动是极为不利的。

（2）国际企业的营销对象国与其他国家之间的关系。国际企业对于市场国来说是外来者，但其营销活动要受到市场国与其他国家关系的影响。例如，中国与伊拉克很早就有贸易往来，后者曾是我国钟表和精密仪器的较大客户。海湾战争后，由于联合国对伊拉克的经济制裁，使我国企业有很多贸易往来不能进行。这说明国际企业的营销对象国与其他国家之间的关系，也是影响国际企业营销活动的重要因素。

（二）法律环境

企业的市场营销决策在很大程度上受政治法律环境的影响。法律是体现统治阶级意志、由国家制定或认可、并以国家强制力保证实施的行为规范的总和。对企业来说，法律是评判企业营销活动的准则，只有依法进行的各种营销活动，才能受到国家法律的有效保护。因此，企业开展市场营销活动，必须了解并遵守国家或政府颁布的有关经营、贸易、投资等方面的法律、法规。

如果从事国际营销活动，企业就既要遵守本国的法律制度，还要了解和遵守市场国的法律制度和有关的国际法规、国际惯例和准则。这方面的因素对国际企业的营销活动有深刻影响。例如，一些国家对外国企业进入本国经营设定各种限制条件。日本政府曾规定，任何外国公司进入日本市场，必须要找一个日本公司与它合伙。也有一些国家利用法律对企业的某些行为进行特殊限制。美国《反托拉斯法》规定不允许几个公司共同商定产品价格，一个公司的市场占有率超过20%就不能再合并同类企业。

除上述特殊限制外，各国法律对营销组合中的各种要素，往往有不同的规定。例如，产品由于其物理和化学特性事关消费者的安全问题，因此，各国法律对产品的纯度、安全性能有详细甚至苛刻的规定，目的在于保护本国的生产者而非消费者。美国曾以安全为由，限制欧洲制造商在美国销售汽车，以致欧洲汽车制造商不得不专门修改其产品，以符合美国法律的要求；英国也曾借口法国牛奶计量单位采用的是公制而非英制，将法国牛奶逐出本国市场；而德国以噪声标准为由，将英国的割草机逐出德国市场。

各国法律对商标、广告、标签等都有自己特别的规定。比如加拿大的产品标签要求用英、法两种文字标明；法国却只使用法文产品标签。广告方面，许多国家禁止电视广告，或者对广告播放时间和广告内容进行限制。例如德国不允许做比较性广告和使用“较好”、“最好”之类的广告词；许多国家不允许做烟草和酒类广告等。这些特殊的法律规定，是企业，特别是进行国际营销的企业必须了解和遵循的。

从当前企业营销活动法制环境的情况来看，有两个明显的特点。

1. 管制企业的立法增多，法律体系越来越完善

西方国家一贯强调依法治国，对企业营销活动的管理和控制也主要通过法律手段。在这方面的立法主要有三个内容或目的：一是保护企业间的公平竞争，制止不公平竞争；二是保护消费者正当权益，制止企业非法牟利及损害消费者利益的行为；三是保护社会的整体利益和长远利益，防止对环境的污染和生态的破坏。

我国在发展社会主义市场经济的同时，也加强了市场法制方面的建设，陆续制定、颁布了一系列重要法律法规，如《公司法》、《广告法》、《商标法》、《经济合同法》、《反不正当竞争法》、《消费者权益保护法》、《产品质量法》、《外商投资企业法》等，这对规范企业的营销活动起到了重要作用。

案例链接

政府强制实施的种种限制常常将那些跃跃欲试的公司拒之门外。中国某企业在印度开办鞋业生产基地时，就采取了一种极富创意的办法，以克服法律障碍。为保护当地鞋业，印度政府甚至禁止进口任何成双的鞋子样本。于是，有些生产商就采取曲线方式，

绕过法律限制，从孟买进口一只鞋子，再从新德里进口另一只鞋子。而该公司决定运用合法渠道发展自己，因此不断与印度政府官员会谈磋商，直至对方确信国外产品的进入会提升印度本土产业实力，并最终特许进口该公司生产的10 000双鞋子。

2. 政府机构执法更严

有了法，还必须进行执法。这样法律才能起到应有的作用。各个国家都根据自己不同的情况，建立了相应的执法机关。例如，在美国，就有联邦贸易委员会、联邦药物委员会、环境保护局、消费者事务局等执法机构，日本有公正交易委员会，德国有联邦卡特尔局，瑞典有消费者行政长官处和市场法院，加拿大有市场保护委员会等。这些官方机构对企业的营销活动有很大的影响力，近年来执法更加积极、严格。

我国的市场管理机构比较多，主要有工商行政管理局、技术监督局、物价局、食品医药管理局、环境保护局、卫生防疫部门等机构，分别从各个方面对企业的营销活动进行监督和控制，在保护合法经营，取缔非法经营，保护正当交易和公平竞争，维护消费者利益，促进市场有序运行和经济健康发展方面，发挥了重要作用。因此，企业必须知法守法，自觉用法律来规范自己的营销行为并自觉接受执法部门的管理和监督。同时，还要善于运用法律武器维护自己的合法权益。当其他经营者或竞争者侵犯自己正当权益的时候，要勇于用法律手段保护自己的利益。

五、科学技术环境

科学以系统的理论反映系统的现象，是人类对于自然，社会和思维等现象认识的结晶。技术是人类为实现社会需要，改革客观世界所采用手段的总和。科学、技术与生产的结合、统一是新技术革命的特征之一。作为推动社会生产力发展的主导力量，科学转化为直接的社会生产力的周期日益缩短，科学技术在社会化大生产中的作用呈几何级数递增。第二次世界大战以后，高新技术持续不断地深化发展，微电子技术、电子计算机技术、原子能技术和生物技术在整个经济结构中的含量急剧上升，新技术革命进入了加速发展的新阶段。人类明确地认识到科学技术是第一生产力。

有人称科学技术是“历史发展总过程的精华”，是“最高意义的革命力量”。每一种科学技术的新成果都会给社会生产和社会生活带来影响甚至深刻的变化。营销者应准确地把握科技革命的发展趋势，密切注意技术环境的变化对市场营销活动的影响，并及时地采取适当的对策。

（1）新技术的发展和运用促成新的市场机会，产生新的行业。新技术革命的蓬勃发展促进了产业革命，而产业革命则催化了社会经济的变革，甚至整个社会结构、时代文化和价值观的更新。与此同时，新技术也使某些行业遭到环境威胁或毁灭性打击。一些旧行业受到冲击甚至被无情地淘汰，新的消费市场不断替代旧的需求。

（2）新技术的发展和运用赋予了企业改善经营管理的能力，运用技术的能力是企业获得竞争优势的源泉。

（3）新技术的发展和运用改变零售业的结构和消费者购物习惯。随着网络技术的发展，消费者轻轻松松在家购物已经不是梦想。“网上营销”是现代电子技术高度发展带来的营销方式的重大变革，即借助网络、电脑通信和数字交互式媒体的共同作用来实现营销目标，现代电子技术为营销活动创造了一个由电脑和通信交汇的无形空间，消费者可以在这个空间获取信息、自由购物；企业可以在这个空间进行广告宣传、市场营销研究和推销商品等。所以，看似虚拟的空间，却开辟了实实在在的竞争新领域。20 世纪 90 年代以来，内容广泛的网络商业热闹非凡，商品销售、电子银行、广告、咨询、拍卖、房地产、旅游服务等业务蓬勃开展，预示了一场方兴未艾的全球经济革命。

六、自然资源环境

一个国家、一个地区的自然资源环境包括该地的自然资源、地形地貌和气候条件，这些因素都会不同程度地影响企业的营销活动，有时这种影响对企业的生存和发展起决定作用。企业要避免由自然地理环境带来的威胁，最大限度地利用环境变化可能带来的市场营销机会，就应不断地分析和认识自然地理环境的变化趋势，根据不同的环境情况来设计、生产和销售产品。

1. 物质自然资源

物质自然资源是指自然界提供给人类的各种形式的物质财富，如矿产资源、森林资源、土地资源、水利资源等。

这些资源分为三类。一是“无限”资源，如空气；二是有限但可以更新的资源，如森林、粮食等；三是有限但不可再生的资源，如石油、锡、煤、锌等矿物。

自然资源是进行商品生产和实现经济繁荣的基础，与人类社会的经济活动息息相关。由于自然资源的分布具有地理的偶然性，分布很不均衡。因此，企业到某地投资或从事营销必须了解该地的自然资源情况。如果该地对本企业产品需求大，但缺乏必要的生产资源，那么企业就适宜向该地销售产品。但是如果该地有丰富的生产资源，企业就可以在该地投资建厂，当地生产，就地销售。可见，一个地区的自然资源状况往往是吸引外地企业前来投资建厂的重要因素。

此外，自然环境对企业营销的影响还表现在两个方面。

（1）自然资源短缺的影响。随着工业的发展，自然资源逐渐短缺。例如，我国资源从总体上看是丰富的，但从人均占有量看又是短缺的。近几年，资源紧张使得一些企业陷入困境，但又促使企业寻找替代品，降低原材料消耗。例如，1990 年天然油脂吃紧，使一些以此为主料的肥皂厂陷入困境，四川某肥皂厂也遇到同样困难，但该厂马上研制出“芙蓉”肥皂粉，既提高了产品的功效，又降低了原材料的消耗，很快赢得了消费者的青睐，占领了市场。这种情况表明，资源短缺将使企业生产成本大幅度上升，企业必须积极从事研究开发，尽力寻求新的资源替代品。

（2）环境的污染与保护。环境污染已成为举世瞩目的问题。占世界人口总数 15%的工业发达国家，其工业废物的排放量占世界废物排放总量的 70%。我国虽属发展中国家，但工业“三废”（废渣、废水、废气）对环境也造成严重污染，其中煤烟型污染最为突出。对此，各个国家（包括我国）政府都采取了一系列措施，对环境污染进行控制。这样，一方面限制了某些行业的发展，另一方面也为企业造成了两种营销机会。一是为治理污染的技术和设备提供了一个大市场；二是为不破坏生态环境的新生产技术和包装方法创造了营销机会。因此，企业经营者要了解政府对资源使用的限制和对污染治理的措施，力争做到既能减少环境污染，又能保证企业发展，提高经济效益。

2. 地理环境

一个国家或地区的地形地貌和气候，是企业开展市场营销所必须考虑的地理环境因素，这些地理特征对市场营销有一系列影响。例如，气候（温度、湿度等）与地形地貌（山地、丘陵等）特点，都会影响产品和设备的性能和使用。在沿海地区运转良好的设备到了内陆沙漠地区可能发生性能方面的急剧变化。有些国家地域辽阔、南北跨度大，地形地貌复杂且气候多变，企业必须根据各地的自然地理条件生产与之相适应的产品，才能适应市场的需要。例如我国北方寒冷与南方炎热的气候，都会对产品提出不同的环境适应性要求。这就是为什么在有“三大火炉之首”称号的武汉，夏天降温产品（冷饮、电风扇、空调器、电冰箱）特别畅销的原因所在。如果从经营成本上考虑，平原地区道路平坦，运输费用比较低，而山区丘陵地带道路崎岖，运费自然就高。可见，气候、地形地貌不仅直接影响企业的经营、运输、通信、分销等活动，而且还会影响到一个地区的经济、文化和人口分布状况。因此，企业开展营销活动，必须考虑当地的气候与地形地貌，使其营销策略能适应当地的地理环境。

第二节 微观市场营销环境

微观市场营销环境指对企业服务其目标市场的营销能力构成直接影响的各种力量，包括企业内部环境、消费者、竞争者、营销渠道企业、社会公众等与企业具体业务密切相关的个人和组织。

一、企业内部环境

除市场营销管理部门外，企业本身还包括最高管理层和其他职能部门，如制造部门、采购部门、研究开发部门及财务部门等，这些部门与市场营销管理部门一起，在最高管理层的领导下，为实现企业目标共同努力着。正是企业内部的这些力量构成了企业内部营销环境。而市场营销部门在制订营销计划和决策时，不仅要考虑到企业外部的环境力量，而且要考虑到与企业内部其他力量的协调。

首先，企业的营销经理只能在最高管理层所规定的范围内进行决策，以最高管理层制定的企业任务、目标、战略和相关政策为依据，制订市场营销计划，并得到最高管理层批准后方可执行。

其次，营销部门要成功地制订和实施营销计划，还必须有其他职能部门的密切配合和协作。例如，财务部门负责解决实施营销计划所需的资金来源，并将资金在各产品，各品牌或各种营销活动中进行分配；会计部门则负责成本与收益的核算，帮助营销部门了解企业利润目标实现的状况；研究开发部门在研究和开发新产品方面给营销部门以有力支持；采购部门则在获得足够的和合适的原料或其他生产性投入方面担当重要责任；而制造部门的批量生产保证了适时地向市场提供产品。

二、企业外部环境

1. 消费者

消费者是企业的服务对象，是企业产品的直接购买者或使用者。企业与市场营销渠道中的各种力量保持密切关系的目的就是为了有效地向其消费者提供产品和服务。顾客的需求正是企业营销努力的起点和核心。因此，认真分析消费者需求的特点和变化趋势是企业极其重要的基础工作。

市场营销学根据购买者和购买目的来对企业的消费者进行分类。

（1）消费者市场：消费者市场由为了个人消费而购买的个人和家庭构成。

（2）生产者市场：生产者市场是由为了加工生产来获取利润而购买的个人和企业构成。

（3）中间商市场：中间商市场由为了转卖来获取利润而购买的批发商和零售商构成。

（4）政府市场：政府市场由为了履行政府职责而进行购买的各级政府机构构成。

（5）国际市场：国际市场由国外的购买者构成，包括国外的消费者、生产者、中间商和政府机构。

每种市场类型在消费需求和消费方式上都具有鲜明的特色。企业的消费者可以是以上五种市场中的一种或几种。也就是说，一个企业的营销对象可以不仅包括广大的消费者，也包括各类组织机构。企业必须分别了解不同类型目标市场的需求特点和购买行为。

2. 竞争者

任何企业都不大可能单独服务于某一顾客市场，完全垄断的情况在现实中不容易见到。而且，即使是高度垄断的市场，只要存在着出现替代品的可能性，就可能出现潜在的竞争对手。所以，企业在某一顾客市场上的营销努力总会遇到其他企业类似努力的包围或影响，这些和企业争夺同一目标顾客的力量就是企业的竞争者。企业要在激烈的市场竞争中获得营销的成功，就必须比其竞争对手更有效地满足目标顾客的需求。因此，除了发现并迎合消费者的需求外，识别自己的竞争对手，时刻关注他们，并随时对其行为作出及时的反应亦是成败的关键。

知识拓展

菲利普·科特勒将企业的竞争环境分析为四个层次。

（1）欲望竞争，即消费者想要满足的各种愿望之间的可替代性。当一个消费者休息时可能想看书、进行体育运动或吃东西，每一种愿望都可能意味着消费者将在某个行业进行消费。

（2）类别竞争，即满足消费者某种愿望的产品类别之间的可替代性。假设前面那个消费者吃东西的愿望占了上风，他可以选择的食品很多：水果、冰激凌、饮料、糖果或其他。

（3）产品形式竞争，即在满足消费者某种愿望的特定产品类别中仍有不同的产品形式可以选择。假设消费者选中了糖果，则有巧克力、奶糖、水果糖等多种产品形式可满足他吃糖的欲望。

（4）品牌竞争，即在满足消费者某种愿望的同种产品中不同品牌之间的竞争。或许那个消费者对巧克力感兴趣，并特别偏爱金帝牌，于是，该品牌的产品在竞争中赢得了最后的胜利。

3. 供应商

供应商是向企业及其竞争者供应原材料、部件、能源、劳动力等资源的企业和个人。供应商是能对企业的经营活动产生巨大影响的力量之一。其提供资源的价格往往直接影响企业的成本，其供货的质量和时间的稳定性直接影响了企业服务于目标市场的能力。所以，企业应选择那些能保证质量、交货期准确和低成本的供应商，并且避免对某一家供应商过分依赖，不至于受该供应商突然提价或限制供应的控制。

对供应企业可以从以下几个方面分析：①供应企业的数目；②供应企业的规模大小、所属行业及地理分布；③供应企业对所供应产品的依赖程度；④对本企业的供货量占其全部产品的比例。

4. 营销中间商

营销中间商是协助企业推广、销售和分配产品给最终买主的那些企业。他们包括中间商、物流公司、营销服务机构和金融机构等。

中间商是协助企业寻找顾客或直接与顾客进行交易的商业企业。中间商分为两类：代理中间商和商人中间商。除非企业完全依靠自己建立的销售渠道，否则中间商对企业产品从生产领域成功地流向消费领域有至关重要的影响。中间商是联系生产者和消费者的桥梁，他们直接和消费者打交道，协调生产厂商与消费者之间所存在的数量、地点、时间、品种以及持有方式之间的矛盾。因此，他们的工作效率和服务质量就直接影响到企业产品的销售状况。

物流公司包括仓储公司和运输公司。企业考虑成本、运送速度、安全性和方便性等因素选择合适的物流公司。物流公司的作用在于使市场营销渠道中的物流畅通无阻，为企业创造时间和空间效益。近年来，随着仓储和运输手段的现代化，物流公司的功能越发明显和重要。

营销服务机构包括市场调研公司、财务公司、广告公司、各种广告媒体和营销咨询公司等，他们提供的专业服务是企业营销活动不可缺少的。

财务中介机构包括银行、信贷公司、保险公司等对企业营销活动提供融资或保险服务的各种机构。在现代社会里，几乎每一个企业都与财务中介机构有一定的联系和业务往来。企业的信贷来源、银行的贷款利率和保险公司的保费变动无一不对企业市场营销活动产生直接的影响。

5. 社会公众

公众指对企业实现其市场营销目标的能力有着实际或潜在影响的群体。公众可能有助于增强一个企业实现目标的能力，也有可能妨碍这种能力。企业的主要公众包括金融界、新闻界、政府、社区公众和企业内部公众。有时候公众的态度会直接影响企业营销的成功，因此，成功地处理好与公众的关系格外重要。目前，许多企业建立了公共关系部门，专门筹划与各类公众的良好关系，为企业建设宽舒的营销环境。

第三节　营销环境分析

影响企业营销活动的因素很多，有来自外部的，有来自内部的，下面我们就运用一定的方法，分析、诊断内部条件具有的优势和劣势，以及外部环境给企业营销活动带来的机会和威胁。

一、环境扫描技术

环境扫描是指企业既要浏览大量的信息资料以觉察正在出现的趋势，又要从环境中辨别出对企业有重要影响的因素，并建立一套设想方案。

环境扫描就是由企业的高层领导召集企业内外熟悉外部环境的管理人员和专家组成一个分析小组，通过有组织的调查研究、预测分析，将所有影响企业经营的环境因素一一罗列，然后加以讨论，评审被列因素是否充分，从而筛选出一组一致认定的重要因素加以分析。

二、机会/威胁矩阵

某烟草公司通过环境扫描，了解到以下环境因素影响其业务经营的发展。

（1）有些国家政府颁布法令，规定所有的香烟广告包装上都必须印上关于吸烟危害健康的严重警告。

（2）有些国家的某些地方政府禁止在公共场所吸烟。

（3）许多发达国家吸烟人数下降。

（4）这家烟草公司的研究实验室发明出用莴苣叶制造无害烟叶的方法。

（5）发展中国家的吸烟人数迅速增加。

上述前三个方面给这家公司造成了威胁，后两个方面形成市场机会。

1. 机会矩阵

所谓机会，就是环境中对企业具有吸引力的因素，矩阵法就是以潜在的吸引力大小为纵坐标，以成功的可能性（概率）作横坐标，构成一个机会矩阵（如图 2.1 所示，序号(4)、(5)对应烟草公司面临的上述环境因素），可以看出，对于企业来讲机会程度可以出现四种情况。

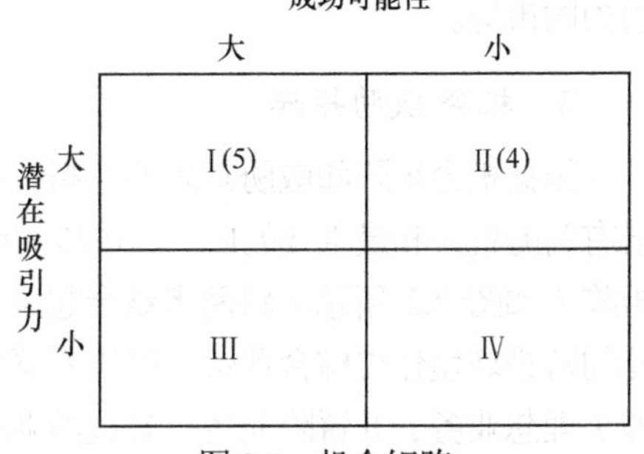

图 2.1　机会矩阵

区域Ⅰ的机会：吸引力大且成功可能性大，是企业最理想的营销机会，企业应及时、充分地利用这类机会。

区域Ⅱ的机会：吸引力大，但成功的可能性小，企业应关注决定其成功可能性的内部条件和外部环境的变化情况，以便在其可能性变大进入区域Ⅰ时能够作出及时的反应。如果其成功可能性小是由于企业自身的不利因素，那么企业还可设法改善自身条件，以促使区域Ⅱ的机会转化为区域Ⅰ的机会。

区域Ⅲ的机会：吸引力小，但成功可能性大。这类机会风险小，但获利能力也小。一般而言，实力弱的企业应注意把握和利用这类机会，而实力强的则可注意观察其变化，以便当这类市场机会进入区域Ⅰ时就加以利用。

区域Ⅳ的机会：吸引力和成功可能性都小。这类机会价值最低，通常企业不会去利用它。当然，仍应注意观察这类机会的发展变化趋势。

上述烟草公司在机会矩阵上有两个机会（4）和（5）。其中最好的是（5），其潜在吸引力和成功的可能性都大；市场机会（4）的潜在吸引力虽然大，但其成功的可能性小。

2. 威胁矩阵

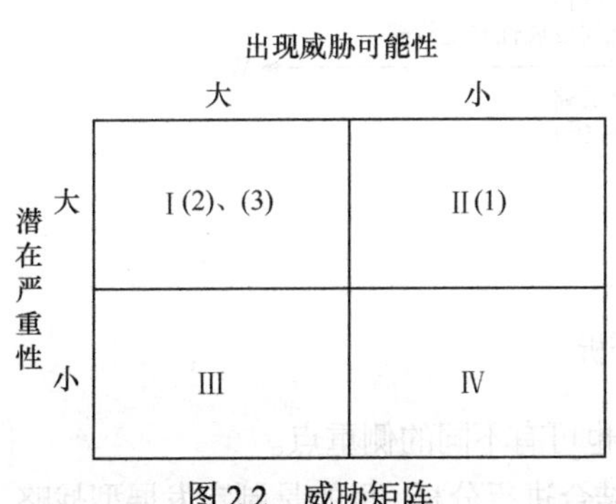

图 2.2　威胁矩阵

所谓威胁是指环境中不利于企业发展的因素。矩阵法以潜在的严重性为纵坐标，以出现威胁的可能性为横坐标，构成一个威胁矩阵（如图 2.2 所示）。区域Ⅰ的威胁，应引起高度警惕，尽量采取相应的营销措施防止其出现，并制定应变措施，以避免或减少其一旦出现可能给企业带来的不利影响。对于区域Ⅱ和区域Ⅲ的威胁，企业也应给予足够的重视，要有应变措施。对于区域Ⅳ的威胁，企业应经常注意其发展变化。上述烟草公司的环境威胁矩阵图上有三个威胁，即（1）、（2）、（3）。其中威胁（2）和威胁（3）潜在严重性大，出现威胁的可能性也大，所以，这两个环境威胁都是主要威胁，公司对这两个主要威胁都应十分重视；威胁（1）的潜在严重性大，但出现威胁的可能性小，所以这个威胁不是主要威胁。

对于环境威胁，有以下三种可供选择的对策。

（1）反击。即设法扭转不利因素或限制其不利影响的扩大。

（2）减轻。即通过调整企业的营销策略来改善环境，减轻环境威胁的严重性。

（3）转移。即把企业的业务转向其他更有吸引力的市场。

3. 机会/威胁矩阵

根据机会矩阵和威胁矩阵的分析，找出企业最有利的机会和最主要的威胁，并利用机会/威胁矩阵（如图 2.3 所示）将两者结合起来，可对企业的营销环境作出综合评价，得出不同的结果，即Ⅰ理想业务、Ⅱ冒险业务、Ⅲ成熟业务、Ⅳ困难业务。

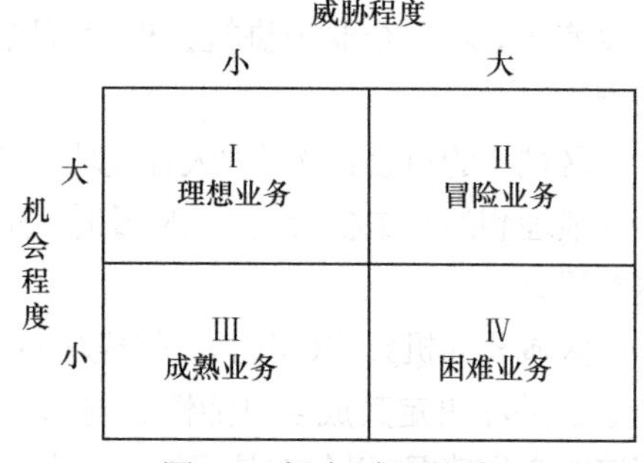

图 2.3 机会/威胁矩阵

如上述烟草公司共有两个主要威胁，即（2）、（3）；又有一个最好的机会，即（5）。评价结论是：烟草公司的业务属于冒险业务类型。

三、SWOT 分析技术

SWOT 分析就是对机会和威胁、优势和劣势进行综合分析。其中 S 代表公司的优势，W 代表公司的劣势，O 代表外部机会，T 代表外部威胁。这四个要素组合成四个区域，在不同的区域中企业可考虑采用不同的战略，如图 2.4 所示。

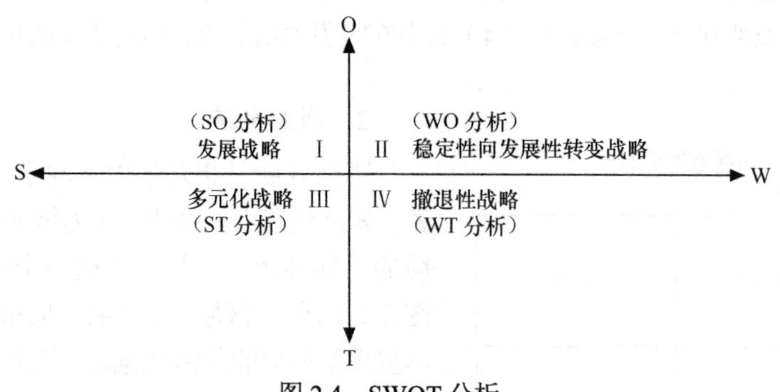

图 2.4 SWOT 分析

进行 SWOT 分析，可以从不同的方面来进行，也可有不同的侧重点。

（1）SO 分析。将企业的内部优势与外部机会相结合进行分析，目的是制定发展型战略，如开发市场、增加产品等。所有的企业都要千方百计地利用自己的内部优势去抓住机会，利用外部的发展趋势与事件所提供的机会。

（2）WO 分析。将企业内部劣势与外部机会相结合进行分析。企业面临很好的外部机会，但企业有一些内部的劣势妨碍着它利用这些外部机会，企业应进行内部调整，加强内部实力，然后再图发展。

（3）ST 分析。将企业的内部优势与外部威胁相结合进行分析，目的是利用本企业的优势回避或减轻外部威胁的影响，可考虑多元化战略。

（4）WT 分析。将企业的内部劣势与外部威胁相结合，目的是减少内部劣势，回避外部环境威胁。这是为了制定撤退战略而进行的分析。

通过 SWOT 分析只是找出企业可行的备选战略，而不是确定最佳战略。在此基础上，企业决策者通过战略制定过程来确定采取什么战略最适合企业。

本章小结

市场营销环境是指影响和制约企业营销活动的所有内外部因素。它们是以企业外部力量为主的、最普遍的、不断发展变化的、对企业营销成败有着较大影响力的各种因素。市场营销环境包括宏观环境和微观环境。市场营销宏观环境是指影响企业营销活动且不为企业所控制的各种外部力量。市场营销的宏观环境主要包括人口环境、经济环境、自然环境、技术环境、政治与法律环境、社会文化环境等。市场营销微观环境是指与企业营销活动发生直接关系的、影响企业服务能力的各种因素。市场营销微观环境主要包括企业、供应商、营销中介、顾客、竞争对手、社会公众等环境因素。在分析企业外部环境和内部条件的基础之上，通过 SWOT 分析，可以寻找可行的最佳营销组合。

知识巩固

一、名词解释

市场营销环境　经济环境　社会文化环境　机会/威胁矩阵　SWOT 分析

二、判断题

1. 微观环境直接影响与制约企业的营销活动，多半与企业具有或多或少的经济联系，也称直接营销环境。（　）

2. 宏观环境一般以微观环境为媒介去影响和制约企业的营销活动，因而宏观环境也称为间接营销环境。（　）

3. 微观环境与宏观环境之间是一种并列关系，微观营销环境并不受制于宏观环境，各自独立地影响企业的营销活动。（　）

4. 同一个国家不同地区的企业之间营销环境基本上是一样的。（　）

5. 市场营销环境是一个动态系统，每一环境因素都随着社会经济的发展而不断变化。

三、选择题

1. 当家庭收入达到一定水平时，随着收入增长，恩格尔系数将（　　）。

A. 下降　　B. 增大　　C. 不变　　D. 上下波动

2. （　　）是指环境中直接影响企业营销活动的各种因素。

A. 宏观环境　　B. 微观环境　　C. 营销环境　　D. 经济环境

3. （　　）是指环境中间接影响企业营销活动的不可控制的较大社会力量。

A. 宏观环境　　B. 微观环境　　C. 营销环境　　D. 经济环境

4. （　　）是构成社会的最基本单位。

A. 企业　　B. 家庭　　C. 个人　　D. 组织

5. （　　）是高机会和低威胁的业务。

A. 成熟业务　　B. 困难业务　　C. 冒险业务　　D. 理想业务

6. （　　）是高机会和高威胁的业务。

A. 成熟业务　　B. 困难业务　　C. 冒险业务　　D. 理想业务

7. （　　）是低机会和低威胁的业务。

A. 成熟业务　　B. 困难业务　　C. 冒险业务　　D. 理想业务

8. （　　）是低机会和高威胁的业务。

A. 成熟业务　　B. 困难业务　　C. 冒险业务　　D. 理想业务

9. 影响消费需求变化的最活跃的因素是（　　）。

A. 个人可支配收入　　B. 可任意支配收入

C. 个人收入　　D. 人均国内生产总值

10. 35岁的一中年人为锻炼身体准备购买体育用品和选择运动场地，他在羽毛球和网球运动中选择了去体育馆打羽毛球，则这两种运动之间是（　　）。

A. 愿望竞争者　　B. 类别竞争者

C. 产品形式竞争者　　D. 品牌竞争者

四、填空题

1. 企业的市场营销环境包括________和________。

2. 市场营销部门在制定决策时，不仅要考虑企业外部环境力量，而且要考虑企业________。

3. ________是指对企业实现其市场营销目标构成实际或潜在影响的任何团体。

4. 竞争者包括________、一般竞争者、________、________。

5. 企业对所面临的主要威胁有三种可能的选择对策，即________、________、________。

五、思考题

1. 宏观市场营销环境中的人口、经济、文化环境对企业营销活动的影响，从哪些方面可以表现出来？

2. 市场营销环境之间有哪些内在的相互联系和影响？

3. 企业应该如何区别对待机会/威胁矩阵评价结果中的四类企业业务？

案例分析

通用汽车"输"在哪里？

2004年，通用汽车是这个世界上最大的汽车制造商之一，竟出现了8900万美元的巨额亏损，其市场份额也跌至25.6%；2009年6月1日却正式向纽约破产法院递交破产申请。

与其相对应的是，2009年的丰田汽车的制造商却因为订单的积压而让生产线满负荷运转。

之所以有如此大的反差，回顾历史，我们可以看到导致通用汽车现状的一个重要原因是通用汽车将自己的未来"押宝"在了能源消耗巨大的运动型多功能车等车型上，而丰田却率先研发出的低耗电油两用车，而且其产品多是低耗油量的经济型车。20世纪末，当时只有少数汽车生产商看到了汽车市场的发展趋势一定会是低油耗、低排放车的天下，丰田和通用的不同判断导致21世纪初两个公司截然不同的命运。

今天我们可以判断汽车的低油耗、低排放的趋势将会继续，同时我们也能看到这一趋势不仅仅是因为油价的上升，而且也来自于人们观念的改变。巴西数十年的环保、节能宣传，使现在的巴西人养成了使用经济型车的习惯，即便是富裕阶层使用经济型汽车也非常普遍。

案例思考

1. 通用汽车出现巨额亏损而使申请破产保护的原因是什么？
2. 通过通用汽车与丰田汽车的对比，你得到了哪些启示？

实训项目

一、任务实例描述

可口可乐公司是全球500强企业，全球最大的饮料公司，多年来一直堪称美国乃至世界跨国公司的典范。它拥有世界最畅销的汽水五大品牌中的四个，公司销售网点遍布全球200多个国家，产品的日饮用量超过16亿杯。

1886年，美国药剂师、可口可乐公司的前身——潘伯顿化学公司的创立人之一约翰·潘伯顿在试验新配方时偶然配成了一种新的碳酸饮料，命名"可口可乐"。经过大力的推广，可口可乐在20世纪初就风靡全美国。第二次世界大战中，可口可乐作为生活必需品伴随美军征战四方，从此风行天下。一百多年来，可口可乐一直是可口可乐公司的旗舰产品，品种包括：经典可口可乐、健怡可口可乐、樱桃可口可乐、无咖啡因经典可口可乐、无咖啡因可口可乐、草莓可口可乐、柠檬健怡可口可乐和香草可口可乐等。

可口可乐在中国发展的历史可上溯到1927年公司在天津建立第一个灌装（也称"装瓶"）厂。1948年，可口可乐在中国的年销售量已达100万箱，中国成为可口可乐在美国本土以外最大的市场。1949 年，新中国成立，可口可乐在中国的灌装厂被收归国有。中美建交后，可口可乐公司重返中国设厂，从此长期雄踞中国饮料业龙头老大的宝座。至 2009 年，可口可乐公司在中国建立了 39 家瓶装厂，可口可乐中国系统的员工超过 3 万人。在中国推出的产品有汽水、不含气饮料、水饮料等，其中汽水饮料有可口可乐、健怡可乐、雪碧、醒目、芬达。

二、任务实例的解决方案和操作过程

实际体验与认知市场营销环境对企业营销活动的影响。

三、完成任务实例的操作过程

（1）仔细地阅读上述资料，并通过各种途径进一步搜寻相关资料；

（2）分析可口可乐公司在中国进行市场营销的营销环境；

（3）以 PPT 等形式发表小组分析意见；

（4）全班小组集中讨论，最后确定哪一组的分析最好，并由老师进行讲评。

第三章

竞争分析及竞争战略

总体目标

1. 了解促进行业发展的动因。
2. 掌握迈克尔·波特五力竞争模型。
3. 能够进行竞争者分析。
4. 掌握三种基本竞争战略。
5. 掌握不同地位企业的竞争战略。

案例点评

宝洁与联合利华作为世界上最著名的两家日用消费品公司，一直在洗涤行业进行着激烈的竞争。直到超声洗衣机、等离子洗衣机等高科技洗衣机的出现，这些洗衣机号称能取代传统洗衣机，有人称这个趋势好比“汽车取代马车”。这种新出现的强大的竞争力量使两家公司感到惶恐不安。竞争可能源自行业内部，也可能源自行业外部……

竞争是市场经济的基本特征之一，任何企业都无法回避，优胜劣汰，是自然的法则，也是市场的法则。正确的竞争分析及竞争战略，是企业成功实现其市场目标的关键。企业竞争分析可分为两个方面，一方面是行业分析，另一方面是竞争者分析。竞争分析与行业有着密切的联系，对于那些毫无吸引力的行业，最好的企业也难获得满意的利润；相反，颇有吸引力的行业，弱小的企业也可以取得良好的经营业绩。而在同行业内，企业不可避免地会遇到竞争者的挑战。只有一个企业垄断整个市场的情况是很少出现的，即使一个企业已经垄断了整个市场，潜在的竞争者也可能会出现。因此，企业必须认真地对各种现实的和潜在的竞争者进行识别和分析，有的放矢地制定竞争战略，明确自己在竞争中的定位，才能在激烈的竞争中求得生存和发展。

第一节　行业竞争分析

一、行业发展动因分析

行业之所以发展是因为一些重要的力量在推动行业的参与者（诸如竞争企业、购买者及供应商等）改变他们的行动，这些重要的力量促进了行业的发展。

1. 行业增长率的上升

行业增长率的上升会吸引新的竞争者进入市场，鼓励既有企业增加生产能力，从而促进行业的发展。

2. 产品使用方式的变化

产品使用方式的改变迫使行业中的竞争企业改变客户服务的方式，改变行业产品销售结构，迫使生产商扩大产品线，带来不同的销售及促销途径。如今，互联网在家庭和工作中的普及正创造着种种机会：电子购物，在线经纪服务，电子邮件服务，简报服务，数据服务，互联网供应商服务等。

3. 产品革新

产品革新会扩大行业的客户群，重新实现行业的增长，扩大竞争企业之间产品的差异性，从而动摇已有的竞争结构。从行业的角度看，新产品的成功导入，会加强行业的竞争力，促进行业的发展。

4. 技术变革

技术进步可以大大改变一个行业的结构，使得企业以更低的成本生产新产品和更优产品，并且打开整个行业的前沿领域。技术进步还可以带来以下各方面的变革：资本要求，有效生产的最低工厂规模，垂直一体化的利益，学习及经验曲线的效应。例如，电子商务借助互联网所实现的快速进步正在以极快的速度改变许多国家的商务方式，并正在引导人类进入新的信息时代。

5. 营销革新

如果竞争企业能够成功地引入产品销售的新方式，那么，他们就可以激起购买者的兴趣，扩大行业需求，提高产品差别度，降低单位成本。

6. 大企业的进入

一家或多家外资企业进入某个曾为本地企业所统治的市场，几乎无一例外地会动摇市场的竞争环境；同样地，其他行业中的一家拥有相当实力的企业通过购并或建立自己的新企业进入本行业时，这家企业通常会以某种创造性的方式运用其技巧和资源，从而使竞争朝着新的方向发展。大企业的进入往往会启动“一场全新的竞争游戏”，带来一些新的重要企业，并会建立一些新的竞争规则，促进行业的发展。

7. 技术秘密的转移扩散

当某项专有的技术秘密被转移或扩散出去之后，行业中的竞争态势会发生巨大的变化，原来专有该项技术的企业的竞争优势将会遭到侵蚀，其他竞争者将会增加自己在行业中的竞争实力。最终，行业的整体力量会加强。

8. 行业日益全球化

全球化的竞争通常会改变行业中重要竞争企业之间的竞争模式，并且给各自企业所带来的利益也是不均衡的。这是因为跨国企业往往能够在国与国之间以极低的成本转移其生产、营销和管理，所以使他们会拥有本土竞争者所没有的竞争优势。所有这些情况都使得全球化在下列情况下成为行业的驱动因素。

（1）规模经济性很大，竞争企业必须在多个国家和市场上销售其产品，以获取足够大的销售量并降低单位成本；

（2）低成本生产是一个关键因素（这就迫使企业必须将生产设施置于成本最低的国家）；

（3）一家或多家以增长为导向的企业正尽可能多地在有吸引力的国家市场上树立其显著的竞争地位；

（4）业务以自然资源为基础（例如，从事原油，铜和棉花生意的企业往往在地理区域上遍布全球）。

9. 成本和效率的变化

关键竞争企业之间成本和效率差异的扩大或缩小会大大改变竞争的格局。例如，传真和电子邮件的成本经济优势给相对无效率和高成本经营的传统邮政服务带来越来越大的竞争压力。

10. 购买者偏好的变化

当购买者的偏好由产品差别化转向标准化时，市场上价格的激烈竞争将不可避免，这时，竞争企业不得不降低成本，使其价格更具有竞争力；当购买者的偏好由产品标准化转向产品差别化时，企业可以通过引入新的特色，改变款式和风格，提供选择余地，利用广告和包装创造形象差异的手段提高购买者的忠诚度。购买者偏好的转变，致使竞争态势的演进方向也会有所不同。

11. 政府政策、法规的变化

政府政策和相关法规的变化会给行业的经营环境带来重大的变化。政府管制的解除将成为下列各行业之中一种强大的有助于提高竞争能力的力量：航空，银行，天然气，通信及电力设施。

12. 社会关注焦点的转移、生活态度和生活方式的变化

新出现的社会问题和人们价值观念及生活方式的变化可以刺激行业变革。日益高涨的禁烟情绪已经成为烟草行业的一大主要变革驱动因素。消费者对绿色食品的需求和营养价值的担忧已经迫使食品商改变其食品加工技术，将研发重新定位于健康添加原料，以及竞相提供健康美味的产品。总之，态度和生活方式的变化通常有利于促使竞争企业加快反应速度，增强创造力，将其产品目标定位于新环境、新趋势。

在某一行业中有许多变革因素在起作用，但是起主要作用的发展动因一般只有三四种，企业应仔细分析所在行业的变革因素，从而将重要的和不重要的环境因素区分开来。

二、行业竞争力量分析

（一）竞争模式分析

在市场营销学中，我们把对某种产品有现实需求和潜在需求的顾客群称为市场，把供给这些产品的企业群称之为行业。刚开始时，行业内的企业很少，市场增长较快，企业获利较高。随之，受行业利润的吸引，大批“淘金者”蜂拥而来，竞争开始了。随着顾客需要逐渐被满足，潜在市场也基本演变为现实市场，增长开始放缓，而进入行业的新企业仍在增加，行业内原有的企业也在扩大规模，企业间竞争愈演愈烈，行业利润下降直到与其他行业相同甚至更低，行业内的企业或是主动撤离转向新兴行业，或是入不敷出而破产倒闭。最后，行业内会剩下少数几家实力强大的企业坚守阵地，形成寡头垄断，瓜分市场。

这种演进过程对不同市场和行业会有一定的差别，根据行业内企业是否对供给数量和供给定价有决定力量，将行业竞争结构划分为完全竞争、垄断竞争、寡头垄断和完全垄断四种类型，对我们认识行业竞争很有借鉴意义。

1. 完全竞争

完全竞争市场是一种不受任何阻碍和干扰的市场结构，指那些不存在足以影响价格的企业或消费者的市场。虽然市场中很少出现这种类型的竞争，但是它在某种程度上反映了市场环境的特点。通常只有具有以下特点的行业或局部市场，才可以称为完全竞争的市场：大量相对很小的竞争者；竞争者相互之间的战略差别很小或没有差别；新的竞争者可以自由进入该行业或市场。大量的小型竞争者，意味着一家企业的行为不会被其他竞争者所注意。由于竞争者之间的战略差别很小，价格、产品、经销方式和促销方法通常是相似的。良好的地理位置和营业时间的长短成为吸引用户的重要因素。能够随意进入，意味着新的竞争者可以不断进入该市场，而且老的企业可以不断退出该行业。

2. 垄断竞争

垄断竞争市场是既存在竞争又存在垄断的市场结构。在垄断竞争的市场上，各类不同企业的战略开始出现明显的区别。虽然市场上依然具有许多竞争者，而且相对来说，进入市场比较容易，但是每一个企业都努力以某种方式让自己与竞争对手有所差别。市场上的产品、价格、经销方式和促销活动会出现较多的差异。或者竞争者在营销组合中的两个或三个变量上具有相似性，而在其他的变量上则会出现差异性。

3. 寡头垄断

寡头垄断是一种由少数卖方（寡头）主导市场的市场状态。在寡头竞争中，竞争者的数目减少，并且市场进入的难度增加。在这种环境中，战略依然具有差异性，然而产品价格很可能没有差别。如果一家企业采用了价格竞争，并且顾客乐意用这家企业的服务代替其他企业的服务，其他企业必然会对这一情况做出反应，会继续展开价格竞争。如果一家企业能够为其他企业设立价格标准，那么它就具备了价格领导地位。

4. 完全垄断

完全垄断是指整个行业中只有一个生产者的市场结构。如果是自然垄断（电话公司、电力公用事业公司等），那么通常法律会对进入该市场做出各种限制。自然垄断通常是由政府在价格和经销方面进行管制。如果能够成功地建立非自然垄断，由于该市场上潜在的巨额回报，则通常会吸引其竞争者克服种种障碍，进入该市场，因此一般很少存在非自然垄断。

（二）竞争结构分析

企业在市场上的竞争地位，以及企业可能采取的竞争策略，往往要受到企业所在行业竞争结构的影响。哈佛商学院的迈克尔·波特教授将行业中的竞争力量划分为五种：同行业竞争者、潜在进入者威胁、替代品威胁、供应商议价能力、购买者议价能力（见图 3.1）。这五种力量作用的时间、方向和强度往往并不一致，在不同时期各有侧重。这是个非常有用的工具，你可以借助它系统地分析市场上主要的竞争压力，判断每一种竞争压力的强大程度。

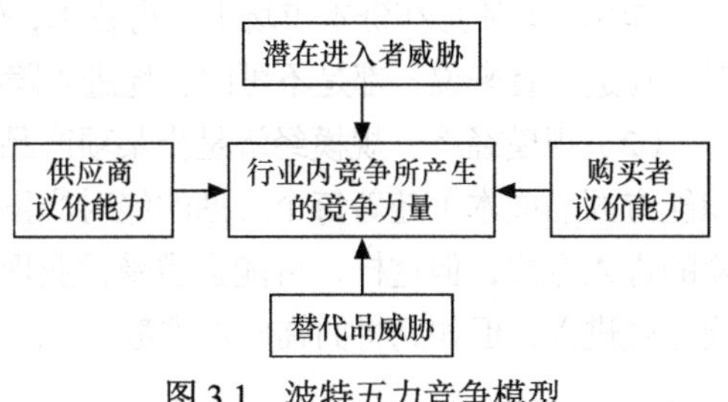

图 3.1 波特五力竞争模型

1. 同行业竞争者

同行业内企业之间的竞争是五种力量中最强大的。为了赢得市场地位和市场份额，他们通常不惜代价。在有些行业中，竞争的核心是价格；在有些行业中，价格竞争很弱，竞争的核心在于产品或服务的特色、新产品革新、质量和耐用度、保修、售后服务、品牌形象。竞争企业之间的竞争是一个动态的、不断变化的过程。导致竞争加剧的情况有以下这些。

（1）当竞争企业的数目增加，竞争企业的规模和能力提高，行业生产能力大量扩大时，竞争会加剧；

（2）产品差异缺乏时，买主的选择主要是基本价格和服务，由此导致激烈的价格和服务竞争的压力，竞争会加剧；

（3）当产品的需求增长缓慢时，竞争的强度通常会加剧；

（4）当客户转换品牌的成本较低时，竞争会加剧；

（5）当退出某项业务比继续经营下去的成本高时，竞争会加剧；

（6）当一个或几个竞争企业不满其现有市场地位从而采取有损其竞争对手的行动加强自己的竞争地位时，竞争就会加剧。

2. 潜在进入者威胁

潜在进入者，是指那些可能进入行业参与竞争的企业。新的进入者将带来新的生产能力和对资源与市场的要求，其结果可能是行业的生产成本上升，市场竞争加剧，产品售价下降，行业利润减少。潜在竞争对手的可能威胁，取决于行业内部现有企业的反应程度以及进入行业的障碍。

行业内现有企业是只进行消极抵抗，还是通过诸如降价、加大广告力度、改善产品以及其他措施来捍卫其市场地位？如果行业中原有实力强大的企业发出明显的信号，要捍卫其市场，或者原有企业通过分销商和客户群创造某种优势来维护其业务，潜在进入者必须慎重从事。

对于潜在进入者来说，常见的进入障碍包括以下几个方面。

（1）资本需求。像计算机和采矿业等领域要求投入巨额资本，从而起到了限制新进入者的作用。即使可在资本市场上获得资本，但由于预期的进入方必须承担支付利息的风险，对潜在进入者来说，都是不可回避地进入障碍。

（2）规模经济。规模经济是指某项产品的单位成本（或生产某项产品所花费的经营或职能方面的成本）随着每个时期的绝对产量的增长而下降。规模经济迫使进入者采取大规模的进入方式，但这样，可能会遭受行业现有企业的强烈反击，或者为规避风险，以小规模方式进入，但如此将面临成本劣势。

知识拓展

范围经济指由企业的生产范围而非生产规模带来的经济效益，即同时生产两种或更多产品的成本低于分别生产每种产品的成本。

规模经济指随着产量的增加，企业的平均成本下降。范围经济是指随着产品品种的增加，企业的平均成本下降。

（3）产品差异。产品差异产生于以往的广告宣传、客户服务、产品多样化等，或者仅由于首先进入该行业的种种活动所致。产品差异会形成客户对行业内现有企业的忠诚度，产品差异迫使进入者耗费巨资去征服现有的客户忠诚度，由此造成了某种进入障碍。

（4）难以获得有效分销渠道。当现有企业的产品供应已延伸到那些合乎逻辑的分销渠道时，新企业则必须通过价格优惠、对联合广告实行津贴等方法来说服这些分销渠道接受其产品，这种做法会减少利润。

（5）成本劣势。无论潜在进入者的规模如何以及是否达到规模经济的程度，他们都无法达到已立足企业可能拥有的那种成本优势。至关紧要的优势有：专有的生产工艺，获取原材料的有利途径，政府补贴，学习曲线和经验曲线等。

（6）政府政策。政府可以通过控制许可证发放或原材料获取来限制或阻止新企业进入某些行业。政府还能借助于大气和水源污染标准以及产品安全和功效法规等控制手段对进入加以限制。

3. 替代品威胁

随着科学技术的发展，替代产品（能满足同一需求的不同性质的其他产品）越来越多。某一行业的所有企业都将面临与生产替代产品的其他行业的企业进行竞争。在满足人们需求方面越是相似的产品，就越有可能相互替代，消费者购买时转换的可能性也越大，因而可能受到更大的竞争压力。替代品的竞争，导致对原产品的需求减少，市场价格下跌，利润受到限制。

4. 供应商议价能力

供货商的议价能力表现在供货商能否有效地促使买方接受更高价格、更早的付款时间或更可靠的付款方式。当供应商具备下述条件时，会对买主持较强硬的态度。

（1）寡头垄断。供应商相对买方处于寡头垄断的地位，即供应商是由一家或少数几家企业控制，其行业集中度比其销售对象的行业集中度更高。此时供应商通常能够对价格、质量和交易条件等方面施加相当大的影响。

（2）没有替代品。没有提供替代品的供应商，供应商不必与提供替代品的企业进行竞争。如果存在替代品，供应商要与替代品的提供企业竞争，即使再大、再强有力的供应商，其议价能力也会受到制约。

（3）买方并非重要客户。当供应商向诸多行业出售，而某个特定的行业并不代表其销售的一个重要组成部分时，供应商更倾向于运用讨价还价能力。

（4）产品差异化或高额转换成本。供应商已经实行产品差异化或者构筑起了较高的转换成本。这样，既增强了供应商的议价能力，又加大了购买者对其的依赖性。

（5）前向一体化的能力。当供应商充分具备前向一体化的能力时，就会设法进入制造领域，与买方形成直接的竞争，或者以此讨价还价，向买方提出较苛刻的供货条件。

5. 购买者议价能力

购买者的议价能力表现在能否促使卖方降低价格，提高产品质量或者提供更好的服务。购买者的议价能力同上述供应商的议价能力一样也是值得企业重视的。当购买者备下述条件时，会对卖主持较强硬的态度。

（1）购买者寡头垄断或大批量进货。这里包括两种情况，一是购买者规模大，实力雄厚，处于一种寡头垄断的地位；二是购买者购买批量大，在卖主的销售额中占有很大的比例。

（2）进货成本高。购买者的进货价格在其销售的价格中占有相当高的比例。在这种情况下，购买者倾向于花费必需的财力以便购买优惠价格的产品并能有选择地进行采购。当行业出售的产品只占购买者成本的一小部分时，购买者通常对价格就不那么敏感。

（3）产品的标准化或无差异性。当购买者购买的产品是标准化产品或无差异性产品时，购买者选择供应其产品的厂家的余地就较大，甚至有的还会操纵某家企业去与另一家企业竞争，从而使自己从中获得好处。

（4）较低的转换成本。转换成本把购买者与特定的供货方紧密结合起来。如果购买者面临较低的转换成本，就会大大提高购买者的议价能力。

（5）买主的低利润。购买者在转卖过程中只赚取较低的利润，所以对价格比较敏感，希望以低价格进货，相反，获利较高的购买者一般对价格不太敏感。

（6）后向一体化。购买者有后向一体化或部分“内制”化的意图和实力时，他们就会要求供货方提供优惠价格或其他优惠条件。

（7）产品和服务的质量无关紧要。当购买者看重卖方所提供的产品和服务的质量时，购买者会特别重视与卖方的关系，注重产品和服务的质量，而对价格不太关心。反之，则对价格非常敏感，向供货方讨价还价。

第二节　竞争者分析

一、竞争对手识别

企业在开展营销活动的过程中，必须了解其竞争对手。知己知彼，才能对竞争对手施以更有效的攻击，并且才能够防御较强竞争者的“攻击”。但究竟谁是企业的竞争对手，现实中的许多企业说不清楚。企业的现实竞争者和潜在竞争者的范围非常广泛，如果不能正确地识别，一个企业就很有可能被潜在的竞争者吃掉，而不是当前的主要竞争者吃掉。

1. 广义与狭义的竞争

正常情况下，识别竞争者对企业而言似乎轻而易举。长虹公司知道 TCL 公司是其主要竞争者，远大公司知道春兰集团与其竞争。在最狭窄的层次上，企业阐明它的竞争对手就是以类似的价格提供类似的产品和服务给相同购买者的其他企业。然而，竞争包含更广泛的含义，我们可以把竞争关系分为四个层次。

（1）最为广泛的，所有为争取某一部分顾客并消耗其购买力的市场营销者之间都存在竞争。例如，由于某一顾客本月购买了房子，因此不能再购买家用汽车。生产汽车的别克公司可以把房地产公司看作竞争者。

（2）在稍窄一点的范围内，提供部分或全部替代性功能产品的企业是竞争者。在此意义上，别克公司可以将川崎、雅马哈等摩托车厂商看作竞争者。替代性越全面，竞争性越强。

（3）在更窄一点的范围内，提供相同或类似产品的企业是竞争者，如别克公司与奔驰、宝马、福特、丰田公司都是竞争者关系。这个层次的竞争关系是我们在谈及竞争时最普遍的含义。

（4）最后，从战略的观点，最为直接的竞争对手是采用相同的战略而竞争能力又非常接近的竞争者。

2. 四种层次的竞争

换一个角度，根据产品替代观念，我们可以将竞争划分为以下四个层次。

（1）品牌竞争。其他企业以相似的价格向相同的顾客提供类似产品与服务时，企业将其视为竞争者。被别克公司视为主要竞争者的是福特、丰田和其他中档价格汽车的制造商。但它并不把奔驰、宝马汽车看成是自己的竞争对手。

（2）行业竞争。企业可把制造同样或同类产品的企业都广义地视作竞争者。如别克公司与奔驰、宝马、福特、丰田公司之间都存在竞争。

（3）形式竞争。企业可以更广泛地把所有制造能提供相同服务的产品的企业都作为竞争者，如别克公司与川崎、雅马哈等厂商之间的竞争。

（4）一般竞争。企业还可进一步把所有争取同一部分顾客的企业都看作竞争者，如上文所说的别克公司与房地产公司之间的竞争。

二、竞争战略群体分析

战略群体是指在一个行业里采取相同或类似战略且在一个特定的目标市场上的一群企业。划分战略群体可以帮助企业进行正确决策。在多数行业中，根据所采取的主要战略的不同，可将竞争者划分为不同的战略群体。同一战略群体内的企业通常有以下两个或多个竞争特征：价格与质量相同，市场在同一地理位置，一体化程度相同，产品线宽度差不多，分销渠道相近，提供类似的服务，采用相同的生产技术等。战略群体图绘制步骤如下。

第一步，比较行业中各企业的竞争特性变量（如质量/价格/地理覆盖范围/垂直一体化长度/产品线宽度/分销渠道选择/服务程度）。

第二步，选用两个差异化大/重要的竞争特性变量建立两维平面图。

第三步，采用相同（或类似）战略的企业列为一组。

第四步，各组以圆表示在二维平面图上，圆面积大小或圆直径大小表示某组企业在行业总销售量中所占的份额。

知识拓展

战略群体图绘制的原则：

所选择两个变量不应高度相关，而应有明显差异；

所选择两个变量不一定要定量化或连续；

各圆大小亦可以按相对规模表示。

行业中若有两个以上差异化大的或主要变量，应分别用两个变量绘制多张战略群图。

例如，根据质量形象和纵向联合两个变量可把大型电器行业划分为四个战略群体，如图 3.2 所示。

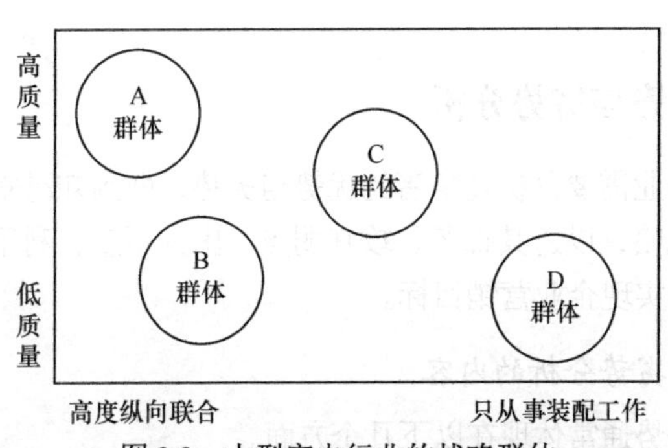

图 3.2　大型家电行业的战略群体

首先，明确本企业所属群体。同一群体的其他企业是最主要的竞争对手。因为各企业采取的战略接近，使竞争更趋激烈。其次，可从中选择较易进入的群体。各个战略群体设置的进入障碍难度不同，因此进入各个战略群体的难易程度也不同。如图 3.2 所示，D 最易进入，而 A 最难进入。如果一家新进入该行业的企业在纵向联合和质量形象方面实力不是太强的话，就应该选择 D 而不是 A。最后，可为企业决策提供依据。假设一个企业准备进入如图 3.2 中的战略群体 A，就必须对 A 群体的其他企业进行深入的调查研究，并使本企业具有更多的战略优势，体现出较强的竞争能力。这样，新进入的企业才能把该战略群的目标顾客夺过来，否则很难吸引相同的目标顾客。

除了在同一战略群体内存在激烈竞争外，在不同战略群体之间也存在竞争。因为，首先，某些战略群体可能争夺重叠顾客的细分市场。例如，不论其战略是什么，所有主要家用电器的制造商都会选择新建住房和房地产开发商细分市场。再有，消费者可能看不出各个群体所提供产品之间的差别。最后，一个战略群体成员可能会采取扩展新的细分市场的战略。一般来说，下列四个因素决定着一个产业中战略群体之间的竞争激烈程度。

（1）战略群体间的市场牵连程度。市场牵连程度是各战略群体对同一顾客群进行争夺的程度，或者说是它们为争取不同细分市场中的顾客进行竞争的程度。当战略群体间的市场牵连很多时，战略群体间将出现剧烈的竞争。

（2）战略群体数量以及它们的相对规模。一个产业中战略群体数量越多且各个战略群体的市场份额越相近时，则战略群体间的竞争越激烈。战略群体数量多就意味着群体离散，某一群体采取削价或其他战术攻击其他群体的机会多，从而激发群体间的竞争。反之，如果群体的规模极不平衡，如某一群体在产业中占有很小的份额，另一群体却有很大的份额，则竞争不会太激烈，因为小群体力量太弱，不大可能以其竞争战术来影响大群体。

（3）战略群体建立的产品差别化。如果各个战略群体各自不同的战略使顾客区分开来，并使他们各自偏爱某些产品，则战略群体间的竞争程度将会大大降低。

（4）各群体战略的差异。战略差异是指不同战略群体奉行的战略在关键战略方向上的离散程度，这些战略方向包括商标信誉、销售渠道、产品质量、技术领先程度、成本状况、服务质量、纵向一体化程度、价格、与母公司或东道国政府的关系等。如果其他条件相同，群体间的战略差异越大，群体间就越可能只发生小规模的摩擦。

三、竞争者表现

（一）竞争者优势与劣势分析

在市场竞争中，企业需要分析竞争者的优势与劣势，做到知己知彼，才能有针对性地制定正确的市场竞争战略，以避其锋芒、攻其弱点、出其不意，利用竞争者的劣势来争取市场竞争的胜利，从而实现企业营销目标。

1. 竞争者优势与劣势分析的内容

竞争者的优势与劣势通常体现在以下几个方面。

（1）产品。竞争企业产品在市场上的地位、产品的适销性、产品组合的宽度与深度等。

（2）销售渠道。竞争企业销售渠道的广度与深度、销售渠道的效率与实力、销售渠道的服务能力等。

（3）市场营销。竞争企业市场营销组合的水平、市场调研与新产品的开发能力、销售队伍的培训与技术技能等。

（4）生产与经营。竞争企业的生产规模与成本水平、设施与设备的技术先进性与灵活性、专利与专有技术、生产能力的扩展、质量控制与成本控制、区位优势、员工状况、原材料的来源与成本、纵向整合程度等。

（5）研发能力。竞争企业内部在产品、工艺、基础研究、仿制等方面所具有的研究与开发能力、研究与开发人员的创造性、可靠性、简化能力等方面的素质与技能等。

（6）资金实力。竞争企业的资金结构、筹资能力、现金流量、资信度、财务比率、财务管理能力等。

（7）组织。竞争企业组织成员价值观的一致性与目标的明确性、组织结构与企业战略的一致性、组织结构与信息传递的有效性、组织对环境因素变化的适应性与反应程度、组织成员的综合素质等。

（8）管理能力。竞争企业管理者的领导素质与激励能力、协调能力、管理者的专业知识、管理决策的灵活性、适应性、前瞻性等。

2. 竞争者优势与劣势分析的基本步骤

第一步，收集每个竞争者的情报信息。主要收集有关竞争者最关键的数据，诸如销售量、市场份额、利润率、投资收益、现金流量、生产能力的利用情况、成本及综合管理能力等。

第二步，分析评价。根据已收集的信息综合分析竞争者的优势与劣势，如表3.1所示。

表3.1　竞争者优势与劣势分析

竞　争　者	顾客知晓度	产 品 质 量	产品利用率	技 术 服 务	推 销 人 员
A	优	优	差	差	良
B	良	良	优	良	优
C	中	差	良	中	中

表中，优劣分为四个等级，即优、良、中、差。根据四个等级来综合评估A、B、C三个竞争者的优势与劣势。

第三步，寻找标杆，即找出竞争者在管理和营销等方面较好的做法作为标准，然后加以模仿、组合和改进，并力争超过标杆者。

知识拓展

标杆超越是怎样改进竞争绩效的

标杆超越（benchmarking）是一门艺术，其目标是模仿其他公司的最好做法并改进和超过它。

施乐公司1979年率先在美国执行标杆管理。该公司想学习日本竞争者生产性能和成本更低的能力。施乐买进日本复印机，并通过“逆向工程”分析它，从而在这方面有了较大的改进。

福特汽车的销售曾一度落后于日本和欧洲的汽车商。当时福特的总裁唐·彼得森只是福特的工程师和设计师，根据客户认为的最重要的400个特征组合成新汽车。他进一步要求：他的工程师要成为“比最好的还要好”的人。当新汽车完成时，彼得森声称：他的工程师已经改进竞争者汽车的大部分最佳特征。

今天，诸如美国AT&T、IBM、柯达、杜邦及摩托罗拉等许多公司都把标杆管理作为重要的工具。标杆超越的步骤如下：①确定标杆超越的基准项目；②确定衡量关键绩效的变量；③确定最佳级别的竞争者；④衡量最佳级别对手的绩效；⑤衡量公司绩效；⑥规定缩小差距的计划和行动；⑦执行和监测结果。

一个公司怎样确定“实践最好”的其他公司呢？第一步是问客户、供应商和分销商，让他们把竞争者进行排队。另外接触咨询公司，他们有“实践最好”的公司的档案。

（二）竞争者“好”与“坏”分析

竞争者并不总是有害的，有时竞争者的存在对企业是必要的和有益的。竞争者可能有助于增加市场总需求，可分担市场开发和产品开发的成本，并有助于使新技术合法化；竞争者为吸引力较小的细分市场提供产品，可导致产品差异性的增加；最后，竞争者还加强企业同政府管理者或同职工的谈判力量。

每个行业中的竞争通常都有表现良好的和具破坏性的两种类型。表现好的竞争者通过一些手段，试图使本行业竞争者的市场营销活动限于合理的范围之内，他们遵守行业规则，凭自己的努力扩大市场占有率，彼此在市场营销因素组合上保持一定的差异性，从而减少直接的冲突。具有破坏性的竞争者则不遵守行业规则，他们常常不顾一切去冒险，或用不正当手段（如收买或贿赂买方采购人员等）扩大市场占有率，从而扰乱了行业的均衡。一个企业应明智地支持好的竞争者，攻击坏的竞争者。

案例链接

麦当劳和肯德基是快餐行业内势均力敌的竞争对手。有麦当劳的地方必然会有肯德基的身影。一方推出一款新品，另一方必然迎头赶上。2000年夏，麦当劳的“甜筒雪糕”和肯德基的“脆皮雪糕”展开促销大战，结果是双赢，两家都出现大热天顾客排队争购的场景。为俘获儿童的心，双方大搞玩具兵团促销，花样不断翻新，乐此不疲。麦当劳刚推出各式各样的小狗“史努比”，肯德基就抛出16款“山德士少校”。双方心照不宣的是，它们都从这种看似热闹的竞争中尝到了甜头。麦当劳、肯德基这对竞争者的双赢之战，以后还要继续进行下去。

四、竞争者反应

仅仅知道竞争对手的经营战略和表现远远不够，还应通过各种渠道来获知对手在遇到攻击时可能采取什么行动和做出何种反应。这有助于企业正确地选择攻击的对象、因素和力度，实现每一次竞争行动的预期目标。

每个竞争者对竞争的反应各不相同，这主要取决于竞争对手自己的战略意图及所具有的战略能力，竞争对手是否对自己目前的形势满意，竞争对手受到威胁的程度，竞争对手的实力和信心。此外，在判断竞争者反应模式时还需充分考虑、分析竞争对手的企业文化。企业文化将直接影响其在市场营销中的经营策略，这对分析、预测竞争对手的反应将有重要的参考价值。

知识拓展

企业文化是企业为解决生存和发展的问题的而树立形成的，被组织成员认为有效而共享，并共同遵循的基本信念和认知。企业文化集中体现了一个企业经营管理的核心主张，以及由此产生的组织行为。企业文化，就是企业成员共同的价值观念和行为规范。

从上述角度，竞争者的反应可分为五种反应模式。

1. 从容不迫型

某些竞争者对某一特定竞争者的行动没有迅速反应或反应不强烈，而是漫不经心，坐观事变。这可能是因为竞争者受到自身在资金、规模、技术等方面的能力的限制，无法做出适当的反应；也可能是因为竞争者对自己的竞争力过于自信，不屑于采取反应行为；还可能是因为竞争者对市场竞争措施重视不够，未能及时捕捉到市场竞争变化的信息。对此，一定要弄清楚他们“镇静”的原因，以防止他们的突然还击。

2. 全面防守型

全面防守型竞争者对外在的威胁和挑战做出全面反应，以确保其现有地位不被侵犯，但会使战线拉得过长，若资源不雄厚，反被其他竞争对手拖垮。

3. 适当选择型

竞争者可能只对某些类型的攻击做出反应，而对其他类型的攻击视而不见。例如，竞争者会对削价做出积极反应，防止自己的市场份额减少。目前我国家电市场上就是这种情况，企业对价格极为敏感，只要一家削价，其他竞争对手都会不约而同地做出反应。他们可能对竞争对手大幅增加广告费不予理睬，认为这并不能构成实质性威胁。但对威胁其主营业务的攻击会反应强烈。总之，应了解这类竞争者的敏感部位，对其进行攻击要在具体分析的基础上选择竞争方案。

4. 强烈反击型

许多竞争企业对市场竞争因素的变化十分敏感，一旦受到来自竞争者的挑战就会迅速做出强烈的市场反应，进行激烈的报复和反击，势必将挑战自己的竞争者置于死地。这种报复措施往往是全面的、致命的，甚至是不计后果的，不达目的决不罢休。这些强烈反应型竞争者通常都是市场上的主导者，具有某些方面的绝对竞争优势。一般企业轻易不敢或不愿挑战其在市场上的权威，尽量避免与其正面交锋。

5. 随机应变型

随机应变型竞争者并不表露自己将要采取的行动。这一类型的竞争者在任何特定情况下可能做出也可能不做出反击，而且根本无法预测他将采取的行动。显然，应付这类竞争者难度较大。

第三节　竞争战略选择

一、基本竞争战略

企业对自身所在行业及竞争对手的分析，是企业制定战略的基础。每个企业在市场竞争中相对于竞争对手都有自身的优势和劣势，要获得竞争胜利，一定要把握独特的竞争优势。迈克尔·波特提出争取竞争优势的基本竞争战略有三种：低成本战略、差别化战略和聚焦战略。

1. 低成本战略

低成本战略，是指企业通过有效途径降低成本，使企业的全部成本低于竞争对手的成本，甚至是在同行业中最低的成本，从而获取竞争优势的一种战略。为了同运用差异化战略的竞争对手相抗衡，使用低成本战略的企业其产品及相关的服务都必须尽量与前者的产品和服务相当。低成本的产品在最新的功能或最好的客户服务方面可能暂时会落后一点，但他们不能长期落后很多，否则客户会认为这家企业的产品没有任何价值。

要成功实施低成本战略，企业必须持续关注降低成本，直至低于竞争对手。企业经常通过规模经济进行设备投资、紧缩开支、加强控制，以及在服务、销售、研究与开发上采取使成本最小化等措施来降低成本。企业一旦成功实施了低成本战略，所获得的较高的边际利润就可以重新对新设备、现代设施进行投资以维护成本上的领先地位，而这种再投资往往是保持低成本状态的先决条件。采用低成本战略的企业面临很多较大的风险。

第一个风险是成本优势的基础经常有被竞争对手夺走的可能。

第二个风险是过于集中。由于过于注意降低成本，采用低成本战略的企业有时会察觉不到顾客需求的重大变化，以及竞争对手对传统上无差异、大众化产品进行的差别化努力。

第三个风险是虽然企业为客户提供了价格低廉的产品，但在产品性能或服务方面却远远落后于采用差异化战略的竞争对手。因此即使产品价格很低，客户也可能看不出产品价值所在。

第四个风险是此战略易于模仿，两个或者更多的企业都可能成功地使用这种方法，最后这些企业只能以一场毫无利润的价格战而告终，如中国彩电行业的价格大战就源于此。在某一特定的产业里，只要在主要动因方面不具有明显的持续性优势，那么危险总是存在的。建立在核心能力上的低成本才能具有持续性优势。

知识拓展

核心能力是指企业的主要能力，即使企业在竞争中处于优势地位的强项，是其他对手很难达到或者无法具备的一种能力。核心能力主要是关乎各种技术和对应组织之间的协调和配合，从而可以给企业带来长期竞争优势（competitive advantage in long-run）和超额利润（superior profit）。企业持续竞争的源泉和基础在于核心能力。

核心能力具有以下特点：价值性；独特性；延展性；难以模仿和不可替代性；长期性。

2. 差异化战略

差异化战略，是指为使企业产品与竞争对手产品有明显的区别，形成与众不同的特点而采取的一种战略。与低成本战略不同，这种战略的核心是取得某种对顾客有价值的独特性。

采用差异化战略的企业可以在许多方面寻求与竞争者的差异，企业的产品或服务与竞争者相差越多，企业对竞争者的行动越有缓冲余地。产品的差异可以来源于许多途径：不寻常的特性、尽职的顾客服务、快速的技术革新和技术领先、声望和地位、与众不同的品位、工程设计和表现等。

由于差异化产品满足了顾客特殊的需求，采用差异化战略的企业可以制定高价，如果差别化战略成功地实施了，它就成为在一个产业中赢得高水平收益的积极战略。差异化战略也有风险。

第一个风险是客户可能并不看重企业所创造的差异性。对于以技术为导向的组织来说，这是一个主要的风险。

第二个风险是企业产品的差异性随着时间推移而逐渐变得相对客户不那么重要。

第三个风险是企业虽然在创造明显优势方面取得成功，但成本很高，客户有可能不愿意为这种优势支付额外的费用。

第四个风险是企业可能会无法继续投资以维持其差异性优势。

3. 聚焦战略

聚焦战略，是指企业将经营范围集中于行业内某一有限的细分市场，使企业有限的资源得以充分发挥效力，在某一局部超过其他竞争对手，取得竞争优势。聚焦战略有两种变化形式：一种是着眼于在细分的目标市场上获得低成本优势，称之为成本聚焦；另一种是着眼于在目标市场上获得差异化优势，称之为差异化聚焦。所以聚焦战略可以看作前两种战略在市场的局部范围内的运用。

聚焦战略集中使用整个企业的力量和资源，更好地服务于某一特定的目标市场。聚焦战略也存在三个风险。

第一个风险是竞争者可能集中在更加狭窄的目标市场，使原集中者不再集中。

第二个风险是在整体产业市场中运行的企业可能认为采用聚焦战略的企业其服务的目标市场有吸引力，值得参与竞争。

第三个风险是狭窄市场中的顾客需求可能与整体市场中的顾客需求逐渐趋同，从而使聚焦战略的优势减弱或消失。

迈克尔·波特认为企业必须从这三种战略中选择一种作为其主导战略。要么把成本控制到比竞争者更低的程度；要么在企业产品和服务中形成与众不同的特色，让顾客感觉到你提供了比其他竞争者更多的价值；要么企业致力于服务于某一特定的细分市场、某一特定的产品种类或某一特定的地理范围。这三种战略在架构上差异很大，成功地实施它们需要不同的资源和技能，由于企业文化混乱，组织安排缺失，激励机制冲突，夹在中间的企业可能因此而遭受更大的损失。三种基本战略之间的区别如表 3.2 所示。

表 3.2　三种基本战略之间的区别

		战略优势	
		低成本	独特性
战略目标	整个市场范围	低成本战略	差异化战略
	特定细分市场	成本聚焦战略	差异化聚焦战略

二、竞争定位

企业在进行上述竞争因素分析之后，还必须明确自己在同行业竞争中所处的位置，进而结合自己的目标、资源和环境，以及在目标市场上的地位等来确定自身的定位。现代市场营销理论根据企业在市场上的竞争地位，把企业分为四种类型：市场领导者、市场挑战者、市场跟随者和市场补缺者（见图 3.3）。

市场领导者	市场挑战者	市场跟随者	市场补缺者
40%	30%	20%	10%

图 3.3　假设的市场结构

在图 3.3 中，市场领导者掌握了 40%的市场，拥有最大的市场份额。市场挑战者掌握了 30%的市场，名列第二，而且该类企业正在为获得更大的市场份额而努力。市场跟随者掌握了 20%的市场，该类企业只图维持现有市场份额，并不希望打破现有的市场结构。市场补缺者掌握了剩余的 10%的市场，这部分市场是大企业所不感兴趣的小细分市场。

（一）市场领导者

市场领导者是指在相关产品的市场上其占有率最高的企业。一般来说，大多数行业都有一家企业被认为是市场领导者，它在价格变动、新产品开发、分销渠道的宽度和促销力量方面处于主宰地位，为同业者所公认，如电脑软件市场的微软公司、软饮料市场的可口可乐公司、中国电冰箱市场的海尔集团公司等。这种领导者几乎各行各业都有，它们的地位是在竞争中自然形成的，但不是固定不变的。市场领导者所具备的优势包括：消费者对品牌的忠诚度高，分销渠道的建立及高效运行，市场营销经验的迅速积累等。

市场领导者为了维护自己的优势，保住自己的领先地位，通常可采取三种战略：扩大市场总需求；保护市场占有率；提高市场占有率。

1. 扩大市场总需求

当一种产品的市场总需求扩大时，受益最大的是处于领先地位的企业。一般说来，市场领导者可从三个方面扩大市场需求量：发现新用户；开辟新用途；增加使用量。

（1）发现新用户。每种产品都有吸引新用户、增加用户数量的潜力，因为有些消费者可能对某种产品还不了解，或产品定价不合理，或产品性能还有缺陷等。一个制造商可从三个方面找到新的用户。如香水企业可设法说服不用香水的妇女使用香水；说服男士使用香水；向其他国家推销香水。

（2）开辟新用途。为产品开辟新的用途，可扩大需求量并使产品经久不衰。例如，碳酸氢钠的销售在 100 多年间没有起色，它虽有多种用途，但需求量都不大。后来一家企业发现有些消费者将该产品用做电冰箱除臭剂，于是大力宣传这一新用途，使该产品销量大增。

（3）增加使用量。促进用户增加使用量是扩大需求的一种重要手段。例如，宝洁公司劝告消费者在使用海飞丝香波洗发时，每次将使用量增加一倍效果更佳。

2. 保护市场占有率

市场领导者必须时刻防备竞争者的挑战，保卫自己的市场阵地。例如，可口可乐公司要防备百事可乐公司，柯达公司要提防富士公司，等等。这些挑战者都是很有实力的，领导者稍不注意就可能被取而代之。市场领导者如何防御竞争者的进攻呢？

（1）阵地防御。阵地防御就是在现有阵地周围建立防线。这是一种静态的防御，是防御的基本形式，但不能作为唯一的形式，否则企业将面临危险。例如，当年亨利·福特对他的 T 型车的近视症就造成了严重的后果，使得年赢利 10 亿美元的福特公司从顶峰跌到了濒临破产的边缘。

（2）侧翼防御。侧翼防御是指市场领导者除保卫自己的阵地外，还应建立某些辅助性的基地作为防御阵地，或必要时作为反攻基地。例如，20 世纪 70 年代，美国几大汽车公司就因没有注意侧翼防御而遭到日本小型汽车的无情进攻，失去了大片阵地。

（3）以攻为守。以攻为守是一种“先发制人”式的防御，即在竞争者尚未进攻之前，先主动攻击它。这种战略主张预防胜于治疗，事半功倍。具体做法是：当竞争者的市场占有率达到某一危险的高度时，就对它发动攻击；或者是对市场上的所有竞争者全面攻击，使人人自危。

（4）反击防御。当市场领导者遭到对手发动降价或促销攻势，或改进产品，占领市场阵地等进攻时，不能只是被动应战，应主动反攻入侵者的主要市场阵地。

（5）运动防御。这种战略的目的是，不仅防御目前的阵地，而且还要扩展到新的市场阵地，作为未来防御和进攻的中心。市场扩展可通过两种方式实现。

一是市场扩大化。指企业将其注意力从目前的产品上转到有关该产品的基本需求上，并全面研究开发有关该项需求的科学技术。例如，把“石油”公司变成“能源”公司就意味着市场范围的扩大，不限于一种能源——石油，而是要覆盖整个能源市场。

二是市场多元化。即向无关的其他市场扩展，实行多元化经营。

知识拓展

多元化战略又称多角化战略，是指企业同时经营两种以上基本经济用途不同的产品或服务的一种发展战略。多元化战略是相对企业专业化经营而言的，其内容包括：产品的多元化、市场的多元化，投资区域的多元化和资本的多元化。企业采用多元化战略，可以更多地占领市场和开拓新市场，也可以避免单一经营的风险。

所谓产品的多元化，是指企业新生产的产品跨越了并不一定相关的多种行业，且生产多为系列化的产品；所谓市场的多元化，是指企业的产品在多个市场，包括国内市场和国际区域市场，甚至是全球市场；所谓投资区域的多元化，是指企业的投资不仅集中在一个区域，而且分散在多个区域甚至世界各国；所谓资本的多元化，是指企业资本来源及构成的多种形式，包括有形资本和无形资本诸如证券、股票、知识产权、商标和企业声誉等。一般意义上的多元化经营，多是指产品生产的多元化。

（6）收缩防御。在所有市场阵地上全面防御有时会得不偿失，这种情况下，最好是实行战略收缩，即收缩防御，是指放弃某些疲软的市场阵地，把力量集中到主要的市场阵地上去。例如，可口可乐公司在 20 世纪 80 年代放弃曾经进入的电影、娱乐业、房地产业，以集中力量来应付饮料业激烈的竞争。

3. 提高市场占有率

市场领导者设法提高市场占有率，也是增加收益、保持领先地位的一个重要途径。美国的一项研究表明，市场占有率是与投资收益率有关的最重要的变量之一。市场占有率越高，投资收益率也越大。市场占有率高于 40%的企业其平均投资收益率相当于市场占有率低于 10%者的 3 倍。

不过，市场领导者在追求提高市场占有率之前必须认真筹划，以免发生成本上升过快，导致市场占有率虽上升，利润却下降的问题。在现有市场上扩大市场份额，实际上意味着要向其他企业发起进攻，虽说是处于市场领导地位的企业，也需慎重，并要选择好进攻对象。

总之，市场领导者必须善于扩大市场总需求，保卫自己的市场阵地，防御挑战者的进攻，并在保证收益增加的前提下，提高市场占有率。这样，才能持久地保持市场领先地位。

（二）市场挑战者

市场挑战者是指那些在市场上处于次要地位（第二、第三甚至更低地位）的企业，如我国汽车市场的奇瑞、吉利等自主品牌汽车、世界碳酸饮料市场的百事可乐公司等。挑战者的任务是增加市场份额，提高企业在行业中的地位，这就决定了挑战者必须使用进攻性竞争策略。在发动实际进攻之前，挑战者必须广泛收集资料，分析竞争情况，确定进攻对象、挑战目标和选择竞争策略。

市场挑战者向竞争对手发起进攻之前，通常要确定竞争对手和目标。其进攻的对手可以是领导者，也可以是其他竞争者。挑战的目标一般是为了扩大市场份额。市场挑战者在选择对手和目标上，需要作一个系统的竞争分析。它必须收集、分析关于竞争者的最新信息。市场挑战者的竞争信息和分析系统必须能回答下列问题。

（1）竞争者是谁？

（2）每一个竞争者的市场销售额、市场份额和财务状况如何？

（3）每个竞争者的战略是什么？

（4）每个竞争者的优势和劣势是什么？

（5）每个竞争者对环境、竞争和内部发展的反应如何？可能会有什么变化？

在确定了对手和目标后，市场挑战者会集中自己的优势向竞争对手发起攻击，以达到自己的目标。挑战者对竞争对手的攻击主要有五种方式。

（1）正面进攻。正面进攻，是指集中攻击对手的强项而不是弱点，如在产品开发、定价、广告等方面较量。正面进攻的胜负取决于谁的力量更强。因此，若无在相应项目上优于对手的资源和能力，就不宜采取此策略。

（2）侧翼进攻。侧翼进攻，是指选择对手之弱点或“缺口”，以己之长，攻彼之短。如进攻偏僻地区市场或某个细分市场，有时这些地区市场几乎没有竞争者的推销力量，或这些细分市场并未被竞争者明确意识到，因此是最容易取得攻击胜利的薄弱之处。

（3）包围进攻。包围进攻，是指看准敌方一块阵地后，从前后左右几条战线上同时进攻，迫其全面防守。如产品包围战，就是针对竞争者的产品，推出质量、风格、特点各异的数十种同类产品，以此淹没对手的产品，最后夺取市场。

（4）迂回进攻。迂回进攻是一种间接进攻策略。它不是进攻竞争者现有的市场或地盘，相反，对这些产品和市场采取回避态度，绕过竞争者，或是开发新产品去满足未被任何竞争者满足的市场；或是开展多角化经营，进入与竞争者不相关的行业；或是寻找新的、未被竞争者列入经营区域的地区市场。

（5）游击式进攻。游击战在军事上是以小胜大、以弱胜强的有效战略，在市场营销上也不例外。其典型做法是向竞争者的不同领域或不同部位发动小规模、时断时续的攻击，骚扰对手，使之不得安宁，疲于应付，最终逐渐被削弱和瓦解。

（三）市场跟随者

市场跟随者是指那些不愿扰乱市场形势的一般性企业。这些企业认为，他们占有的市场份额比领导者低，但自己仍可以赢利，甚至可以获得更多的收益。他们害怕在混乱的市场竞争中损失更大，他们的目标是赢利而不是市场份额。实践证明，成功地采取跟随者战略的企业也能获高额利润。如一些企业通过模仿或改进革新者推出的新产品，大量推向市场销售，虽未必夺得行业第一，却能获得很好的利润，因为它们不必承担用于创新的高额费用，也用不着冒创新的风险。市场跟随者策略的核心是寻找一条避免触动竞争者利益的发展道路，在不刺激强大竞争对手的同时保护好自己。市场跟随者通常用三种方式进行跟随。

（1）紧密跟随。跟随者在尽可能多的细分市场和在营销组合领域中模仿领导者，跟随者往往几乎以一个市场挑战者的面目出现，但它如果并不激进地妨碍领导者，它们之间的直接冲突便不会发生。

（2）有距离跟随。市场跟随者仅在主要市场和产品创新、价格水平和分销上跟随领导者，而在其他方面则同市场领导者保持一段距离。

（3）有选择跟随。此类企业不完全地跟随市场领导者，而是有选择地进行跟随。即根据自己的情况在有些方面紧跟领导者，以获得明显的好处，而在其他方面又走自己的路。这类企业可能具有完全的创新性，但它们又避免直接地与市场领导者发生对抗。这类企业通常会成长为未来的市场挑战者。

（四）市场补缺者

市场补缺者是指精心服务于市场的某些细小部分，而不与主要的企业竞争，只是通过专业经营来占据有利的市场位置的企业。市场补缺者成功的关键，一是要选择好补缺之处，即补缺基点；二是要在确定补缺基点的基础上选择和制定适当的战略。

1. 补缺基点的选择

一个理想的市场补缺基点一般有下列特征：

（1）该补缺基点有足够的规模和购买力，企业有利可图；

（2）该补缺基点有成长潜力；

（3）该补缺基点被大企业所忽略或者不愿意满足；

（4）企业有市场需要的技能和资源，可以进行有效服务；

（5）企业能够靠已建立的顾客信用，进行自卫来抵制竞争者的攻击。

2. 专业化市场营销

取得补缺基点的主要战略是专业化市场营销。具体来讲，就是在市场、顾客、产品或渠道等方面实行专业化。

（1）最终用户专业化。最终用户专业化，是指专门致力于某类最终用户服务，如计算机行业有些小企业专门针对某一类用户（如诊疗所、银行等）进行市场营销。

（2）垂直层面专业化。垂直层面专业化，是指专门致力于分销渠道中的某些层面，如制铝厂可专门生产铝锭、铝制品和铝质零部件。

（3）顾客规模专业化。顾客规模专业化，是指专门为某一种规模（大、中、小）的客户服务，如有些小企业专门为那些被大企业忽略的小客户服务。

（4）特定顾客专业化。特定顾客专业化，是指只对一个或几个主要客户服务，如美国有些企业专门为西尔斯百货公司或通用汽车公司供货。

（5）地理区域专业化。地理区域专业化，是指专为国内外某一地区或地点服务。

（6）产品或产品线专业化。产品或产品线专业化，是指只生产一大类产品，如美国的绿箭公司专门生产口香糖一种产品，现已发展成为一家著名的跨国公司。

（7）客户订单专业化。客户订单专业化，是指专门按客户订单生产预订的产品。

（8）质量和价格专业化。质量和价格专业化，是指专门生产经营某种质量和价格的产品，如专门生产高质高价产品或低质低价产品。

（9）服务项目专业化。服务项目专业化，是指专门提供某一种或几种其他企业没有的服务项目，如美国有一家银行专门承办电话贷款业务，并为客户送款上门。

（10）分销渠道专业化。分销渠道专业化，是指专门服务于某一类分销渠道，如专门生产适于超级市场销售的产品，或专门为航空公司的旅客提供食品。

本章小结

竞争是市场经济的基本特征，企业如何参与竞争并使自己在市场竞争中拥有优势，是企业能否获得营销成功的核心所在。

首先，企业应该进行行业竞争分析。通过行业发展的动因分析，明确在同样的市场环境中，不同的行业面临着不同的机遇与挑战。行业竞争力量的分析，可以从两个方面进行。从竞争模式的角度，行业竞争表现为完全竞争、垄断竞争、寡头垄断和完全垄断四种类型。而从竞争结构的角度，企业会受到同行业竞争者、潜在进入者、替代品、供应商、购买者五个方面的竞争。

企业还应对竞争者进行分析，明确谁是自己的竞争对手，并通过竞争战略群体分析，加深对竞争对手的认识。企业还要进一步分析竞争对手的优势与劣势，辨别竞争对手的“好”与“坏”，预测竞争者对手可能的市场反应。

在行业竞争分析和竞争对手分析的基础上，企业才能制定出凸显自身优势的竞争战略。企业要在低成本战略、差别化战略和聚焦战略中选择一种作为自己的基本竞争战略。之后，企业要在行业中找到自己的位置，确定自己的竞争定位，并选择合适的战略应对市场竞争，力图在市场竞争中立于不败之地。

知识巩固

一、名词解释

完全竞争　垄断竞争　寡头垄断　完全垄断　规模经济　战略群体　低成本战略　差别化战略　聚焦战略

二、判断题

1. 只有以低成本作为价格竞争的基础，企业才能占领最大化的市场份额。（　　）

2. 企业不断降低产品和运营成本，使自己的总成本低于同行的竞争者，并以较低价格取得竞争优势，这是低成本战略。(　　)

3. 在市场竞争中，潜在的竞争对手也许要比现实的竞争对手更可怕。(　　)

4. 公司最直接的竞争者是那些同一行业同一战略群体的公司。(　　)

5. 所有竞争者的目标都是追求利润最大化。(　　)

6. “好”竞争者的存在会给公司带来一些战略利益。(　　)

7. 从容型竞争者不对竞争者的任何攻击行为进行反击。(　　)

8. 通过扩大总需求，市场领导者往往受益最多。(　　)

9. 采用跟随策略的缺点在于风险很大。(　　)

10. 游击进攻战略的目的在于以小型的、间断性的进攻干扰对方，使竞争对手的士气衰落，不断削弱其力量。(　　)

11. 规模较小且大公司不感兴趣的细分市场称为利基市场。(　　)

三、选择题

1. 某一行业内有许多卖主且相互之间的产品有差别，顾客对某些品牌有特殊偏好，不同的卖主以产品的差异性吸引顾客，开展竞争，这属于(　　)。

A. 完全竞争　　B. 完全垄断　　C. 不完全垄断　　D. 垄断竞争

2. 违反行业规则，打破了行业平衡，生产能力过剩仍然继续投资的竞争者属于(　　)。

A. 强竞争者　　B. 近竞争者

C. 弱竞争者　　D. “坏”竞争者

3. 以下的(　　)竞争战略是指企业将目标市场锁定在某一个或几个较小的细分市场，实行专业化经营，走小而精、小而专的道路。

A. 成本领先　　B. 差异化　　C. 聚焦　　D. 多角化

4. 市场领导者保护其市场份额的途径是(　　)。

A. 以攻为守　　B. 增加使用量　　C. 转变未使用者　　D. 寻找新用途

5. 有能力对市场领导者采取攻击行动，有望夺取市场领导者地位的公司属于(　　)。

A. 强竞争者　　B. 市场挑战者　　C. 市场补缺者　　D. 好竞争者

6. 市场跟随者在竞争中在某些方面紧跟领导者，而在另一些方面有自己的创新，这种战略称为(　　)战略。

A. 紧密跟随　　B. 提高跟随　　C. 距离跟随　　D. 选择跟随

7. 实施市场补缺者战略，企业的首要任务是(　　)。

A. 发现补缺市场　　B. 占领补缺市场

C. 扩大补缺市场　　D. 保护补缺市场

四、填空题

1. 对竞争者的攻击有无反应和反应强弱无法根据其以往的情况加以预测的竞争者属________。

2. 占有最大的市场份额，在价格变化、新产品开发、分销渠道建设和促销战略等方面对本行业其他公司起着领导作用的竞争者，被称为________。

3. 结合赢利能力考虑，企业的市场份额________。

4. 市场挑战者集中优势力量攻击对手的弱点，这种策略是________。

5. 某企业精心服务于市场的某些细小部分，不与主要企业竞争，只是通过专业化经营占据有利的市场位置，该企业被看作________。

五、思考题

1. 如何理解迈克尔·波特的五力竞争模型？

2. 理解迈克尔·波特的三种基本竞争战略有什么区别？

3. 企业如何进行竞争定位？

案例分析

农夫果园的差异化策略

农夫果园的上市策略中，充满了差异性，正是这些差异性的整合，形成了农夫果园的核心竞争力，令其成为2003年果汁市场上最具锋芒的新星。

2003年是饮料行业的果汁年。在碳酸饮料、瓶装饮用水、茶饮料三大品类几年来相继掀起市场热潮以后，果汁饮料以健康时尚的形象成为饮品市场的新宠。饮用水行业擅长营销创意的农夫山泉也推出了果汁产品——农夫果园，并在激烈的市场竞争中打赢了第一战，获得可观的市场份额，其运用的差异化策略值得进入果汁领域的企业学习和借鉴。

混合口味：产品设计差异化

选择混合果汁作为突破点，是农夫果园差异化营销的第一步。市场上PET包装的果汁饮料口味繁多，主要有橙汁、西柚汁、苹果汁、蓝莓、相思果、柠檬汁、葡萄汁、梨汁、芒果汁等。但这些产品一般都是单一口味，如统一的“鲜橙多”，汇源的“真鲜橙”、可口可乐的“酷儿”等。农夫果园作为一个后进的品牌，在产品设计上没有像一般的厂家那样依照现有的口味跟进，而是独辟蹊径选择了“混合口味”作为突破口，凭此屹立于强手如林的果汁市场。

农夫果园走混合果汁路线，一来可以避开与先入为主的几大品牌正面冲突，二来可以确立在混合果汁品牌中的领导地位。农夫果园目前推出的有橙、胡萝卜、苹果混合和菠萝、芒果、番石榴混合两种口味。新奇的混合口味吸引了众多的消费者，一项针对消费者喜好度的调查可以说明这一状况。

“喝前摇一摇”：宣传诉求差异化

农夫果园的宣传诉求也充分运用了差异化策略。“农夫果园，喝前摇一摇。”这一宣传诉求在农夫果园的广告片当中得到了充分的展现。把“摇”作为宣传诉求的差异性，是农夫果园差异化营销成功的第二步。“农夫果园，喝前摇一摇”这样的广告语不免让人联想到“农夫山泉有点甜”这句流传甚广的广告词。

“摇一摇”在理论上也具有异曲同工的效果。感性偏好上，农夫果园以消费者可以亲身体验的动作“摇”加强产品与人的互动性，“摇一摇”也使得宣传诉求与同类果汁产品迥然不同，以其独有的趣味性、娱乐性增添消费者的记忆度。理性认同上，“摇”这一动作也暗示了果汁中有“货”。这是基于农夫果园的产品特性：第一，浓度高；第二，含有丰富的果肉纤维。

包装、容量、浓度的差异化

包装上的差异化。包装上最吸引人的是农夫果园超大口径的瓶口，市场上PET包装瓶口一般为28mm，而农夫果园的瓶口直径达到了38mm，这多少显得有些异类，在终端的果汁货架上能够吸引更多的关注。据称，这样的设计在国内还是第一家，大瓶口更具人性化，饮用时能够使整个口腔充满果汁，让味蕾更多地品尝果汁原味。

容量上的差异化。在容量上，农夫果园也显得别出心裁。农夫果园目前有两种规格：600mL和380mL。而市场上的果汁饮料，如统一、康师傅、健力宝、汇源、酷儿等都为500ml或350mL，农夫果园在容量上比同类产品多100mL和30mL。这样有利于其在终端店头的陈列和促销员的口碑推荐，也为其价格策略做好了铺垫。

浓度上的差异化。在浓度上，农夫果园独树一帜，在果汁饮料中率先向高浓度靠拢。包装标签上，“果汁含量≥30%”的字样显得异常醒目，这正是农夫果园与众不同的地方。

价格策略的差异化

农夫果园终端的销售价格在3.5～4元，明显高于同类果汁饮料，这是其价格体系差异化策略的表现。此策略开辟了果汁饮料高端市场，自觉回避同类产品的价格纷争。在这样的市场状态下，差异性的定价策略可以避免陷入价格战的旋涡，对于农夫果园来说，在上市之初也有利于保障新品价格体系的稳定性。

案例思考

1. 农夫果园在哪些方面进行了差异化，这些差异化之间有没有内在联系？
2. 结合案例，如何理解差异化在市场营销中的独特作用？

一、任务实例描述

在软饮料行业，可口可乐和百事可乐始终引领着行业的潮流，可口可乐和百事可乐的竞争成为市场竞争的经典之作，其竞争的长期性、激烈性、多样性、全面性为世人所少见。可口可乐和百事可乐进入中国市场之后，这一竞争之火又在中国燃起。

二、任务实例的解决方案和操作过程

分析任务中可口可乐和百事可乐的竞争地位及相互之间的竞争关系，分析两家企业的竞争策略，理解企业竞争战略的重要性。

三、完成任务实例的操作过程

（1）将全班学生按每组10人左右，分成4～5个小组，每组各以一半成员分头收集可口可乐和百事可乐的材料。

（2）材料收集：① 可口可乐和百事可乐的行业背景资料；② 可口可乐和百事可乐的企业情况，即各自的竞争优势和劣势；③ 可口可乐和百事可乐在全球的竞争情况；④ 可口可乐和百事可乐的市场地位；⑤ 可口可乐和百事可乐进入学生所在城市市场时所采取的营销策略；⑥ 可口可乐和百事可乐进入学生所在城市以来的市场竞争状况；⑦ 可口可乐和百事可乐到现在为止的竞争结果。

（3）各小组举行汇报会，每位学生汇报所收集到资料，并进行资料交流。在此基础上组内展开讨论，分析研究可口可乐、百事可乐的竞争策略。

（4）每个学生独立完成《可口可乐与百事可乐之战》一文的写作。

（5）选择学生的优秀之作 2～3 篇，在全班交流，教师对这些优秀之作进行评析，并对全班的资料收集和分析文章的写作进行总结性讲评。

第四章

目标市场分析

总体目标

1. 了解市场调查的类型与内容。
2. 熟悉市场调查的方法与步骤。
3. 掌握市场细分的含义与依据。
4. 掌握目标市场选择策略。
5. 了解市场定位的策略与方法。

案例点评

哈根达斯（Haagen-Dazs）是美国的冰激凌品牌，有“冰激凌中的劳斯莱斯”的美名，不仅在全美，在全球都是极受欢迎的品牌。无论在哪里，一提到“哈根达斯”，人们就会想起极其美味诱人的冰激凌。它似乎更是优质生活和品味的象征。以顶尖奢侈品牌的形象出现在市场上，那动辄几十甚至上百美元的价位让普通冰激凌顿时相形失色，它的目标消费群是处于收入金字塔顶层的注重生活品位、追求时尚的年轻人……

顾客是一个庞大而复杂的群体，其消费心理、购买习惯、收入水平和所处的地理文化环境等都存在很大差别，不同消费群体对同一产品的消费需求存在很大差异。同时，任何企业在一定时期内的人力、物力、财力是有限的。市场需求的广泛性和企业经营能力的局限性，决定了任何一家企业都只能满足市场的部分需求，而不可能是全部需求。企业应在充分进行市场调查的基础上，对整个市场进行细分，之后选定本企业可以提供最有效服务的细分市场，在细分市场上确立自己的经营优势，此过程即目标市场营销。

第一节　目标市场调查

一、市场调查的类型与内容

市场调查就是指运用科学的方法，有目的地、有系统地搜集、记录、整理有关市场营销的信息和资料，分析市场情况，了解市场的现状及其发展趋势，为市场预测和营销决策提供客观的、正确的资料。根据现代市场营销观念，企业经营的目的，不是单纯为了销售产品和获取利润，而是要不断地开拓市场，满足消费者日益增长的需求，目标市场调查的重要性由此可见。市场调查是企业整体活动的起点，又贯穿于整体营销活动的始终。

（一）市场调查的类型

1. 根据市场营销调查的目的划分

按照市场营销调查的目的，可以将营销调查划分为探测性调查、描述性调查与因果性调查，这三类市场调查方法的比较如表 4.1 所示。

表 4.1 三类市场调查方法比较

项　　目	探测性调查	描述性调查	因果性调查
调查目的	发现存在的是什么问题	明确存在的问题是什么状况	发现问题产生的原因
适用方法	观察法	询问法	实验法
适用阶段	初步调查	正式调查	追踪调查与深入调查

（1）探测性调查。探测性调查是企业对市场情况很不清楚或者感到对调查的问题不知从何处着手时所采用的方法。这种调查主要是发现问题和提出问题，以便确定调查的重点。

（2）描述性调查。描述性调查是对已经找出的问题作如实的反映和具体的回答。着重回答用户买什么、何时买、如何买等问题，并提出一些相关问题。这项调查必须占有大量的信息情报，调查前需要有详细的计划和提纲，以保证资料的准确性。描述性调查比探测性调查细致、具体，但是对问题原因到底是什么，还必须通过因果性调查作进一步研究。

（3）因果性调查。因果性调查是在描述性调查的基础上进一步分析问题发生的因果关系，并弄清原因和结果之间的数量关系。比如，有的产品为什么滞销或畅销，有的用户为什么喜欢这种品牌而不喜欢其他品牌，产品的质量、价格、包装、服务等对销售量到底有什么影响及影响程度。

2. 按市场营销调查的范围划分

（1）专题性调查，即调查主体为解决某个具体问题而进行的调查研究。

（2）综合性调查，即调查主体为全面了解市场营销的状况而对市场营销进行的各个方面的调查。

（二）市场调查的内容

市场变化的因素很多，因而市场调查的内容也十分广泛。一般来说，凡属影响市场变化的各种主要因素都应进行调查。

1. 宏观经济调查

任何企业的经营管理都必须适应国家经济形势的发展，都必须严格遵守政府的方针、政策和法令。企业必须对宏观经济进行调查，即调查整个国家经济环境的变化对企业产品的影响。调查的具体内容有：工农业总产值、国民收入、消费与储蓄的比例、发展速度、基建规模、基建投资、社会商品零售总额、人口增长、就业率、主要产品产量等。调查这些内容的目的如下。

（1）为了判断和确定企业的服务方向；

（2）通过调查主要产品产量，按相关比例测算对本企业产品的需求量。

2. 科学技术发展动态的调查

该项调查主要是调查与本企业生产的产品有关的科技现状和发展趋势。具体内容有：世界科学技术现状和发展趋势；国内同行业科学技术状况和发展趋势，本企业所需的科学技术和发展趋势等。

3. 用户需求的调查

对用户需求的调查，就是要了解用户和熟悉用户，掌握用户需求的变化规律，千方百计地去满足用户的需求。

（1）对用户的特点进行调查。本企业产品的用户是谁？是生产性用户，还是非生产性用户？是城市用户，还是农村用户？是国内用户，还是国外用户？用户不同，其需求的特点也不同，要按照用户的不同特点满足要求。

（2）对影响用户需求的各种因素进行调查。如调查用户的购买力的大小，用户购买力分为集团购买力和个人购买力。集团购买力受国家财政经济状况及税收政策的影响，个人购买力主要取决于劳动者个人收入和家庭经济收入。又如调查社会风俗、习惯、文化水平、民族特点对用户的需求有何影响？用户购买力动机如何？想购买什么样的产品？

（3）对用户的现实需求和潜在需求进行调查。

4. 产品销售调查

企业只有把产品顺利地销售出去，商品的价值才能得以实现，才能获取一定的赢利，才能有足够的资金重新购置生产资料进行再生产。对产品销售的调查内容有以下四点。

（1）企业所生产的各种产品，在一定的销售区域内是独家产品还是多家产品？用户对本企业产品是否满意？若不满意，其原因是什么？本企业的产品在市场上是畅销还是滞销？原因是什么？

（2）企业的各种产品处于产品生命周期的哪一个阶段？

（3）企业各种产品的价格在市场上有无竞争能力？

（4）企业的销售力量是否适应需求？

5. 竞争对手的调查

企业的竞争场所是市场，产品的销售量是企业竞争的“晴雨表”，只有通过市场调查才能掌握竞争的情况。

（1）在全国或一个地区有哪些同类型企业，企业实力如何？这些企业当中，谁是最主要的竞争者？

（2）主要竞争者的产品市场分布如何？市场占有率多大？它对本企业的产品销售有何影响？

（3）主要竞争者采取了哪些市场营销组合策略？

二、市场调查的方法与步骤

（一）市场调查的方法

市场调查的方法可分为两种，第一手资料的调查和第二手资料的调查。第一手资料是指研究人员针对当前的调查问题而直接从目标顾客那里收集的信息；第二手资料是指他人出于其他目的早先收集的资料。两种调查方法的优缺点比较见表 4.2。

表 4.2 第一手资料调查和第二手资料调查的比较

调查方式	优 点	缺 点
第一手资料调查	针对性强	时间长，成本费用高，对调查人员的能力要求高
第二手资料调查	方法简便、快捷、节省时间、调查成本低	资料适用性不强，可能与调查目的有差距：资料的真实性和可靠性需进一步审查和评估，有错误的可能性，要注意资料的来源

从上表的对比可以看出，第二手资料的调查较为简便易行，因此实际工作中，调查人员常从第二手资料的调查入手。当然仅有第二手资料常常是不够充分的，还需要搜集第一手资料进行补充，以取得更为详尽、切实的市场信息。搜集第一手资料又称为现场调查，具体可分为询问法、观察法、实验法，三种调查方法的优缺点比较见表 4.3。

表 4.3 三类调查方法比较

项 目	询 问 法	观 察 法	实 验 法
优点	调查方法灵活方便，调查问题全面、深入	调查方法直接有效，调查结果客观、准确、实用	分析因果关系，发现内在规律
缺点	周期长、组织难度大	重于表象，缺乏深度	时间长、费用大

1. 第二手资料的来源

第二手资料包括企业内部资料和外部资料。内部资料是企业内部的各种记录、统计表、报告、用户来函、订货单等，包括产量、销量、利润、成本、库存、工资、运费、财务报告、广告、产品设计及技术资料等信息。这些资料可由企业内部各部门的人员提供，可能是书面的或口头的。

企业外部资料的来源主要有：①政府部门的定期出版物。如各种统计年鉴、统计报告、调查报告等。②各类报纸和专业刊物。③各行业协会的报告和定期出版物。④专业的市场咨询公司的研究报告。⑤互联网也是个巨大的信息库。可以通过搜索引擎，也可直接登录政府机构的网站、专业网站等搜集相关资料。

这些资料一般也比较容易取得，搜集的方法包括检索、直接查阅、索取、交换、购买、咨询该领域的专家，以及通过情报网搜集和复制等。

2. 第一手资料的搜集方法一——询问法

询问法是由调查者先拟订出调查提纲，然后向被调查者以提问的方式请他们回答，收集资料。

（1）面谈调查。采用这种方法时，可以一个人面谈，也可以几个人集体面谈；可以一次面谈，也可以多次面谈。例如，福特公司为了了解消费者的想法，在新型车推出之前选择了 52 对夫妇，邀请他们来到公司，公司负责人将他们分成若干小组，带进汽车样品陈列室看汽车样品，并听取他们的感想。

这种方法的优点是：直接接触回答者；能确认回答者是否进行了错误或不正当回答；如果调查人员优秀的话，还可以在调查过程中指出调查问卷中不足之处或者听取调查问卷中未记入的重要信息；问卷回收率较高，有望达到 70%以上。其缺点是：需要较大的费用投入；难以招集高素质的调查人员；无法避免调查人员的不正当行为。

（2）电话调查。这是一种从电话持有者中采集样本，用电话进行访问的方法。该方法在美国普遍采用，一般说的调查实际上就是指电话调查，因为在美国要直接访问被访问者是很困难的。

这种方法的优点是：费用不太高；结果快；调查人员容易管理。其缺点是：样本的局限性，一般偏重于高收入层，代表性不强；只能询问一些简单内容；未事先通知的情况下，其拒绝率较高，回收率一般在 45%左右。

（3）邮寄调查。这种方法又称通信调查，就是将预先设计好的询问表格邮寄给被调查者，请他们按表格要求填写后寄回。

这种方法的优点是：费用投入少；调查对象地域不受限制；可以不用调查人员，调查程序也很简单。其缺点是：调查问卷的回收率低；无法了解回答是否回答者本人所为；调查人员和被调查者不能直接沟通，调查内容容易停留在表面上和形式上；问卷回收费时费事；容易产生回答遗漏现象。

（4）留置问卷调查。这种调查方法是由调查人员将问表、问卷当面交给被调查者，并说明回答要求，留给被调查者自行填写，然后由调查人员定期收回。

这种方法的优缺点介于面谈调查和邮寄调查之间。最大优点是被调查者有较多的时间思考问题，避免受调查人员倾向性意见的影响；另外可适当扩大调查区域，增加调查对象，减少人力。但这种方法的不足之处是调查表的回收时间长，回收率低。

3. 第一手资料的搜集方法二——观察法

这种调查方法是调查人员通过直接到调查现场观察和记录被调查者的言行从而取得第一手资料的方法，也可安装照相机、摄影机、录音机等进行拍摄和录音。

由于调查者与被调查者不发生直接对话，甚至被调查者并不知道自己正在被调查，被调查者的言行完全在一种自然状态下表现出来，因此这种方法的最大优点是可以客观地搜集、记录被调查者的现场情况，调查的结果较真实可靠。不足之处是这种方法观察的是表面现象，无法了解被调查者的内心活动，有许多资料仅靠观察无法获得，如消费心理、购买动机、收入情况等。所以，这种方法要与其他方法结合使用，以获得更详细和必需的资料。

4. 第一手资料的搜集方法三——实验法

实验法是指从影响调查问题的众多因素中选出一个或两个因素，将它们置于一定条件下，进行小规模的实验，然后对实验结果作出分析、判断，进行决策。

这种方法是目前消费品经营企业普遍采用的一种调查方法，应用范围很广。凡是某种商品投入市场，或是商品改变品种、包装、价格、商标、促销方式等，均可应用这种方法进行小规模的实验、试销，由此了解消费者的反应和意见。例如，设定A和B两个实验地域，第一步通过事前调查来了解两地域特定产品的销售额和知名度。第二步在A地域做一定时间的广告。第三步再在两地域调查特定产品的销售额和知名度，以此了解广告前后的变化情况。如果两者之间有明显的差异，就可将其测定为广告的效果。

这种方法的优点是可以有控制地观察分析某些市场变量之间的内在联系，并且这种调查所取得的资料、数据较为客观、可靠。其缺点是影响销售的因素很多，可变因素难以掌握，测试结果容易出现误差，而且实验所需时间长，费用开支较大。

现在流行一种做法，即许多企业自己设立试销店。制造商和消费者之间隔着一层或几层中间环节，直接影响着制造商与消费者的沟通，制约了消费者信息的取得。制造商通过试销店直接对消费者开展销售活动就能直接、迅速地捕捉消费者的需求实况及其变化，并将其运用于产品开发、价格制定、渠道选择和促销策划上。

（二）市场调查的步骤

市场营销调查一般可分为五个阶段，即明确调查主题与调查目标、拟订调查计划、实施调查、统计和分析和形成报告。

1. 明确调查主题与调查目标

在组织每次市场调查活动的时候，应当首先找出需要解决的最关键、最迫切的问题，明确这次调查活动要完成什么任务，实现什么目标。

在确定调查主题时，调查主题的界定不能太宽、太空泛。例如，“研究怎样才能使我们的顾客感到满意”就是一个过于空泛、模糊的调查主题。对于任何一个从事市场营销的企业来说，影响顾客满意程度的因素实在是太多了，绝不是借助于一两次市场营销调查就能够真正弄清楚的。调查主题的界定也不能太窄、太细微。调查主题选得太窄，就不能通过调查充分反映市场营销的情况，使调查不能起到应有的作用。

2. 拟订调查计划

具体来说，主要应规划好“6W2H”八个方面的内容，如表4.4所示。

表 4.4 调查计划的框架

项　目	含　义	任　务
What	调查什么	明确调查主题
Why	调查目的（原因）	明确调查目的、意义与目标
Which	调查对象	随机抽样、非随机抽样
Who	调查主体	委托外部机构调查、自己独立调查、内外协作调查
When	调查时间	调查日程、信息时限
Where	调查范围	明确调查总体与总体单位
How to do	调查方法	询问法、观察法、实验法；原始资料，二手资料
How much	调查预算	人、财、物消耗预算

知识拓展

随机抽样，是指总体中每一个个体都有机会被选作样本。随机抽样完全排除人们的主观选择，因而代表性强。其优点是可以通过设计、分析，估计出样本的代表性程度，从而可确定由样本调查结果推算总体特征时产生的误差大小。缺点是费时费钱，不太方便，因而仅在定期市场调查中使用。随机抽样的常用方法如下。

（1）简单随机抽样。即总体中每一个个体都有均等的机会被选作样本。

（2）分层随机抽样。即对总体按一定特征分组，然后从各组中随机抽取一定数量的样本。

非随机抽样，是指在总体中不是每一个个体都有机会被选作样本。非随机抽样是根据一定的标准来选取样本的，总体中每一个个体被抽取的机会是不相等的。其不足是无法估计抽样误差，所以应用范围是受限制的。一般在对调查总体没有足够了解的情况下，或当总体太大时，可采用非随机抽样。优点是省钱、省时，应用方便，因而在市场调查中常被应用。非随机抽样的常用方法如下。

（1）任意抽样。调查人员根据方便，任意选择样本。

（2）判断抽样。即调研人员根据自己或专家的经验来判断由哪些个体作为样本。

（3）配额抽样。即先将总体分组，并规定各组的样本配额，然后由调查人员按照每一组的配额，用判断抽样的原则决定具体样本。

3. 实施调查

在该阶段，数据资料搜集阶段往往是费用最高、也最容易出现错误的阶段。所以说，搜集信息资料是市场调查的中心环节，必须保证及时、准确，尽量通过各种不同的渠道和办法，以较低的费用取得企业所需要的全部市场信息资料。营销调查的主管人员必须密切监督调查现场的工作，防止调查中出现偏差，以确保调查计划的实施。

4. 统计和分析

搜集到信息资料后，必须及时进行科学的统计和分析。

（1）编辑整理。在信息资料的编辑整理过程中，要检查调查资料的误差。产生误差常常是不可避免的，其原因一般有两种：抽样误差和非抽样误差。另外，要对信息资料进行评定，即审核其根据是否充分，推理是否严谨，阐述是否全面，观点是否成熟，以保证信息资料的真实与准确。

知识拓展

抽样误差，是由抽样方法本身所引起的误差。由于抽样调查是用其结果推算全体，因此推算结果与全体必然有一定误差。抽样误差可以加以测定。

非抽样误差，是指除抽样误差以外所有的误差的总和。例如统计计算错误，调查表内容设计不当，谈话记录不完整，访问人员的偏见，被调查者回答不认真或前后矛盾等。错误资料必须剔除。

（2）分类。为了便于查找、归档、统计和分析，必须将经过编辑整理的资料进行分类编号。如果资料采用计算机处理，分类编号尤为重要。

（3）统计。将已经分类的资料进行统计计算，以便利用和分析。

（4）分析。运用调查所得出的有用数据和资料，分析情况并得出结论。依资料分析的性质不同，可以分为定性分析与定量分析；依资料分析的方式不同，可以分为经验分析与数学分析。当前的趋势是，越来越多的企业借助数学分析方法对调查资料进行定量分析。

5. 形成报告

最后一个阶段是提出调查报告。在对调查资料分析处理的基础上，调查人员必须得出调查结论，并以调查报告的形式总结、汇报调查结果。

（1）编写调查报告的原则是：突出调查主题；调查内容要客观、扼要、有重点；方案简洁易懂；报告结构要合理、严谨、给人以完整的印象。

（2）调查报告的结构是：①调查的目的和范围；②调查所采用的方法；③调查的结果；④提出的建议；⑤必要的附件。

市场营销调查报告有两种常见的形式。一种是技术性报告，它着重报告市场调查的过程，其内容包括调查目的、调查方法、数据资料处理技术、主要调查资料摘录、调查结论等，主要供市场调查人员阅读。另一种是结论性报告，它着重报告市场调查的成果，提出调查人员的结论与建议，供营销决策主管人员参考。

第二节 市场细分

一、市场细分的含义与原则

市场细分是指营销者通过市场调研，依据消费者的消费需求和购买行为等方面的差异，把某一产品的市场整体划分为若干消费者群的市场分类过程。每一个消费者群就是一个细分市场，每一个细分市场都是具有相似需求倾向的消费者构成的群体。市场细分的理论基础就是需求的异质性和同质性。不同的细分市场里，消费者的消费需求和购买行为等方面明显不同。相反，在同一细分市场内，消费者的消费需求和购买行为等方面都是非常相似的。

（一）市场细分的意义

市场细分是现代企业从事市场营销活动的重要手段，是企业通向成功的阶梯。企业对市场进行细分的主要意义在于以下几方面。

1. 市场细分有助于企业深刻地认识市场

市场由消费者组成，而每一个消费者都是集多种特征于一身，消费者的不同特征和不同需求纵横交错，市场因此而极其复杂。市场细分为我们提供了极好的分析工具，通过按不同标准细分，仿佛按不同的角度把复杂的市场分开，再拼起来。既清晰地认识了每一个部分，又了解了部分之间的联系。企业在市场细分的基础上，企业可以详细分析每一个细分市场层面的需求及其满足情况，寻找适当的市场机会。

2. 市场细分有助于企业发现最佳的市场机会

在市场供给看似已十分丰富，竞争者似乎占领了市场各个角落时，企业利用市场细分就能及时、准确地发现属于自己的市场机会。因为消费者的需求是没有穷尽的，总会存在尚未满足的需求。只要善于市场细分，总能找到市场需求的空隙。

3. 市场细分有助于企业确定经营方向，开展针对性营销活动

面对极其广阔的市场，任何企业都不可能囊括所有的需求，而只能满足其中十分有限的部分。通过市场细分，企业把市场分解开来，仔细分析、比较，及时发现竞争动态，避免将生产经营过度集中在某种畅销产品上，与竞争者一团混战。又可以选择有潜力又符合企业资源范围的理想顾客群作为目标，有的放矢地进行营销活动，集中使用人力、物力和财力，将有限的资源用在刀刃上，从而，以最少的经营费用取得最大的经营成果。

4. 市场细分对小企业具有特别重要的意义

与大企业相比，小企业的生产能力和竞争实力要小得多，它们在整个市场或较大的细分市场上无法建立自己的优势。借助市场细分，小企业可以发现某些尚未满足的需求，这些需求或许是大企业忽略的，或许是极富特殊性，大企业不屑去为之专门安排营销力量的。只要是小企业力所能及的，便可以见缝插针，拾遗补缺，建立牢固的市场地位，成为这一小细分市场的专家。

（二）市场细分的原则

市场细分是必要的，但不是所有的细分都是有效的，对某种产品有意义的细分变量可能对另一些产品毫无意义。例如，以性别来细分服装市场是非常普遍的，但对电视消费者的分析，性别因素不起作用。一般来说，有效市场细分应遵循以下四项原则。

1. 可衡量性

可衡量性，即以某种标准进行细分后的各个子市场范围清晰，其需求程度和购买力水平是可以被度量的，并同其他子市场有明显差异。为此，需要恰当地选择市场细分变量，这些变量应当是可以识别和衡量的。

2. 可进入性

可进入性，是指细分后的市场应是企业的市场营销活动能够通达的市场。主要表现在三个方面：一是企业具有进入这些细分市场的资源条件和竞争能力；二是企业能够把产品信息传递给该市场的众多消费者；三是产品能够经过一定的销售渠道抵达该市场。

3. 可赢利性

可赢利性，即以某种标准进行细分后的各个子市场拥有足够的潜在需求，能使企业有利可图，实现其利润目标。因此，市场细分并不是分得越细越好，而是适度细分，这在市场细分过程中叫做“反市场细分”。所谓“反市场细分”不是反对市场细分，而是将许多过于狭小的细分市场组合起来，以便能以较低的价格去满足这一市场的需求，有效地降低生产与经营成本。

4. 相对稳定性

细分出来的子市场必须具有相对稳定性。市场细分要保持相对的稳定，不要今天细分了这个市场，明天又不要了，或正在进行这个细分市场的生产经营，产品尚未上市，又取消了这个细分市场而另外重新细分。保持相对稳定，对企业来说可避免不必要的浪费和损失。

此外，在进行市场细分时，企业还应该注意以下问题。

第一，市场细分的变量是非固定的。许多市场细分的变量（收入水平、城市大小、交通条件）都会不断地发生变化。因此，市场细分的变量所采用的标准也应随之加以调整，否则根据错误的市场细分变量，就可能会产生错误的信息，作出错误的判断。

第二，不同企业市场细分的变量不同。在选择市场细分的变量时，应根据企业自身的实力和具体情况加以确定，切忌死搬硬套和盲目模仿，因为企业与市场的情况不同，势必带来市场细分变量的较大差异。

第三，市场细分是一种创造性的工作。当所有的市场细分变量都是基本变量时，就很难找到比较有价值的细分市场。因此，企业市场营销人员要在深刻理解市场的基础上，从企业实际出发，创造性地选择一些新的市场细分的变量，真正找到适合企业条件的细分市场和目标市场。

二、消费者市场细分的依据

市场是由购买者组成的，而每个购买者有许多特点，如居住地区、经济收入、购买动机和购买习惯等方面都可能有所不同，从而造成在需求上有所差异。正因为这样，可以按照这些特点来细分市场。市场细分主要是采用一些有利于区分消费者需求的因素来细分市场。不同的市场有不同的特点，细分市场所采用的因素也有所不同，下面就消费者市场和产业市场的细分分别阐述。

消费者市场细分主要依据地理因素、人口因素、心理因素和行为因素四大类。

（一）地理因素

地理细分，是企业按照不同地理位置来细分消费者市场，地理因素的具体变量主要包括国家、地区、城市、乡村、城市规模、人口密度、不同的气候、不同的地形地貌等。处在不同地理位置的消费者对企业的产品各有不同的需求和偏好，他们对企业所采取的市场营销策略各有不同的反应。例如，我国茶叶市场各地区就有不同的偏好，绿茶和红茶主要畅销南方各省市，花茶畅销华北、东北地区，砖茶则主要为某些少数民族地区所喜爱。

（二）人口因素

人口统计细分，是企业按照人口变量来细分消费者市场，它包括年龄、性别、收入、职业、教育水平、家庭规模、家庭生命周期、种族等。人口变量很久以来一直是细分消费者市场的重要变量，这主要是因为人口比其他变量更容易测量，用人口变量细分市场简单易行。性别细分多运用于服装、理发、化妆品和杂志领域；收入水平细分多运用于汽车、服装、旅游等行业。但是，越来越多的情况是，采用多种人口统计变量来进行综合市场细分，尤其是当单一变量无法准确细分时。例如，某服装公司以性别、年龄和收入三个变量将市场划分为多个细分层面，每个层面有更细致的描述，如企业可为月收入在 5 000 元以上的年轻女性市场提供高档职业女装。

消费者的欲望和需求并不都与人口因素有因果关系。有时候，单单用人口因素细分显得不可靠。例如，美国福特汽车公司曾按购买者年龄来细分汽车市场，针对想买跑车的年轻人推出了该公司的“野马”牌汽车。令人惊讶的是：许多中、老年人也争相购买“野马”车，调查后得知，原来年纪大的人认为驾驶“野马”车可使他们显得年轻。“野马”车细分市场的确定不是生理年龄，而是心理年龄。

（三）心理因素

心理细分，是指按照消费者的生活方式、个性特点等心理变量来细分消费者市场。在市场营销活动中，经常产生这种情况，即在人口因素相同的消费者中间，对同一商品的爱好和态度截然不同，这主要就是由于心理因素的影响。消费者心理因素很复杂，下面是几个主要方面。

1. 生活方式

生活方式是根据人们的生活价值观所形成的生活行为体系或生活模式和生活方法。不同生活方式的消费者对产品有着不同的需求和兴趣爱好，消费者生活方式的改变也就会产生新的需求。在现代市场营销实践中，有越来越多的企业运用消费者的生活方式来细分消费者市场，并且按照生活方式不同的消费者群体来制定不同的市场营销组合。

2. 个性

企业还可以按照消费者不同的个性来细分消费者市场。这些企业通过广告宣传，试图赋予其产品与某些消费者的个性相似的“品牌个性”，树立“品牌形象”。例如，在20世纪50年代后期，福特牌汽车和雪佛莱牌汽车在促销方面就强调其个性的差异。有人认为购买福特牌汽车的顾客有独立性、易冲动、有男子汉气概、敏于变革并有自信心；而购买雪佛莱牌汽车的顾客往往是保守、节俭、缺乏阳刚之气、恪守中庸之道。

3. 社会阶层

由于收入水平、教育程度等方面的差异，不同社会阶层的人在汽车、服装、家具、闲暇活动、阅读习惯等方面有着很大不同。有些企业专为特殊的社会阶层设计产品或提供服务，建立足以吸引目标社会阶层的某些特色。

4. 偏好

这是指消费者对某种牌号的商品所持的喜爱程度。在市场上，消费者对某种品牌商品的喜爱程度是不同的，有的消费者对其有特殊的偏好，有的消费者对其有中等程度的偏好，有的消费者对其无所谓。因此，许多企业为了维持和扩大经营，努力寻找忠诚拥护者，并掌握其需求特征，以便从商品形式、销售方式及广告宣传等方面去满足他们的需求。

心理因素是细分市场中比较复杂的一个标准，企业必须根据消费者的不同心理，进行市场调查研究，从而获得可靠的数据，用来确定自己的目标市场。

（四）行为因素

行为细分，是指企业按照消费者对产品的了解程度、态度、使用情况或反应等来细分消费者市场。其行为变量包括时机、利益、使用者地位、使用率、忠诚状况、消费者待购阶段和消费者对品牌的态度等。

1. 时机

即根据消费者产生需求、购买或使用产品的时机，将其区分开来。消费者购买时间有一定规律性，许多企业往往通过时机细分，把握特定时机的市场需求，试图扩大消费者使用本企业产品的范围。例如，在我国，不少公司利用春节、元宵节、中秋节、母亲节等节日大做广告，借以促进产品销售。

2. 利益

消费者往往因为各有不同的购买动机、追求不同的利益，所以购买不同的产品和品牌。企业可以按照消费者购买商品时所追求的不同利益来细分消费者市场。以洗发水为例，宝洁公司为不同动机的消费者开发了多个品牌，每一个品牌提供不同的利益：“海飞丝”重在去头屑，“潘婷”重在对头发的营养保健，而“飘柔”则重在使头发光滑柔顺。运用利益细分法，首先必须了解消费者购买某种产品所寻求的主要利益是什么；其次要了解寻求某种利益的消费者是哪些人；再者要调查市场上的竞争品牌各自适合哪些利益，以及哪些利益还没有得到满足。

3. 使用者

许多产品可按使用状况将消费者分为“从未用过”、“曾经用过”、“准备使用”、“初次使用”、“经常使用”五种类型，即五个细分市场。资金雄厚、市场占有率高的大公司，一般都对潜在使用者的消费者群体发生兴趣，它们着重吸引潜在使用者，以扩大市场阵地；小企业资金薄弱，往往看重吸引经常使用者。当然，企业对潜在使用者和经常使用者要酌情运用不同市场营销组合及相关措施。

4. 使用率

使用率也可用来细分某些产品的市场，可以按产品被使用的程度，细分成“少量使用者”、“中度使用者”和“大量使用者”。大量使用者的人数通常只占总市场人数的一小部分，但是他们在总消费中所占的比重很大。市场营销者通常偏好吸引对其产品或服务的大量使用者群体，而不是少量用户。以啤酒为例，调查资料显示，41%的人喝啤酒。但大量饮用者消耗了啤酒总量的 87%，是少量使用者消耗量的 7 倍以上。显然，大多数啤酒公司都会把目标定在大量啤酒饮用者身上，并有针对性地开展各种广告宣传。

5. 忠诚度

消费者对企业的忠诚和对品牌的忠诚程度，也可用来细分市场。所谓品牌忠诚，是指由于价格、质量等诸多因素的吸引力，使消费者对某一品牌的产品情有独钟，形成偏爱并长期地购买这一品牌产品的行为。提高品牌的忠诚度，对于一个企业的生存和发展、扩大市场占有率极其重要。

品牌忠诚度的高低，可以用顾客重复购买次数、顾客购买挑选时间、顾客对价格的敏感程度等标准来衡量。

下面具体讨论一下消费者对品牌的忠诚度。假设有五种品牌：A、B、C、D、E，按消费者对品牌的忠诚度，将其分为四个类型。

（1）坚定忠诚者：即始终不渝地购买一种品牌的消费者。购买模式：A，A，A，A，A，A，代表了消费者对品牌 A 的专一忠诚。

（2）中度忠诚者：即忠诚于两种或三种品牌的消费者。购买模式：A，A，B，B，A，B，代表了消费者对品牌 A 和品牌 B 同样忠诚。

（3）转移型忠诚者：即从偏爱一种品牌转换到偏爱另一种品牌的消费者。购买模式：A，A，A，B，B，B，反映了消费者对品牌 A 的忠诚转移到品牌 B。

（4）多变者：即对任何一种品牌都不忠诚的消费者。购买模式：A，C，E，B，D，B，反映了一个没有忠诚度的消费者，他是一个有什么品牌就买什么品牌的购买者，或是一个购买多种品牌的购买者。

每个市场上都不同程度地同时存在着上述四类消费者，企业可以对消费者类型进行分析，从中找出营销中所存在的问题，从而及时解决。例如，分析坚定忠诚者，可以知道自己的目标市场的消费者情况。分析中度忠诚者，可以发现哪些品牌是主要竞争者，以便采取相应措施。研究转移型忠诚者，可以了解营销工作中的弱点，从中改进。研究多变者，可以考虑采用奖励等办法促销。

6. 待购阶段

消费者对各种产品，特别是新产品，总是处于各种不同的待购阶段。例如，对某些新产品，有些人根本不知有此物，有些人已经知道，有些人知道得很清楚，有些人已有购买欲望，有些人准备马上购买。企业应该对处于不同阶段的顾客采取不同的营销手段，并要随着待购阶段的变化而随时调整营销方案。

7. 态度

消费者对某些产品的态度可分为五种：热爱、肯定、冷淡、拒绝和敌意。企业可以通过调查、分析、针对不同态度的顾客采取不同的营销对策。例如，对抱有拒绝和敌意态度者，就不必浪费时间去改变他们的态度。而对冷淡者应设法争取他们。

三、产业市场细分的依据

许多用于细分消费者市场的变量，同样适用于产业市场，如追求的利益、使用者情况、使用数量、品牌忠诚度和态度等。但对产业市场的细分还有以下主要依据。

1. 最终用户的要求

按最终用户的要求细分产业市场是一种通用的方法。在产业市场上，不同的最终用户所追求的利益不同，对同一种产品的属性看重不同的方面。例如，购买轮胎时，飞机制造商对该产品的安全性要求比农用拖拉机制造商高得多；而汽车制造商在生产比赛用车和标准车时，对轮胎的质量等级也有不同的要求。最终用户的每一种要求就可以是企业的一个细分市场，企业为满足最终用户的不同需求，应相应地运用不同的营销组合，提供他们所真正追求的利益。

2. 顾客规模

顾客规模是以顾客对企业的产品需求量的大小来判断的，是产业市场细分的又一重要因素。在现代市场营销实践中，许多公司建立起了一种分别与大客户和小客户打交道的顾客管理体系。例如，一家办公室用具制造商按照顾客规模将其顾客细分为两类顾客群：一类是大客户，这类顾客群由该公司的全国客户经理负责联系；另一类是小客户，由外勤推销人员负责联系。

3. 顾客的地理分布

用户距企业空间距离的远近、用户分布的分散与集中，也可以作为细分产业市场的细分变量。如果把距离较远的客户、比较分散的客户分别视同一个子市场，其价值显然不如距离较近、分布集中的子市场。一般来说，产业市场比消费者市场更为集中，如我国钢铁业主要集中在东北钢铁工业区、上海钢铁工业区等；轻工业区主要分布在东部和东南沿海地区，如长江三角洲、珠江三角洲等……这些不同的产业地区对不同的生产资料具有相对集中的需求。按用户地理分布细分市场的目的，在于使企业把注意力放在用户集中的地方，这样企业可以集中销售力量，也便于产品的运输，节约流通费用。

在大多数情况下，产业市场不是以单一变量细分的，而是把一系列变量结合起来进行细分。

四、市场细分的方法与步骤

（一）市场细分的方法

市场细分的方法有完全细分法、单一变量因素法、多个变量因素组合法、系列变量因素细分法。

1. 完全细分法

完全细分法就是对某种产品整体市场所包括的消费者的数目进行最大限度市场细分的方法。每一个消费者都是一个细分市场。完全细分法是市场细分极端化的方式，同时也是最理想的方式，即企业向每一个消费者提供不同的市场营销组合策略。在现代市场营销实践中由于考虑到经济规模效益，不能将整体市场分得过细。只有当该市场消费者数量不多，且需求特色分明时，完全细分才是可行的。例如，波音公司等飞机制造商，只有少量买主，他们往往对每一个买主的特殊需求了如指掌，分别应对。

2. 单一变量因素法

单一变量因素法是根据影响消费者需求的某一个重要因素进行市场细分。如奶粉企业，按年龄细分市场，可分为婴儿、儿童、中老年奶粉等。

3. 多个变量因素组合法

多个变量因素组合法是根据影响消费者需求的两种或两种以上的因素综合进行细分。其核心是并列多因素分析，所涉及的各项因素都无先后顺序和重要与否的区别。根据消费者年龄、性别和收入，将服装市场分割成 18 个子市场。

4. 系列变量因素细分法

系列变量因素细分法是根据两种或两种以上的因素，且按照一定的顺序，由粗到细依次地对市场进行细分，下一阶段的细分是在上一阶段选定的子市场中进行的。这种方法可使目标市场更加明确、具体，有利于企业更好地制定相应的市场营销策略。图 4.1 为摩托车市场的细分。

一般来说，企业细分市场运用的细分变量越多，所获得的精确度就越高，每个细分市场的人数也越少。同时，企业的细分成本随着细分市场的增多而递增。所以恰当的市场细分应该既能保证市场细分的有效性和精确性，又能使成本最低。

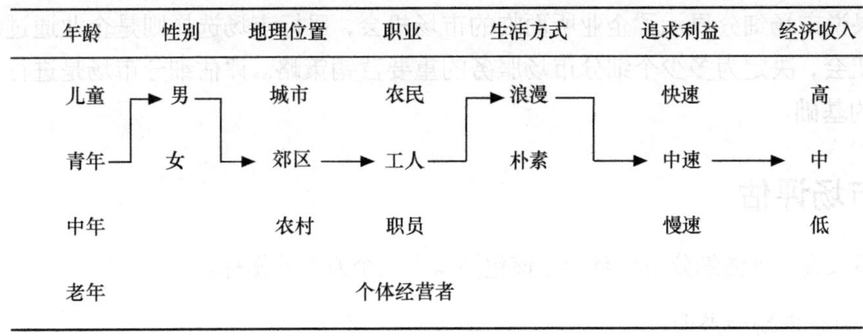

图 4.1 摩托车市场细分

（二）市场细分的步骤

用一系列的变量细分市场，一般有七个步骤。

第一步，选定产品的市场范围。即在明确企业任务、目标，对市场环境充分调查分析之后，首先从市场需求出发，选定一个可能的产品市场范围。

第二步，估计潜在顾客的基本需求。企业可以在地理、心理和行为等方面，通过“头脑风暴法”对潜在顾客的要求作大致分析。这一步骤掌握的情况也许不够全面，但是可为以后各个步骤准备资料。

第三步，分析潜在顾客的不同需求。企业依据人口因素作抽样调查，向不同的潜在顾客了解上述哪些需求对他更重要。初步形成几个消费需求相近的细分市场。

第四步，剔除潜在顾客的共同需求。即对初步形成的几个细分市场之间共同的需求加以剔除，以他们之间需求的差异作为细分市场的基础。虽然共同需求也重要，但只能作为市场营销组合决策的参考，不能作为市场细分的基础。

第五步，为这些细分市场暂时定名。即为不同的顾客群体定一个称谓。

第六步，进一步认识各细分市场的特点，进行进一步细分或合并。企业要对各细分市场的顾客，作更深入、细致地考查，明确各顾客群体的特点，已知哪些，还要了解哪些，以便决定各细分市场是否需要再度细分，或加以合并。

第七步，测量各细分市场的大小，从而估算可能的获利水平。

经过以上各步骤，细分市场的类型基本确定。企业接着应把每个细分市场与人口因素结合，测量各个细分市场中潜在顾客的数量。企业进行市场细分，是为了分析赢利的机会，这又取决于各细分市场的销售潜力。

第三节 目标市场选择与定位

目标市场是企业决定要进入的那个市场部分，也就是企业在市场细分的基础上，根据自身特长意欲为之服务的那部分顾客群体。市场细分的目的在于正确地选择目标市场，如果说市场细分显示了企业所面临的市场机会，目标市场选择则是企业通过评估各种市场机会，决定为多少个细分市场服务的重要营销策略。评估细分市场是进行目标市场选择的基础。

一、市场评估

一般来说，评估细分市场至少应该包括以下几个方面的指标。

1. 细分市场的潜量

细分市场潜量是指一定时期内，各细分市场中的消费者对某种产品的最大需求量。首先，细分市场应该有足够大的市场需求潜量。如果某一细分市场的潜量太小，则意味着该市场狭小，没有足够的发掘潜力，企业进入后发展前景暗淡。其次，细分市场的需求潜量规模应恰当，对小企业来说，需求潜量过大并不利：一则需要大量的投入，二则对大企业的吸引力过于强烈。唯有对企业发展有利的潜量规模才是具有吸引力的细分市场。要正确估测和评估一个市场的需求潜量，不可忽视消费者数量和他们的购买力水平这两个因素中的任何一个。

2. 细分市场的结构吸引力

一个具有适度规模和良好潜力的细分市场，如果存在所需的原材料被一家企业所垄断、退出壁垒很高、竞争者很容易进入等问题，想必它对企业的吸引力会大打折扣。因此，对细分市场的评估还要对其吸引力作出评价。波特认为有五种力量决定整个市场或其中任何一个细分市场的长期内在吸引力。这五种力量是：同行业竞争者、潜在的新加入的竞争者、替代品、购买者和供应商。细分市场的吸引力分析就是对这五种威胁本企业长期赢利的主要因素作出评估。五种竞争力量的详细阐述如第三章第一节所述。

3. 细分市场所具有的特征与企业总目标和资源优势的吻合程度

细分市场可能具有适度规模和成长潜力，而且细分市场也具有长期的吸引力，然而，企业必须结合其市场营销战略目标和资源来综合评估。某些细分市场虽然有较大的吸引力，但不符合企业长远的市场营销战略目标，不能推动企业实现市场营销战略目标，甚至会分散企业的精力，阻止企业实现市场营销战略目标，因此，企业不得不放弃。细分市场可能也符合企业长远的市场营销战略目标，企业必须对企业资源条件进行评估，如果企业在细分市场缺乏必要的资源，并且无获得必要资源的能力，企业就要放弃这个细分市场。如果企业确实能在该细分市场取得成功，它也需要发挥其经营优势，以压倒竞争者。如果企业无法在细分市场创造某种形势的优势地位，它就不应贸然进入。

4. 细分市场的市场增长率及获利能力

市场增长率是指企业在某一细分市场上、在一定时期内销售额或利润增长的百分比，是衡量行业发展潜力的重要指标。企业十分关心细分市场提供的赢利水平。高投资回报率是企业所追求的，必须对细分市场的投资回报能力作出正确的评估。

二、市场选择策略

企业应通过两个环节来进行目标市场的选择，即确定目标市场的覆盖范围以及选择进入目标市场的策略。

（一）目标市场覆盖范围策略

目标市场覆盖范围策略，即关于企业为哪个或哪几个细分市场服务的决定。通常有五种模式供参考。

1. 市场集中化

如图 4.2（a）所示，企业选择一个细分市场，集中力量为之服务。较小的企业一般这样专门填补市场的某一部分。例如某服装厂只生产儿童服装，满足儿童对服装的需要。选择市场集中化策略，一般基于以下考虑：企业具备在该细分市场从事专业化经营并取胜的优势条件；限于资金能力，只能经营一个细分市场；该细分市场中没有竞争对手；企业准备以此为出发点，待取得成功后再向更多的细分市场扩展。

2. 产品专门化

如图 4.2（b）所示，企业集中生产一种产品，并向所有顾客销售这种产品。如冰箱生产厂商同时向家庭、科研单位、饭店宾馆销售不同容积的冰箱。这种涵盖方式既有利于发挥企业生产、技术潜力，分散经营风险，又可以提高企业声誉。不足之处是，科学技术的发展对企业威胁较大，一旦在这一生产领域出现全新技术，市场需求就会大幅萎缩。

3. 市场专门化

如图 4.2（c）所示，企业专门服务于某一特定顾客群体，尽力满足他们的各种需求。如一些电器企业，专门生产家用电冰箱、电视机、录像机、洗衣机等，以满足家庭对各种电器的需要。这一涵盖方式可充分利用企业资源，扩大企业影响，分散经营风险。不过，一旦目标顾客购买力下降，或减少购买开支，企业收益就会明显下降。

4. 有选择的专门化

如图 4.2（d）所示，即企业选择若干个子市场（M3，M1，M2）为目标市场，并分别以不同的产品（P1，P2，P3）满足其需要，这实际上是一种多角化经营模式，它可以较好地分散经营风险，有较大的回旋余地，即使某个市场失利，也不会使企业陷入绝境。但需要企业具备较强的资源和营销实力。

5. 完全市场覆盖

如图 4.2（e）所示，企业力图用各种产品满足各种顾客群体的需求，即以所有的细分市场作为目标市场。一般只有实力强大的大企业才能采用这种策略。例如 IBM 公司在计算机市场、可口可乐公司在饮料市场开发众多的产品，满足各种消费需求。

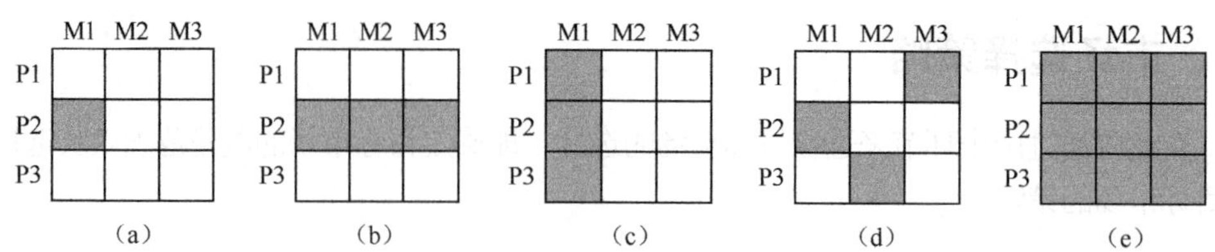

图 4.2　市场选择的五种模式

（a）市场集中化；（b）产品专门化；（c）市场专门化；（d）选择专门化；（e）全部覆盖

（二）目标市场进入策略

在目标市场选择好之后，企业必须决定如何为已确定的目标市场设计营销组合，即采取怎样的方式，使自己的营销力量到达并影响目标市场。这时，可以有以下不同的考虑：通过无差异性市场营销和差异性市场营销策略，达到覆盖整个市场；或借助集中性市场营销策略，占领部分细分市场。

1. 无差异性市场营销

所谓无差异性市场营销，就是将整个市场视作一个整体，不考虑消费者对某种产品需求的差别，它致力于顾客需求的相同之处而忽略不同之处。为此，企业向整体市场供应单一的标准化产品，使用单一的营销组合，并通过强有力的促销吸引尽可能多的购买者，如图 4.3 所示。例如，美国可口可乐公司，因为拥有世界性专利，在 20 世纪 60 年代前曾经实行这种无差异营销策略，以单一品种、单一标准、单一包装和统一的广告宣传，长期占领世界饮料市场。无差异性市场营销策略可出现于以下两种不同的情况：第一，从传统的产品观念出发，强调需求的共性，漠视需求差异。于是，企业为整体市场生产标准化产品，并实行无差异营销策略；第二，企业经过认真的市场调研，发现某一产品的市场需求大致相同，差异很小（比如食盐），在客观上可以采取大致相同的市场营销策略。

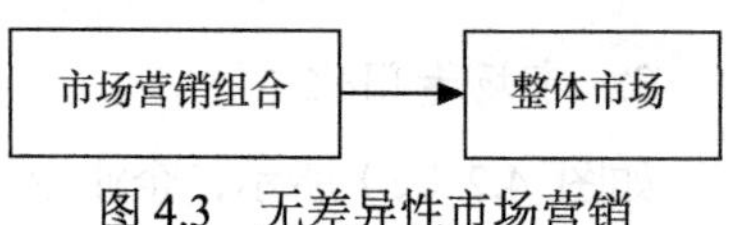

图 4.3　无差异性市场营销

采用无差异性市场营销的最大优点是成本的经济性。产品的大批量经营，会显著降低生产成本，减少促销费用。此外，不进行市场细分，也相应减少了市场调研、产品研制与开发，以及制定多种市场营销策略等带来的成本开支。但是，无差异性市场营销对市场上大多数产品是不适宜的。因为一种产品长期受到所有消费者青睐的情况，在现实生活中是不多见的。而且，这种情况一旦出现，就会引起众多企业的竞争，就某一个企业来说要取得理想的经济效益是很难的。无差异性市场营销策略的缺点是：首先，忽视了市场要求的差异性，难以满足顾客的个性化需求；其次，容易导致竞争激烈和市场饱和，企业难以保持持久的规模经济效益。所以这种策略只适用于少数大家有共同需要，并且差异不大的商品。

2. 差异性市场营销

差异性市场营销与无差异性市场营销截然相反，它充分肯定消费者需求的不同，并针对不同的细分市场分别从事营销活动。企业在市场细分的基础上，选择多个细分市场作为企业的目标市场，并针对各个细分市场的不同特点，分别设计不同的产品，运用不同的营销组合策略，以满足多个细分市场消费者的不同需求，如图 4.4 所示。如日本的狮王化工公司，将产品细分为美容用的狮王洁白牙膏，医疗用的狮王力大牙膏，吸烟者用的狮王洁垢牙膏等，并采用不同的营销组合方案，在牙膏市场上创造了很高的市场占用率。

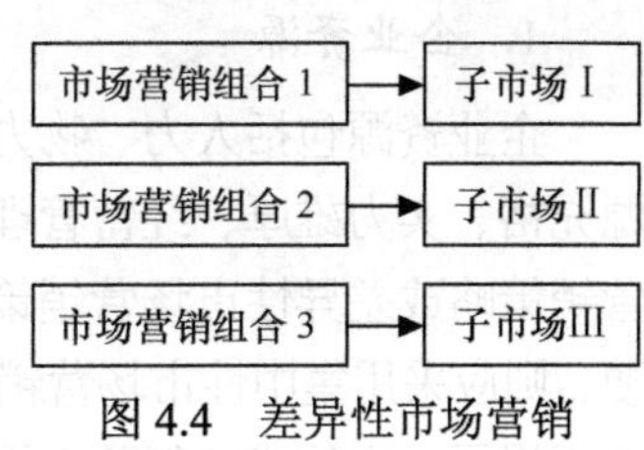

图 4.4　差异性市场营销

差异性营销具有很大的优越性。首先，这种营销方式大大降低了经营风险。其次，这种营销方式能够使顾客的不同需求得到更好满足，也使每个子市场的销售潜力得到最大限度的挖掘，从而有利于扩大企业的市场占有率。差异性营销大大提高了企业的竞争能力，特别有助于阻止其他竞争对手利用市场空当进入市场。最后，如果企业能够在几个子市场上取得良好经营效果、树立几个著名品牌，则可以大大提高消费者或用户对该企业产品的信赖程度和购买频率，尤其有利于新产品迅速打开市场。差异性营销策略的缺点在于随着产品品种的增加，销售渠道的多元化，以及市场调研和广告宣传等营销活动的扩大与复杂化，生产成本、管理费用和销售费用必然大幅度增加。为了减少这些因素的影响，企业在实施差异性市场营销策略时，一是要注意不可将市场划得过细；二是不宜进入过多的细分市场。

3. 集中性市场营销

集中性市场营销，是选择一个或少数几个细分市场或一个细分市场的一部分作为目标市场，集中企业全部资源为其服务，实行专门化生产和营销，如图 4.5 所示。这种市场营销策略主要适用于资源力量有限的中小企业。中小企业无力与大企业抗衡，在一些大企业尚未或不愿顾及的小细分市场上全力以赴，往往易于取得成功。采用集中性策略的意义就在于：与其在大市场上占有很小的份额，不如集中企业的营销优势在少数细分市场上占有较大的、甚至是居支配地位的份额，以向纵深发展。如服装厂专为中老年妇女生产服装，汽车制造厂专门生产大客车，均属于集中性策略。

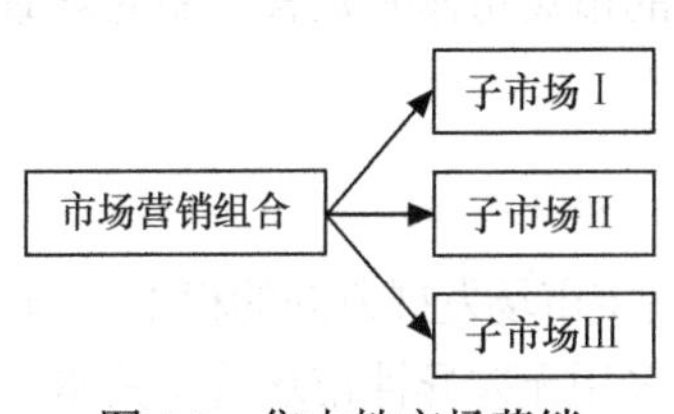

图 4.5　集中性市场营销

集中性市场营销的优点是：一是营销目标集中，便于企业深入了解市场需求变化，能充分发挥企业优势；二是营销组合策略的针对性强，可以节约生产成本和营销费用；三是生产的专业化程度高；四是能满足个别细分市场的特殊需求，有利于企业产品在该细分市场取得优势地位，提高企业的市场占有率和知名度。集中性策略的缺点是经营风险较大。因为采用这一策略使得企业对一个较为狭窄的目标市场过于依赖，一旦这个目标市场上的情况突然发生变化，比如消费者的需求偏好突然发生变化，或者有比自己更强大的竞争对手进入这个市场，企业就有可能陷入困境。因此，采用集中性策略的企业必须密切注意目标市场的动向，随时作好应变的准备。

（三）影响目标市场选择的因素

企业在选择、确定自己的目标市场时，必须考虑以下因素。

1. 企业资源

企业资源包括人力、物力、财力、技术水平、市场营销能力等经营资源。如果企业资源充裕、实力雄厚、经营管理水平高，就可以根据产品的不同特性考虑采用无差异性市场营销策略或差异性市场营销策略；如果实力有限，无力顾及整体市场或多个细分市场的需要，则应采用集中性市场营销策略。企业初次进入市场时，往往采用集中性市场营销策略，在积累了一定的成功经验后再采用差异性市场营销策略或无差异性市场营销策略，扩大市场份额。

2. 产品特点

如果企业的产品差异性小，不同厂家或地区生产的产品之间差别不大，而且消费者对这些产品的差别也不太重视，产品竞争的焦点主要集中在价格和服务上，对这些产品应该采用无差异性市场营销策略。而有些产品不仅本身的性能、款式、花色等具有较大的差异性，而且顾客对这些产品的差异也较重视，对这类产品应采用差异性市场营销策略或集中性市场营销策略。

3. 产品生命周期阶段

产品因所处的生命周期的阶段不同，而表现出的不同特点不容忽视。处于投入期的新产品，一般品种较为单一，竞争者也较少，吸引顾客的主要是产品的新颖性，这时企业宜采用无差异性市场营销策略；当产品进入成长期或成熟期时，市场上产品的花色、品种在增多，竞争也在加剧，这时就应采用差异性市场营销策略，以刺激新需求，尽量扩大销售；对于处于衰退期的产品，则应采用集中性策略，以维持企业的市场份额并延长产品的寿命周期。

4. 市场特性

供与求是市场中两大基本力量，它们的变化趋势往往是决定市场发展方向的根本原因。供不应求时，企业重在扩大供给，无暇考虑需求差异，所以采用无差异性市场营销策略；供过于求时，企业为刺激需求、扩大市场份额殚精竭虑，多采用差异性市场营销策略或集中性市场营销策略。

从市场需求的角度来看，如果消费者对某产品的需求偏好、购买行为相似，称为同质市场，可采用无差异性市场营销策略；反之，为异质市场，差异性市场营销策略和集中性市场营销策略更合适。

5. 竞争状况

竞争状况也可以从两个方面来考虑。一是竞争者的数量。当同一类产品的竞争者很多时，消费者对不同企业提供的产品所形成的信念和态度很重要。为了使消费者对本企业产品产生偏好，增强本企业产品的竞争能力，就应采用差异性市场营销策略。反之，就可采用无差异性市场营销策略。二是竞争者的策略。一般而言，企业所采取的目标市场策略应该与竞争对手有所区别。当竞争对手采用无差异性市场营销策略时，本企业就可采用差异性市场营销策略；如果竞争对手已经采用差异性市场营销策略，则企业可建立更深层次的差别优势与之竞争。

企业的目标市场策略应慎重选择，一旦确定，应该有相对的稳定，不能朝令夕改。但灵活性也不容忽视，没有永恒正确的策略，一定要密切注意市场需求的变化和竞争动态。

三、市场定位

（一）市场定位的含义

市场定位包括企业的市场定位、店铺的市场定位、产品的市场定位等。一般所说的市场定位，是产品的市场定位。所谓市场定位就是对公司的产品进行设计，从而使其能在目标顾客心目中占有一个独特的、有价值的位置的行动。市场定位的实质是使本企业与其他企业严格区分开来，并使顾客明显感觉和认知这种差别，从而在顾客心目中留下特殊的印象。市场定位的目的是为了影响顾客心理，增强企业产品以及产品的竞争力，扩大产品销售，增加企业的经济效益。

在理解市场定位的实质时应把握如下几点。

1. 定位的目的

定位的目的在于“攻心”，即在消费者心目中确立位置，而不是在某个空间定个位置。定位的实质就是在消费者心里下工夫，是打“攻心战”，让消费者从内心里认同和接受。

2. 定位的前提

定位的前提就是要周密地进行调查研究。一是调查了解消费者对某类产品各种属性的重视程度，二要调查了解竞争对手目前的市场位置，以便“知己知彼”。

3. 定位的手段

定位的手段是制造差异，即制造与竞争对手的差异。企业产品定位就是从差异化开始的。没有这种差异，消费者心目中的印象就会模糊不清，就不利于企业取得竞争优势。与顾客接触的全过程都可以进行差异化，可从以下五个方面着手进行。

（1）产品差异化。实体产品的差异化可以体现在产品的诸多方面：①形式，即产品在外观设计、尺寸、形状、结构等方面的新颖别致。例如，对闹钟的外形进行不同的卡通形象设计。②特色，即对产品基本功能的某些增补，率先推出某些有价值的新特色无疑是最有效的竞争手段之一。例如为牙刷增加更换提示功能、为台灯增加护眼功能等。③性能质量，即产品的主要特点在运用中可分为低、平均、高和超级等不同的水平。④一致性，即产品的设计和使用与预定标准的吻合程度的高低。一致性越高，则越是意味着买主可以实现预定的性能指标。⑤耐用性，即产品在自然或苛刻的条件下预期的使用寿命。对于技术更新不快的产品，耐用性高，无疑增加了产品的价值。⑥可靠性，即在一段时间内产品保持良好状态的可能性。许多企业通过降低产品缺陷，提高可靠性。⑦可维修性，即产品一旦出现故障进行维修的容易程度。标准化的零部件、一定的维修支持等都会使产品更受欢迎。⑧风格，即产品给予消费者的视觉和感觉效果。独特的风格往往使产品引人注目，有别于乏味、平淡的产品。综合以上各个要素，企业应从顾客的要求出发，确定影响产品外观和性能的全部特征的组合，提供一种最强有力的设计使产品差异化。

（2）服务差异化。竞争的激烈和技术的进步，使在实体产品方面建立和维持差异化越来越困难，于是，竞争的关键点逐渐向增值服务上转移。服务差异化日益重要，主要体现在订货、交货、安装、客户培训与咨询、维修养护等方面。

（3）渠道差异化。通过设计分销渠道的覆盖面、建立分销专长和提高效率，企业可以取得渠道差异化优势。例如戴尔电脑、雅芳化妆品，就是通过开发和管理高质量的直接营销渠道而获得差异化的。

（4）人员差异化。培养训练有素的人员，是一些企业，尤其是服务性行业中的企业取得强大竞争优势的关键。例如，迪斯尼乐园的雇员都精神饱满、麦当劳的人员都彬彬有礼、IBM的员工给人以专家形象等。

（5）形象差异化。形象是公众对企业及其产品的认识与看法。企业或品牌形象可以对目标顾客产生强大的吸引力和感染力，促其形成独特的感受。有效的形象差异化需要做到：建立一种产品的特点和价值方案；并通过一种与众不同的途径传递这一特点；借助可以利用的一切传播手段和品牌接触（如标志、文字、媒体、气氛、事件和员工行为等），传达触动顾客内心感受的信息。例如，耐克因其卓越的形象，在变幻莫测的青年市场始终保持着吸引力。

（二）市场定位的步骤

市场定位的关键就是企业要设法在自己的产品上寻找出竞争优势。企业市场定位的全过程可以通过以下三个步骤完成。

1. 确认本企业的竞争优势

这是市场定位的基础。企业的竞争优势通常表现在成本优势和产品差别化优势两方面。成本优势是企业能够以比竞争者低廉的价格销售相同质量的产品，或以相同的价格水平销售更高一级质量水平的产品。产品差别化优势是指产品独具特色的功能和利益与顾客需求相适应的优势，也就是能向市场提供在质量、功能、品种、规格、外观等方面比竞争者更好的产品。这一步骤的中心任务是要回答以下三个问题：一是竞争对手的产品定位如何？二是目标顾客对产品的评价标准？三是针对竞争者的市场定位和潜在顾客的真正需要的利益要求企业应该和能够做什么？

2. 准确地选择相对竞争优势

相对竞争优势是与主要竞争对手相比，企业在产品开发、服务质量、销售渠道、品牌知名度等方面所具有的可获取明显差别利益的优势。应把企业的全部营销活动加以分类，并将主要环节与竞争者相应的环节进行比较、分析，以识别相对竞争优势。

3. 显示独特的竞争优势

企业在市场营销方面的核心能力与优势，不会自动地在市场上得到充分表现，必须制定出明确的市场战略来加以体现。为此，企业首先应使目标顾客了解、熟悉、认同、喜欢和偏爱本企业的市场定位，在顾客心目中建立与该定位相一致的形象。其次，企业应通过一切努力强化本企业在目标顾客心目中的良好形象，保持目标顾客对本企业的了解，稳定目标顾客对本企业的态度，巩固并加深目标顾客对本企业的感情。最后，企业应注意目标顾客对本企业市场定位理解出现的偏差或由于企业市场定位宣传上的失误而造成目标顾客的模糊、混乱和误会，及时矫正与市场定位不一致的形象。

（三）市场定位的策略与方法

1. 市场定位的策略

市场定位策略实际是一种竞争策略，即根据产品的特点及消费者对产品的知觉，确定本企业产品与竞争者之间的竞争关系。企业常用的市场定位策略主要有以下三种。

（1）避强定位。避强定位是指企业力图避免与实力最强和较强的其他企业直接发生竞争，而将自己的产品定位于另外一个市场区域内，使自己的产品在某种特征或属性方面与最强或较强的对手有明显的区别。例如，美国七喜汽水的定位策略就是一个避强定位策略的典型案例。因为可口可乐和百事可乐是市场的领导品牌，占有率极高，在消费者心中的地位不可动摇。所以，将产品定位于“非可乐型饮料”就避免了与两大巨头的正面竞争。成功的市场定位使七喜在龙争虎斗的饮料市场上占据了老三的位置。

这种策略的优点是能避开与强大竞争对手的直接冲突，并在消费者心目中迅速树立起自己的形象。由于这种定位方式风险相对较小，成功率较高，常常为很多企业所采用。其缺点主要是避强策略往往意味着企业必须放弃某个最佳的市场位置。实施这种定位，企业必须明确两点：一是定位的产品在技术上、在经济上是否可行；二是有无足够的顾客对这种产品有较强的偏好。

（2）迎头定位。迎头定位是指企业根据自身的实力，为占据较佳的市场位置，不惜与市场上占支配地位的、实力最强或较强的竞争对手发生正面竞争，而使自己的产品进入与对手相同的市场位置。现在我国的冰箱、彩电等家电产品，采用的基本上是这一定位策略。

这种策略风险较大，但一旦成功就会取得巨大的市场优势，因此对某些实力较强的企业有较大的吸引力。采用这种策略企业必须全面考虑以下几点：一是能否生产比竞争者质量更优或成本更低的产品；二是本企业是否比竞争对手有更多的资源；三是这个定位是否符合本企业的声誉和能力优势；四是这个市场的容量是否足够大，可以容纳较多的竞争者同时参与竞争。

（3）重新定位。重新定位是指企业通过变动产品特色等手法，改变目标顾客对产品的认识，塑造新的形象。重新定位对于企业适应市场环境、调整市场营销策略是必不可少的。即使企业产品原有定位很恰当，但当出现下列情况时，也需要考虑重新定位：一是竞争者推出的产品定位于本企业产品的附近，侵占了本企业品牌的部分市场，使本企业品牌的市场占有率有所下降；二是消费者偏好发生变化，从喜爱本企业品牌转移到喜爱竞争对手的品牌。

重新定位有两种方式：一是实际重新定位，即改变现有产品的某种产品属性，以接近消费者的需求和偏好；二是心理重新定位，即通过广告宣传等手段，介绍产品特色，改变消费者对产品的片面认识，使消费者从心理上感受到产品的特色与自己的需求和偏好一致。重新定位前，要考虑两个主要因素：一是重新定位的费用支出，二是重新定位后增加的收入，只有收入大于支出才是可行的。

2. 市场定位的方法

企业市场定位的具体方法有很多，常见的有以下几种。

（1）比附定位。比附定位就是攀附名牌，比拟名牌来给自己的产品定位，借名牌之光而使自己的品牌生辉。比附定位的主要方法有三种。一是甘居“第二”。二是攀龙附凤，首先是承认同类产品中已有卓有成就的名牌，本品牌虽然自愧不如，但在某些地区或某一方面还可与这些最受消费者欢迎和信赖的品牌并驾齐驱。三是奉行“高级俱乐部策略”。就是企业如果不能取得第一名，或攀附第二名，便退而采用此策略，借助群体的声望和模糊数学的手法，强调自己是某一高级品牌群体的一员，从而提高自己的地位形象。

（2）竞争定位。竞争定位是针对市场竞争态势，力求凸显企业优势的定位。即为了在顾客心目中加强或提高企业现有的地位，根据与竞争有关的属性和利益或针对竞争者的定位来进行本企业的市场定位，如技术可靠性程度高，售后服务方便快捷，以及其他顾客欢迎的因素等。例如，百事可乐强调“新一代的选择”，而可口可乐则推崇“齐欢乐”。

（3）市场空档定位。市场空档定位是指企业寻找市场上尚无人重视或者未被竞争对手控制的位置，使企业推出的产品能适应这一潜在目标市场需求的策略。例如，“金利来”进入中国大陆市场时，就是填补了男士高档衣物的空位。通常在以下两种情况下适用这种策略：一是这部分潜在市场即营销机会没有被发现，在这种情况下，企业容易取得成功；二是许多企业发现了这部分潜在市场，但无力去占领，这就需要有足够的实力才能取得成功。

（4）利益定位。利益定位是指根据产品能满足的需求或提供的利益、解决问题的程度来定位，通常可采用一种、两种或三种利益进行产品定位。这里的“利益”包括顾客购买企业产品时追求的利益，也包括购买企业产品所能获得的附加利益。例如在汽车市场，德国的“大众”享有“货币价值”之美誉，日本的“丰田”侧重于“经济可靠”，瑞典的“沃尔沃”讲究“耐用安全”。在有些情况下，新产品更应强调某一属性。

（5）属性定位。产品本身的属性能使消费者体会到它的定位。产品属性包括制造技术、设备、生产流程、产品功能、也包括产品的原料、产地、历史等因素。海南养生堂定位体现了使用的原料和悠久的历史，宜宾五粮液、北京烤鸭等产品则强调其产地定位。如果企业的一种或几种属性是竞争者所没有或有所欠缺的，同时又是顾客认可和接受的，这时采用按产品属性定位往往容易收到良好效果。

（6）质量／价格定位。即以企业产品的质量价格比为主要依据的定位。对于那些消费者对价格和质量都很关心的产品，选择质量价格比作为市场定位的因素是突出企业的好方法。据此定位有几种情况：①质价相符的情况，通俗地说就是“一分钱一分货”。当企业产品价格高于同类产品时，企业总是强调其产品的高质量和物有所值，说服顾客支付溢价来购买其产品。海尔集团的家电产品很少卷入价格战，一直维持其同类产品中的较高价格，但其销售却一直稳定增长，就体现了其产品“优质高价”的定位。②质高价低的情况。一些企业将质高价低作为一种竞争手段，用以加深市场渗透，提高市场占有率。格兰仕集团就是采用这种定位方式，快速地占领了我国的微波炉市场并一直保持着 50%以上的极高市场占有率。这时，企业向顾客传递的信息是顾客所花的每分钱都能获取更大的价值，即“物超所值”。采用这种定位方式，企业要重视优于价格水平的产品质量的宣传，而不能只宣传产品的低价，否则就会造成产品在顾客心目中定位降低，从而造成定位失败。

（7）类别定位。类别定位是用根据产品类别建立的品牌联想来进行定位。类别定位力图在顾客心目中造成该品牌等同于某类产品的印象，以成为某类产品的代名词或领导品牌，做到当顾客有了某类特定需求时就会联想到该品牌。例如，一想到快餐，人们就会想到麦当劳。

（8）使用者定位。使用者定位是赋予产品与使用者特性相似的特定产品形象，在这些顾客心目中建立起企业产品是特地为他们这类顾客生产，且是最适合他们使用的印象。这种定位能在一定程度上满足顾客的心理需求，促使顾客对企业产生信任感。奇瑞 QQ 的市场定位为“青年人的第一辆车”， 该车契合多数年轻白领的消费能力，将目标市场锁定为有知识、有品位的年轻人。这款车以极高的性价比满足年轻人通过驾车所实现的工作、娱乐、休闲和社交的需求。而时尚前卫的品牌文化则与消费群体产生了强烈的情感共鸣，牢牢地抓住了消费群体的心。

事实上，市场定位时应定位在几个层次上，或者依据多重因素对企业和产品进行定位，使企业和产品给消费者的感觉是多维度、多侧面的。这种方式应该避免因描述的特征过多而冲淡企业及产品的形象。

本章小结

目标市场营销是关系企业生存和发展的重大战略决策，也是实施各项具体营销策略的基本前提。

企业进行目标市场营销，首先应进行目标市场调查。按照市场营销调查的目的，可以划分为探测性调查、描述性调查与因果性调查。按照市场营销调查的范围划分，可以划分为专题性调查和综合性调查。市场调查的内容十分广泛，影响市场变化的各种主要因素都应进行调查。市场调查的方法分为第一手资料的调查和第二手资料的调查。市场调查一般可按照明确调查主题与调查目标、拟订调查计划、实施调查、统计和分析、形成报告五个步骤进行。

市场细分是把某一产品的市场整体划分为若干消费者群的过程。市场细分不能为了细分而细分，应遵循可衡量性、可进入性、相对稳定性、可赢利性的原则。消费品市场和产业市场都有其市场细分的基础。属于前者的是地理因素、人口因素、心理因素和行为因素，属于后者的是最终用户的要求、顾客规模及其地理分布。市场细分的方法有完全细分法、单一变量因素法、多个变量因素组合法、系列变量因素细分法。

目标市场是企业决定要进入的细分市场。企业需要评估细分市场的潜量、结构吸引力、特征、市场增长率及获利能力等指标，再选择以何种方式进入目标市场。然后，在选定的目标市场上，以何种策略组织市场营销活动，是无差异性市场营销、差异性市场营销还是集中性市场营销？选择目标市场策略时，要考虑以下因素：企业资源、产品特点、产品生命周期阶段、市场特性、竞争状况。

市场定位就是对公司的产品进行设计，从而使其能在目标顾客心目中占有一个独特的、有价值的位置的行动。市场定位工作一般包括三个步骤：确认本企业的竞争优势，准确地选择相对竞争优势，显示独特的竞争优势。企业常用的定位策略有避强定位、重新定位、迎头定位；常用的定位方法有比附定位、竞争定位、市场空档定位、利益定位、属性定位、质量／价格定位、类别定位、使用者定位等。通过产品的市场定位，企业奠定了制定营销组合计划的基调。

知识巩固

一、名词解释

市场调查　探测性调查　因果性调查　描述性调查　市场细分　目标市场　无差异性市场营销　差异性市场营销策略　集中性市场营销策略　市场定位

二、判断题

1. 市场调研是营销预测的基础，营销预测是营销决策的依据。(　　)
2. 询问法、观察法、实验法都属于资料调查法。(　　)
3. 抽样调查通常比普查在人力、物力、财力方面的开支大，所需时间长。(　　)
4. 资料调研法有利于获得准确性较高的资料，但其周期往往较长，花费往往较大。(　　)
5. 目标市场营销从市场定位开始。(　　)
6. 市场细分实际上是对产品进行分类。(　　)
7. “反市场细分”就是反对市场细分。(　　)
8. 细分消费者市场的标准，不适用于产业市场。(　　)
9. 某制鞋总公司宣称能为所有的人提供各种各样的鞋，这是市场专业化。(　　)
10. 无差异性市场营销策略完全不符合现代市场营销理论。(　　)
11. 与产品市场生命周期阶段相适应，新产品在引入阶段可采用无差异性营销策略。(　　)
12. 无差异市场营销策略的优点是有利于标准化和大规模生产，有利于降低单位产品

的成本费用，获得较好的规模效益。(　　)

13. 市场定位就是企业进行产品和价格的适当规定。(　　)

三、选择题

1. 一手资料的信息来源有（　　）。

A. 内部来源　　B. 政府刊物　　C. 商业资料　　D. 原始资料

2. （　　）是对已经找出的问题作如实的反映和具体的回答。

A. 探测性调研　　B. 描述性调研　　C. 因果关系调研　　D. 预测性调研

3. 面谈调查法的缺点（　　）。

A. 真实性差　　B. 成本高

C. 回收率低　　D. 调查范围受限

4. 某企业市场调研人员为了更好地了解顾客的购买行为，利用录像设备在商场对顾客购买情况进行录像，这种调查方法是（　　）。

A. 访问调查法　　B. 观察调查法　　C. 实验调查法　　D. 网络调查法

5. （　　）差异的存在是市场细分的客观依据。

A. 产品　　B. 价格　　C. 需求偏好　　D. 细分

6. 根据消费者为防止牙病的需要而生产相应的牙膏，这是按（　　）细分标准进行细分的。

A. 使用者情况　　B. 追求的利益

C. 态度　　D. 使用产品的时机

7. 同一细分市场的顾客需求具有（　　）。

A. 绝对的共同性　　B. 较多的共同性

C. 较少的共同性　　D. 较多的差异性

8. 采用（　　）的模式的企业应具有较强的资源和营销实力。

A. 市场集中化　　B. 市场专业化

C. 产品专业化　　D. 市场全面覆盖

9. 企业将整体市场作为目标市场，推出一种商品，实施一种营销组合，以满足整体市场某种共同需要的目标市场策略是（　　）。

A. 集中性目标市场策略　　B. 聚焦策略

C. 无差异性目标市场策略　　D. 总成本领先策略

10. 重新定位，是对销路少、市场反应差的产品进行（　　）定位。

A. 避强　　B. 对抗性　　C. 竞争性　　D. 二次

四、填空题

1. 收集原始资料适用最广泛的方式是________。

2. 生活消费品市场的细分变量主要有地理环境、人口状况、消费者心理、购买行为等四类，其中使用习惯属于________。

3. 企业选择和确定目标市场的基础和前提是________。

4. 某工程机械公司专门向建筑业用户供应推土机、打桩机、起重机、起重机、水泥机、搅拌机等建筑工程中所需要的机械设备，这是一种________策略。

5. “七喜”饮料一问世就向消费者宣称：“我不是可乐，我可能比可乐更好”，突出宣传自己不含咖啡因的特点，其采取的市场定位策略是________。

6. 在普通食盐市场上，消费者所表现的需求欲望、购买行为以及对企业营销策略的反应都相似，这类产品的市场被称为________。

五、思考题

1. 几种市场调查方法各自的优缺点是什么？
2. 市场细分对企业市场营销活动的意义何在？
3. 三种目标市场营销策略的本质区别是什么？
4. 市场定位体现了企业什么样的经营思想？

案例分析

德国三大豪华汽车品牌的市场定位

豪华车市场是庞大的乘用车汽车市场里的一个细分市场，但就在如此细小的市场中却分布着大量的著名品牌，其中尤以德国汽车工业的三巨头：梅赛德斯-奔驰、宝马、奥迪为代表。

梅赛德斯-奔驰

梅赛德斯-奔驰是最受尊敬的德国汽车品牌之一，在国内有着“大奔”的昵称。自1885年卡尔·本茨发明第一辆汽车开始，长达百年的文化积淀更使得每一辆立着三叉星立标的奔驰轿车都是豪华、高贵、成功的化身。

定位于成功者座驾的梅赛德斯-奔驰，有着同级车中最大气的外观设计，最充裕的后排空间，最豪华的车载娱乐系统，这辆车俨然就是坐在后排的老板的移动皇宫。奔驰车的形象广告里经常有以下场景：从奔驰后排车门走出气质不凡的商政精英；每一辆奔驰车驶过，必会引来路人的侧目注视。中国的消费者明显受到了奔驰车广告的影响，不少人认为奔驰车是其成功者身份的车。

梅赛德斯-奔驰轿车家族主要成员见图4.6。

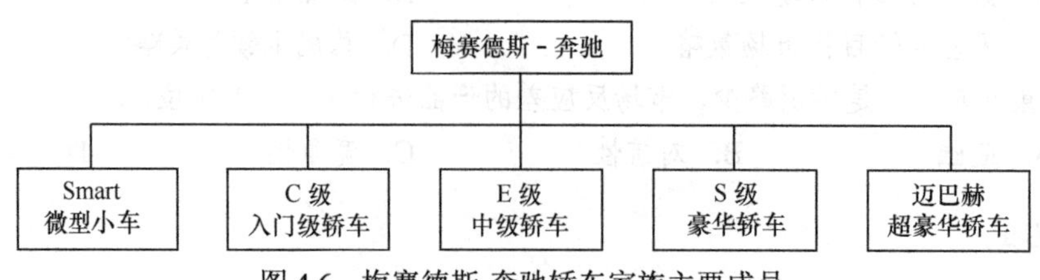

图4.6 梅赛德斯-奔驰轿车家族主要成员

宝马

宝马公司的历史始于1916年，BMW是Bayerische Motoren Werke的缩写，即巴伐利亚发动机制造股份公司。在初创阶段，公司主要致力于飞机发动机的研发和生产。BMW 的蓝白标志象征着旋转的螺旋桨，这正是公司早期历史的写照。

定位于运动座驾的宝马轿车，主打的是顶级的动力性和精确的操控性，无论哪个级别的宝马都有着同级别里最动感的外形，包裹性最好的座椅，操控性最佳的方向盘，你可以驾驭着这匹宝马以最高的限速过弯而不必担心失控。广告镜头里的宝马汽车总是一骑绝尘，远远地将其他车辆甩在后面，这样的宣传无疑挑起了追风少年们的梦想，天生的速度感让宝马成为年轻一代梦寐以求的动感座驾。现在数量颇多的年轻“富二代”显然受到宝马广告的影响，求新求异的他们选择宝马牌车的比率很高。

宝马轿车家族主要成员见图 4.7。

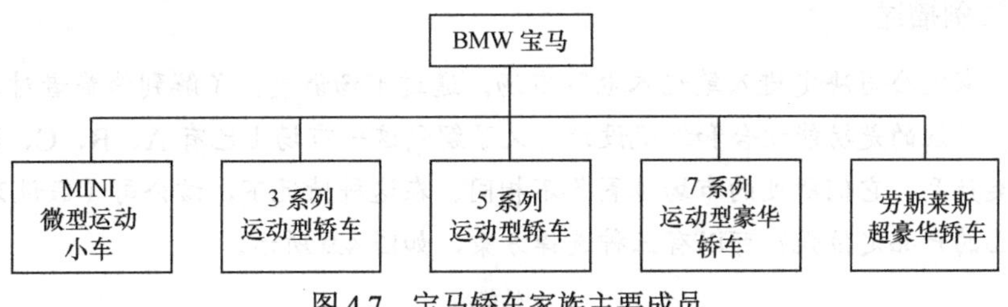

图 4.7 宝马轿车家族主要成员

奥迪

奥迪是德国历史最悠久的汽车制造商之一，从 1910 年起在茨维考制造汽车。从一开始奥迪就被视为技术先锋派中型汽车。奥迪汽车的四个银灰色圆环标志，最初代表着四家公司，它象征着四家创始公司之间的牢固联盟。奥迪公司从诞生那天起，一直追求产品的高品质、高档次。奥迪公司的创始人将其品牌定位于马力强劲、质量优异、装饰豪华这一形象。1969 年奥迪公司并入大众集团后，重新迈上了快速发展的轨道。经过几十年的品牌运作，奥迪以先进的技术确立了高档车的地位，成为德国仅次于奔驰、宝马的第三大豪华轿车品牌。

奥迪公司认为中国文化是以儒家谦恭内敛为代表，强调内在的文化素养，奥迪这一豪华轿车品牌应该迎合这种文化上的诉求。奥迪在本土化的二次设计、品牌塑造和用户培育上，充分体现“谦恭内敛”这些文化细节，内在品质突出“突破科技、启迪未来”的核心品牌理念。

奥迪轿车家族主要成员见图 4.8。

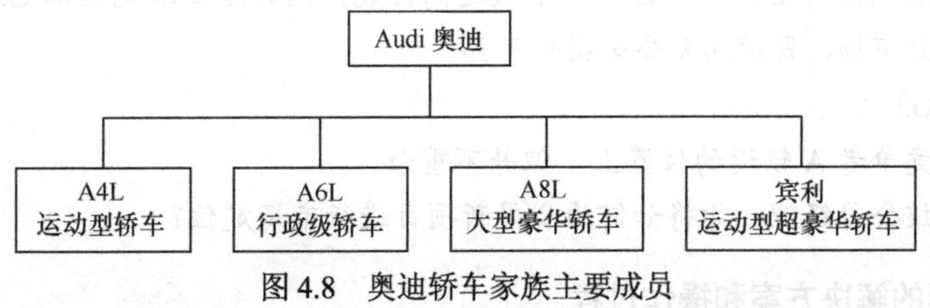

图 4.8 奥迪轿车家族主要成员

通过差异化的定位，德国三大豪华汽车品牌即使在同级别车系的相互竞争中也是采取良性的差异化竞争，在世界豪华车这一市场领域占领了相对稳定的市场份额，它们留给中国消费者的印象仅是其汽车文化的缩影。

案例思考

1. 案例中三大品牌的市场定位有什么不同？
2. 请搜集宝马品牌的相关资料，设想你是宝马品牌的经理，你如何给该品牌定位？

一、任务实例描述

某著名家电公司决定进入笔记本电脑市场。通过市场调查，了解到消费者对笔记本电脑产品最为关注的是功能组合和外观设计，又了解到这一市场上已有A、B、C、D四家公司提供同类产品，它们所处的市场位置各不相同。在这种情况下，该公司（假设为G）应如何为自己的产品定位呢？可以有三种选择方案，如图4.9所示。

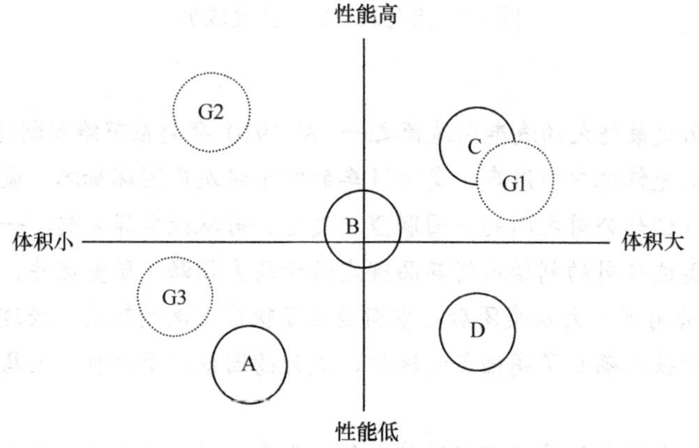

图4.9 笔记本电脑市场定位示意图

方案一：G1

定位在与竞争者C重合的位置，与它争夺顾客，一比高低。

方案二：G2

定位在下图左上角空白处。这是一个欢迎高性能，同时还要求笔记本电脑外观足够小巧、时尚的细分市场，目前尚无公司提供产品。

方案三：G3

定位在与竞争者A较近的位置上，但并不重合。

假如你是该公司经理，你将如何为公司新项目进行市场定位？

二、任务实例的解决方案和操作过程

分析G1、G2和G3三种可选定位策略的适用条件，有哪些优缺点，实施的过程中需要注意哪些问题。结合笔记本电脑行业的特点及发展趋势，确定本企业的定位策略。

三、完成任务实例的操作过程

（1）分析笔记本电脑行业的现状及发展趋势。

（2）调查行业内现有主要竞争对手（包括 HP、DELL、联想）等的资料，分析这些企业的市场定位。

（3）准确选择背景企业的相对竞争优势。

（4）根据背景企业在目标市场中的地位，选择市场定位策略。

（5）各项目小组根据背景企业采用的不同定位策略，进一步进行具体策略和方法的选择。

（6）各项目小组将结果在全班交流，教师进行评析。

第五章

顾客购买行为分析

总体目标

1. 了解消费者购买行为的影响因素。
2. 掌握消费者购买决策过程与类型。
3. 掌握消费者市场和组织市场的特点。
4. 分析组织市场购买者行为。

案例点评

有一次，美国大思想家爱默生与独生子欲将牛牵回牛棚，两人一前一后使尽所有力气，但怎么也弄不进去。家中女佣见两个大男人满头大汗，徒劳无功，于是便上前帮忙，她仅拿了一些草让牛悠闲地嚼食，并一路喂它，就很顺利地将牛引进了栏里，令两个大男人在那里目瞪口呆。

当我们向客户营销时，要对客户说他们想听的话，而不是你自己想说的话。要知道客户所需要的是什么，然后针对其需要，给他们想听的建议和利益。

第一节　消费者购买行为分析

市场是企业营销活动的出发点和归宿点，对于消费品的生产经营企业而言，深刻认识消费者市场的特点，准确把握消费者购买行为，才能科学地确定产品的销售对象，有针对性地制定产品、价格、渠道和促销策略，提高市场营销的效率，在充分满足消费者需要的前提下实现企业的发展目标。

一、消费者购买行为

购买行为是指购买者为自身的生存、享受和发展的需要，而购买商品和劳务的行为。所谓消费者购买行为，是指消费者为个人和家庭生活的需要，而购买商品和劳务的行为。营销人员要想更好地诱发消费者的购买行为，就要搞清楚企业各种营销活动与购买者反应之间的关系。

1. 消费者购买行为模式

研究消费者购买行为的理论中最具代表性的是刺激——反应模式，见图 5.1。市场营销因素和市场环境因素的刺激进入购买者的意识，购买者根据自己的特性处理这些信息，经过一定的决策过程最终产生了购买决定。

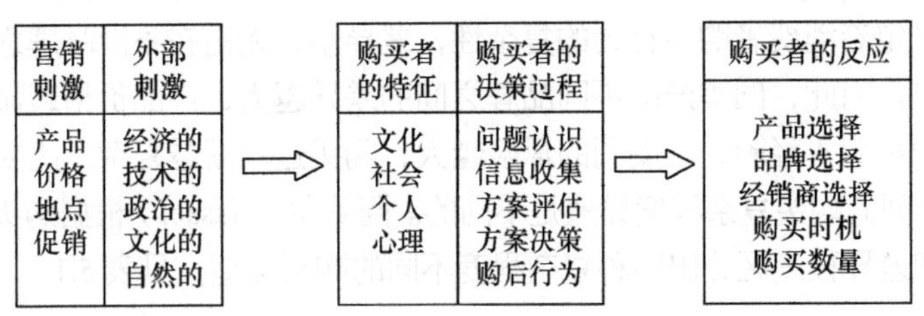

图 5.1 消费者购买行为模式

从这一模式我们可以看到，具有一定潜在需要的消费者首先是受到企业的营销活动刺激和各种外部环境因素的影响而产生购买取向的，而不同特征的消费者对于外界的各种刺激和影响又会基于其特定的内在因素和决策方式作出不同的反应，从而形成不同的购买取向和购买行为。这就是消费者购买行为的一般规律。

2. "购买者黑箱"与消费者购买行为模式

在上述消费者购买行为模式中，"营销刺激"和各种"外部刺激"是可以看得到的，购买者最后的决策和选择也是可以看得到的，但是购买者如何根据外部的刺激进行判断和决策的过程却是看不见的。这就是心理学中的所谓"黑箱"效应。消费者行为分析就是要对这一"黑箱"进行分析，设法了解消费者的购买决策过程以及影响这一决策过程的各种因素的影响规律。所以对消费者购买行为的研究主要包括两个部分，一是对影响购买者行为的各种因素的分析，二是对消费者购买决策过程的研究。

知识拓展

消费者购买行为研究的主要内容：

1. 何人购买——即顾客主要是哪几种类型的人；
2. 为何购买——即消费者的购买动机；
3. 何处购买——决定了商品销售通路的选择；
4. 何时购买——决定了市场促销活动展开的时机；
5. 如何购买——消费者购买行为的规律和特点，会对企业的市场营销活动产生重要影响。

二、消费者购买行为类型

不同消费者购买过程的复杂程度不同，究其原因，是受诸多因素影响的，其中最主要的是购买介入程度和品牌差异大小。购买介入程度指消费者购买风险大小或消费者对购买活动的关注程度。如果产品价格昂贵，消费者缺乏产品知识和购买经验，购买具有较大的风险性和高度自我表现性，则这类购买行为称为高度介入购买行为，这类消费者称为高度介入购买者；如果产品价格低或消费者有产品知识和购买经验，购买无风险或无自我表现性，则称为低度介入购买行为，这类消费者称为低度介入购买者。同类产品不同品牌之间的差异大小也决定着消费者购买行为的复杂性，差异小，无需在不同品牌之间精心选择，购买行为就简单。因此，同类产品不同品牌之间的差异越大，产品价格越昂贵，消费者越是缺乏产品知识和购买经验，感受到的风险越大，购买过程就越复杂。比如，牙膏、火柴与电脑、轿车之间的购买复杂程度显然是不同的。阿萨尔（Assael）根据购买者的购买介入程度和产品品牌差异程度区分出四种复杂程度不同的购买类型，见表 5.1。

表 5.1 购买行为的 4 种类型

购买介入程度 / 品牌差异程度	高	低
大	复杂的购买行为	寻求变化的购买行为
小	寻求平衡的购买行为	习惯性的购买行为

1. 习惯性的购买行为

如果消费者属于低度介入并认为各品牌之间没有什么显著差异，就会产生习惯性购买行为。习惯性购买行为指消费者并未深入搜集信息和评估品牌，没有经过信念—态度—行为的过程，只是习惯于购买自己熟悉的品牌，在购买后可能评价也可能不评价产品。

对习惯性购买行为的主要营销策略如下。

（1）利用价格与促销吸引消费者试用。由于产品本身与同类其他品牌相比难以找出独特优点以引起顾客的兴趣，就只能依靠合理价格与优惠、展销、示范、赠送、有奖销售等促销手段吸引顾客试用。一旦顾客了解和熟悉产品，就可能经常购买以至形成购买习惯。

（2）开展大量重复性广告加深消费者印象。在低度介入和品牌差异小的情况下，消费者并不主动搜集品牌信息，也不评估品牌，只是被动地接受包括广告在内的各种途径传播的信息，根据这些信息所形成的对不同品牌的熟悉程度来决定选择。消费者选购某种品牌不一定是被广告所打动或对该品牌有忠诚的态度，只是熟悉而已。购买之后甚至不去评估它，因为并不介意它。购买过程是：由被动的学习形成品牌信念，然后是购买行为，接着可能有也可能没有评估过程。因此，企业必须开展大量广告使顾客通过被动地接受广告信息而产生对品牌的熟悉。为了提高效果，广告信息应简短有力且不断重复，只强调少数几个重要论点，突出视觉符号与视觉形象。根据古典控制理论，不断重复代表某产品的符号，购买者就能从众多的同类产品中认出该产品。

（3）增加购买介入程度和品牌差异。在习惯性购买行为中，消费者只购买自己熟悉的品牌而较少考虑品牌转换，如果竞争者通过技术进步和产品更新将低度介入的产品转换为高度介入并扩大与同类产品的差距，将促使消费者改变原先的习惯性购买行为，寻求新的品牌。提高介入程度的主要途径是在不重要的产品中增加较为重要的功能和用途，并在价格和档次上与同类竞争性产品拉开差距。比如，洗发水若仅仅有去除头发污渍的作用，则属于低度介入产品，与同类产品也没有什么差别，只能以低价展开竞争；若增加去除头皮屑的功能，则介入程度提高，提高价格也能吸引购买，扩大销售；若再增加营养头发的功能，则介入程度和品牌差异都进一步提高。

2. 寻求变化的购买行为

如果消费者属于低度介入并了解现有各品牌和品种之间具有显著差异，则会产生寻求变化的购买行为。寻求变化的购买行为指消费者购买产品有很大的随意性，并不深入搜集信息和评估比较就决定购买某一品牌，在消费时才加以评估，但是在下次购买时又转换其他品牌。转换的原因是厌倦原品牌或希望尝试新品，是寻求产品的多样性而不一定有不满意之处。

对于寻求变化的购买行为，市场领导者和挑战者的营销策略是不同的。市场领导者力图通过占有货架、避免脱销和提醒购买的广告来鼓励消费者形成习惯性购买行为。而挑战者则以较低的价格、折扣、赠券、免费赠送样品和强调试用新品牌的广告来鼓励消费者改变原来的习惯性购买行为。

3. 寻求平衡的购买行为

如果消费者属于高度介入，但是并不认为各品牌之间有显著差异，则会产生寻求平衡的购买行为。寻求平衡的购买行为指消费者并不广泛搜集产品信息，并不精心挑选品牌，购买过程迅速而简单，但是在购买以后会认为自己所买产品具有某些缺陷或其他同类产品有更多的优点而产生失调感，怀疑原先购买决策的正确性。地毯、房内装饰材料、服装、首饰、家具和某些家用电器等商品的购买大多属于寻求平衡的购买行为。此类产品价值高，不常购买，但是消费者看不出或不认为某一价格范围内的不同品牌有什么差别，不会在不同品牌之间精心比较和选择，购买过程迅速，可能会受到与产品质量和功能无关的其他因素的影响，如因价格便宜、销售地点近而决定购买。购买之后，会因使用过程中发现产品的缺陷或听到其他同类产品的优点而产生失调感。

对于这类购买行为，营销者要提供完善的售后服务，通过各种途径经常提供有利于本企业和产品的信息，使顾客相信自己的购买决定是正确的。

4. 复杂的购买行为

如果消费者属于高度介入，并且了解现有各品牌、品种和规格之间具有显著差异，则会产生复杂的购买行为。复杂的购买行为指消费者购买过程完整，要经历大量的信息搜集、全面的产品评估、慎重的购买决策和认真的购后评价等各个阶段。比如，家用电脑价格昂贵，不同品牌之间差异大，某人想购买家用电脑，但又不知硬盘、内存、主板、中央处理器、分辨率、操作系统等为何物，对于不同品牌之间的性能、质量、价格等无法判断，贸然购买有极大的风险。他要广泛搜集资料，弄清很多问题，解决很多难题，逐步建立对此产品的信念，然后转变成态度，最后才会作出谨慎的购买决定。

对于复杂的购买行为，营销者应制定策略帮助购买者掌握产品知识，运用印刷媒体、电波媒体和销售人员宣传本品牌的优点，发动商店营业员和购买者的亲友影响最终购买决定，简化购买过程。

三、消费者购买行为影响因素

消费者生活在纷繁复杂的社会之中，购买行为受到诸多因素的影响。要透彻地把握消费者购买行为，有效地开展市场营销活动，必须分析影响消费者购买行为的有关因素。

（一）文化因素

1. 社会文化

文化指人类从生活实践中建立起来的价值观念、道德、理想和其他有意义的象征的综合体。每一个人都在一定的社会文化环境中成长，通过家庭和其他主要机构的社会化过程学到和形成了基本的文化观念。文化是决定人类欲望和行为的基本因素，文化的差异引起消费行为的差异，表现为婚丧、服饰、饮食起居、建筑风格、节日、礼仪等物质和精神生活等各个方面的不同特点。比如，我国的文化传统是仁爱、信义、礼貌、智慧、诚实、忠孝、上进、尊老爱幼、尊师重教等。

2. 亚文化

每一个国家的文化中又包含若干不同的亚文化群，主要有以下几方面。

（1）民族亚文化群。每个国家都存在不同的民族，每个民族都在漫长的历史发展过程中形成了独特的风俗习惯和文化传统。

（2）宗教亚文化群。每个国家都存在不同的宗教，每种宗教都有自己的教规或戒律。

（3）种族亚文化群。一个国家可能有不同的种族。不同的种族有不同的生活习惯和文化传统。比如，美国的黑人与白人相比，购买的衣服、个人用品、家具和香水较多，食品、运输和娱乐较少。虽然他们更重视价格，但是也会被商品的质量所吸引并进行挑选，不会随便购买。他们更重视商品的品牌，更具有品牌忠诚性。美国的许多大公司如西尔斯公司、麦当劳公司、宝洁公司和可口可乐公司等非常重视通过多种途径开发黑人市场。还有的公司专门为黑人开发特殊的产品和包装。

（4）地理亚文化群。世界上处于不同地理位置的各个国家，同一国家内处于不同地理位置的各个省份和市县都有着不同的文化和生活习惯。

3. 社会阶层

社会阶层是社会学家根据职业、收入来源、教育水平、价值观和居住区域对人们进行的一种社会分类，是按层次排列的、具有同质性和持久性的社会群体。社会阶层具有以下特点：①同一阶层的成员具有类似的价值观、兴趣和行为，在消费行为上相互影响并趋于一致。②人们以自己所处的社会阶层来判断各自在社会中占有的高低地位。③一个人的社会阶层归属不仅仅由某一变量决定，而且受到职业、收入、教育、价值观和居住区域等多种因素的制约。④人们能够在一生中改变自己的社会阶层归属，既可以迈向高阶层，也可以跌至低阶层，这种升降变化的程度随着所处社会的社会层次森严程度的不同而不同。

（二）社会因素

1. 参照群体

相关群体指能够影响消费者购买行为的个人或集体。换言之，只要某一群人在消费行为上存在相互影响，就构成一个相关群体，不论他们是否相识或有无组织。某种相关群体的有影响力的人物被称为“意见领袖”或“意见领导者”，他们的行为会引起群体内追随者、崇拜者的仿效。

（1）按照对消费者的影响强度分类。相关群体可分为基本群体、次要群体和其他群体。①基本群体。也称为主要群体，指那些关系密切经常发生相互作用的非正式群体，如家庭成员、亲朋好友、邻居和同事等。这类群体对消费者影响最强。②次要群体。指较为正式但日常接触较少的群体，如宗教、专业协会和同业组织等。这类群体对消费者的影响强度次于主要群体。③其他群体。也称为渴望群体，指有共同志趣的群体，即由各界名人如文艺明星、体育明星、影视明星和政府要员及其追随者构成的群体。这类群体影响面广，但对每个人的影响强度逊于主要群体和次要群体。

（2）按照对消费者影响的性质分类。相关群体可分为准则群体、比较群体和否定群体。①准则群体。指人们同意和赞赏其行为并乐意加以仿效的群体。②比较群体。指人们以其行为作为判断自己身份和行为的依据而并不加以仿效的群体。③否定群体。指其行为被人厌恶的群体。消费者通常不买那些与否定群体有关的产品。

（3）相关群体对消费行为的影响。表现为三个方面：一是示范性，即相关群体的消费行为和生活方式为消费者提供了可供选择的模式；二是仿效性，即相关群体的消费行为引起人们仿效的欲望，影响人们的商品选择；三是一致性，即由于仿效而使消费行为趋于一致。相关群体对购买行为的影响程度视产品类别而定。据研究，相关群体对汽车、摩托、服装、香烟、啤酒、食品和药品等产品的购买行为影响较大，对家具、冰箱、杂志等影响较弱，对洗衣粉、收音机等几乎没有影响。

俗话说“入乡随俗”，营销人员必须深入调查了解消费者的文化背景，制定产品开发和营销策略，否则就会碰壁。

2. 家庭

消费者以个人或家庭为单位购买产品，家庭成员和其他有关人员在购买活动中往往起着不同作用并且相互影响，构成了消费者的“购买组织”，分析这个问题，有助于企业抓住关键人物开展营销活动，提高营销效率。家庭不同成员对购买决策的影响往往由家庭特点决定，家庭特点可以从家庭权威中心点、家庭成员的文化与社会阶层等方面分析。

（1）家庭权威中心点。社会学家根据家庭权威中心点不同而将家庭分为：①丈夫支配型。指家庭购买决策权掌握在丈夫手中。②妻子支配型。指家庭购买决策权掌握在妻子手中。③共同支配型。指大部分购买决策由家庭成员共同协商作出。家庭权威中心点会随着社会政治、经济状况的变化而变化。由于社会教育水平提高和妇女就业增多，妻子在购买决策中的作用越来越大，许多家庭由“丈夫支配型”转变为“妻子支配型”或“共同支配型”。

（2）家庭成员的文化与社会阶层。家庭主要成员的职业、文化及家庭分工不同，在购买决策中的作用也不同。据国外学者调查，在教育程度较低的“蓝领”家庭，日用品的购买决策一般由妻子作出，耐用消费品的购买决策由丈夫作出。在科学家和教授的家庭里，贵重商品的购买决策由妻子作出，日用品的购买普通家庭成员就能决定。

3. 角色与地位

每个人的一生会参加许多群体，如家庭、公司、俱乐部及各类组织。一个人在群体中的位置可用身份和地位来确定。身份是周围的人对一个人的要求或一个人在各种不同场合应起的作用。比如，某人在女儿面前是父亲，在妻子面前是丈夫，在公司是经理。每种身份都伴随着一种地位，反映了社会对他的总评价。消费者作出购买选择时往往会考虑自己的身份和地位，企业把自己的产品或品牌变成某种身份或地位的标志或象征，将会吸引特定目标市场的顾客。当然，人们以何种产品或品牌来表明身份和地位会因社会阶层和地理区域的不同而不同。

（三）个人因素

个人因素指消费者的年龄与人生阶段、职业、经济状况、生活方式、个性与自我观念等对购买行为的影响。

1. 年龄与家庭生命周期

年龄是消费者最为基本的个人因素。家庭是社会最基本的组织细胞，也有其发展的生命周期。作为家庭重要的消费个体，处于发展周期不同阶段的家庭的人，其消费与购买行为也有很大的不同。

一般来说，家庭的生命周期可划分为八个主要阶段。

（1）单身阶段：已参加工作，独立生活，处于恋爱、择偶时期。处于这一阶段的年轻人几乎没有经济负担，大量的收入主要花费在食品、书籍、时装、社交和娱乐等消费上。

（2）备婚阶段：已确定未婚夫妻关系并积极筹备婚事。处于这一阶段的人们为构筑一个幸福的小家庭，购置成套家具、耐用消费品、高级时装和各种结婚用品，装修新房等成了他们除了工作以外的基本生活内容，从而使此阶段成为人的一生中消费相对集中的一个阶段。应当指出的是，备婚阶段在中国等东方国家比较明显，而在西方国家却不太突出。因为西方人的习惯是婚后才逐步添置家庭生活用品，所以此阶段的消费并不十分集中。在西方营销学的著作中一般不将此单独列为一个阶段。

（3）新婚阶段：已经结婚，但孩子尚未降临人间。这一阶段家庭将继续添置一些应购未购的生活用品，如果经济条件允许，娱乐方面的花费可能增多。

（4）育婴阶段（满巢1）：有6岁以下孩子的家庭。有孩子的家庭才是完整的家庭，故称“满巢”。孩子诞生后将成为家庭消费的重点。因此，此阶段消费者会在哺育婴儿的相关消费上进行比较大的投资。

（5）育儿阶段（满巢2）：有6至18岁孩子的家庭。孩子在初步长大成人，家庭的主要消费仍在孩子身上。有所不同的是，此阶段孩子的教育费用将成为家庭消费的重要组成部分。除学费之外，各种课外的学习与娱乐开支也会大大增加。

（6）未分阶段（满巢3）：有18岁以上尚未独立生活的子女的家庭。此时子女已经长大成人，但仍同父母住在一起。此阶段家庭消费的主要特点是家庭的消费中心发生了分化。父母不再将全部消费放在子女身上，也开始注重本身的消费；而子女随着年龄的增大，在消费方面的自主权开始增加；有些子女参加了工作，有了一定的经济来源，消费的独立性表现得更为明显。

（7）空巢阶段：孩子相继成家，独立生活。这一时期的老年夫妇家庭，由于经济负担减轻，他们的消费数量将减少，消费质量将提高。保健、旅游将成为消费的重点，社交活动也会有所增加。在中国，一些老人经常会毫不吝啬地将钱花在第三代身上。

（8）鳏寡阶段：夫妻一方先去世，家庭重新回到单人世界，此时最需要的消费是医疗保健、生活服务和老年社交活动。

2. 职业

职业实际上是社会阶层因素在个人身上的集中反映。从事一定的职业的人会产生明显的消费行为差异，这主要是由于一种角色观念的作用。例如，一个大学生，在学校期间喜欢穿运动衫、旅游鞋，背着登山背包，骑一辆山地自行车，显得青春焕发，朝气蓬勃；而毕业以后，进大公司当了白领，立刻就换上了西装革履，夹起了公文包，坐上了出租车，从衣着打扮到言谈举止都发生了很大的变化。这就是因为运动衫、登山包是大学生的身份象征，而西装革履和公文包则是公司白领的角色标志。这些在消费者的购买行为中会有强烈的表现。

3. 经济状况

经济状况指消费者的可支配收入、储蓄、资产和借贷的能力。经济状况是决定购买行为的首要因素，决定着能否发生购买行为以及发生何种规模的购买行为，决定着购买商品的种类和档次。比如，我国中等收入的家庭不会选择购买汽车，低收入家庭只能购买基本生活必需品以维持温饱。

世界各国消费者的储蓄、债务和信贷倾向不同。比如，日本人的储蓄倾向强，储蓄率为18%，而美国仅为6%，结果日本银行有更多的钱和更低的利息贷给日本企业，日本企业有较便宜的资本以加快发展。美国人的消费倾向强，债务/收入比率高，贷款利率高。营销人员应密切注意居民收入、支出、利息、储蓄和借款的变化，对价格敏感型产品更为重要。

4. 生活方式

生活方式指一个人在生活中表现出来的活动、兴趣和看法的模式。不同的生活方式群体对产品和品牌有不同的需求。营销人员应设法从多种角度区分不同生活方式的群体，如节俭者、奢华者、守旧者、革新者、高成就者、自我主义者、有社会意识者等，在设计产品和广告时应明确针对某一生活方式群体。比如，保龄球馆不会向节俭者群体推广保龄球运动，名贵手表制造商应研究高成就者群体的特点以及如何开展有效的营销活动，环保产品的目标市场是社会意识强的消费者。西方国家的妇女服装制造商为“俭朴的妇女”、“时髦的妇女”、“有男子气的妇女”分别设计不同的服装。

5. 个性与自我观念

个性指一个人的心理特征。个性导致对自身所处环境相对一致和连续不断的反应。个性特征有若干类型，如外向与内向、细腻与粗犷、谨慎与急躁、乐观与悲观、领导与追随、独立性与依赖性等。一个人的个性和自我观念影响着消费需求和对市场营销因素的反应。比如，外向的人爱穿浅色衣服和时髦的衣服，内向的人爱穿深色衣服和庄重的衣服；追随性或依赖性强的人对市场营销因素敏感度高，易于相信广告宣传，易于建立品牌信赖和渠道忠诚，独立性强的人对市场营销因素敏感度低，不轻信广告宣传；家用电器的早期购买者大都具有极强的自信心、控制欲和自主意识。

（四）心理因素

消费者的购买行为受到动机、知觉、学习以及信念和态度等主要心理因素的影响。

1. 动机

消费者购买某种商品的原因十分复杂，难以一一分析，应着重了解关于人们行为和动机的一些基本理论。

第二次世界大战后，美国行为科学家马斯洛（A. H. Maslow）提出了需要层次论，将人类的需要分为由低到高的五个层次，即生理需要、安全需要、社交需要、尊重需要和自我实现需要，见图5.2。

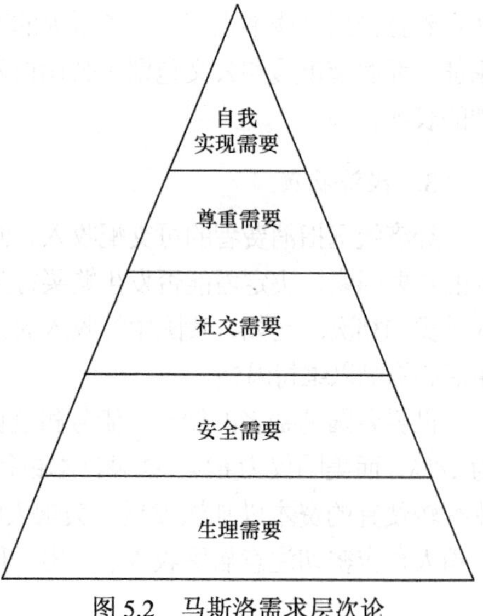

图5.2　马斯洛需求层次论

（1）生理需要指为了生存而对必不可少的基本生活条件产生需要。如由于饥渴、冷暖而对吃、穿、住产生需要，它保证一个人作为生物体而存活下来。

（2）安全需要指维护人身安全与健康的需要。如为了人身安全和财产安全而对防盗设备、保安用品、人寿保险和财产保险产生需要，为了维护健康而对医药和保健用品产生需要等。

（3）社会需要指参与社会交往，取得社会承认和归属感的需要。在这种需要的推动下，人们会设法增进与他人的感情交流和建立各种社会联系。消费行为必然会反映这种需要，如为了参加社交活动和取得社会承认而对得体的服装和用品产生需要；为了获得友谊而对礼品产生需要等。

（4）尊重需要指在社交活动中受人尊敬，取得一定社会地位、荣誉和权力的需要。如为了在社交中表现自己的能力而对教育和知识产生需要，为了表明自己的身份和地位而对某些高级消费品产生需要等。

（5）自我实现需要指发挥个人的最大能力，实现理想与抱负的需要。这是人类的最高需要，满足这种需要的产品主要是思想产品，如教育与知识等。

马斯洛需要层次论可进一步概括为两大类，第一大类是生理的、物质的需要，包括生理需要和安全需要；第二大类是心理的、精神的需要，包括社交需要、尊重需要和自我实现需要。马斯洛认为，一个人同时存在多种需要，但在某一特定时期每种需要的重要性并不相同。人们首先追求满足最重要的需要，即需要结构中的主导需要，它作为一种动力推动着人们的行为。当主导需要被满足后就会失去对人的激励作用，人们就会转而注意另一个相对重要的需要。一般而言，人类的需要由低层次向高层次发展，低层次需要满足以后才追求高层次的满足。例如，一个食不果腹、衣不蔽体的人可能会铤而走险而不考虑安全需要，可能会向人乞讨而不考虑社会需要和尊重需要。

知识拓展

精神分析论的创立者为弗洛伊德，他把人的心理比作冰山，露在水面上的小部分为意识领域，水下的大部分为无意识领域，造成人类行为的真正心理力量大部分是无意识的，这个无意识由冲动、热情、被压抑的愿望和情感构成。无意识动机理论建立在三个体系基础之上，即本我、自我和超我。

（1）本我。它是心理体系中最原始的、与生俱来的、无意识的结构部分，由遗传的本能、冲动、欲望等组成，是所有行为后面心理动力的来源。机体内部和外部的刺激使机体产生高度的紧张状态，本我的唯一机能就是直接释放心理能量和降低紧张。因而本我完全按照快乐原则运转，尽可能地把紧张降低到最低限度，寻求快乐，避免痛苦，一味地满足生来就有的本能的需要。本我是人的心理本质，是最原始的主观实在，是个体在获得外界经验之前就存在的内部世界，是无理性、无逻辑、无意识的，也不具有任何价值、伦理和道德的因素。任何本我的活动只能出现两种情况：或者得到满足把能量释放出来，或者屈从于自我的调节。处于后一种情况时，能量处于约束状态，未能释放出来。

（2）自我。自我是从本我中分化出来并得到发展的那一部分，处于本我和外部世界之间，是与外界接触的体系，统管个人的行为。自我按照现实原则行事，现实原则是推迟能量的释放，直到真正满足需要的对象被发现和产生出来为止。自我遵循现实原则，并不废除快乐原则，只是迫于现实而暂缓实行快乐原则，最终还是避苦趋乐。自我必须实行本我的意图，找出能够实现本我意图的条件，最终完成任务。健康的自我能够靠压抑或升华作用把本我的盲目冲动引入社会认可的轨道。自我占据着人格的中心部分进行知觉、学习、记忆和推理等。

（3）超我。它是在人格诸领域中最后形成的，反映社会的各项准则，由理想、道德、良心等组成。它的运转是反对本我的不可接受的冲动，而不会同自我一样寻求延长或保持他们。超我追求至善至美，不考虑现实原则和快乐原则。超我主要也是无意识的，代表理想而不是行动。

本我、自我和超我的关系是：本我是生长进化的产物，是生理遗传的心理表现；自我是客观现实相互作用的产物，是较高级精神活动过程；超我是社会化的产物，是文化传统的运载工具。自我由本我的一部分分离出来，代表外界要求，同时使本我和超我协调一致。人类由意识压抑自己的冲动，通过合理化和升华作用等防御机制否定这些冲动，或者用社会上承认的作法去行动。但是这些冲动并未消除，也未能完全加以控制，有时在梦中显现，有时在不经意中脱口而出，有时表现在神经质的行为中。因此，人类的行为是复杂的。弗洛伊德用释梦、自由联想等方法探索无意识。精神分析学说把被传统心理学忽视的无意识心理过程作为理论核心，扩大了心理学研究领域，促进了人类对自身精神世界的认识，具有积极的意义，但是用无意识的本能和欲望来解释社会现象是不可取的。

2. 知觉

营销实践中往往有这种情况：企业的产品质量和性能优于同类品牌却未受到消费者注意，企业花费大量广告资金传达的品牌信息却被消费者曲解，令营销人员十分困惑。剖析这种现象产生的原因必须了解知觉与知觉的选择性。

知觉指个人选择、组织并解释信息的投入，以便创造一个有意义的外界事物图像的过程。不同的人对同一刺激物会产生不同的知觉，是因为知觉会经历三种过程，即选择性注意、选择性扭曲和选择性保留。

（1）选择性注意指在众多信息中，人们易于接受对自己有意义的信息以及与其他信息相比有明显差别的信息。比如，一个打算购买摩托车的人会十分留意摩托车信息而对电视机信息并不在意，消费者会注意构思新奇的广告而忽视那些平淡的广告。

（2）选择性扭曲指人们将信息加以扭曲使之符合自己原有的认识，然后加以接受。由于存在选择性扭曲，消费者所接受的信息不一定与信息的本来面貌相一致。比如，某人偏爱长虹电视机，当别人向他介绍其他品牌电视机的优点时，他总是设法挑出毛病或加以贬低，以维持自己固有的“长虹电视机最好”这种认识。

（3）选择性保留指人们易于记住与自己的态度和信念一致的信息，忘记与自己的态度和信念不一致的信息。比如，某人对自己家中使用的荣事达洗衣机非常欣赏，听到别人谈论荣事达洗衣机的优点时会记得很清楚，而当别人谈论他不欣赏的其他品牌洗衣机优点时则容易忘记。

3. 学习

内在需要引起购买某种商品的动机，这种动机可能在多次购买之后仍然重复产生，也可能在一次购买之后即行消失。为何会重复或消失，心理学家认为来自“后天经验”，可用“学习的模式”来表述（见图 5.3）。

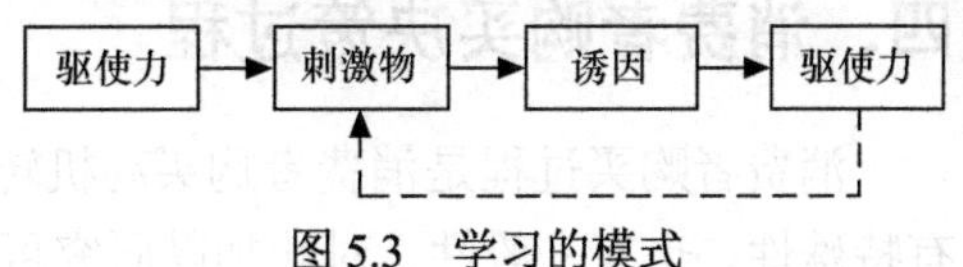

图 5.3 学习的模式

（1）驱使力指存在于人体内驱使人们产生行动的内在刺激力，即内在需要。心理学家把驱使力分为原始驱使力和学习驱使力两种。原始驱使力指先天形成的内在刺激力，如饥、渴、逃避痛苦等。新生婴儿也知道饿了要吃，渴了要喝，疼了要哭等。学习驱使力指后天形成的内在刺激力，如恐惧、骄傲、贪婪等。成人会担心财产安全、交通安全，希望工作取得成就等，都是从后天环境中学习得到的。

（2）刺激物指可以满足内在驱使力的物品。比如，人们感到饥渴时，饮料和食物就是刺激物。如果内在驱使力得不到满足，就会处于“紧张情绪”中，只有相应刺激物可使之恢复平静。当驱使力发生作用并寻找相应刺激物时，就成为动机。

（3）诱因指刺激物所具有的能吸引消费者购买的因素。所有营销因素均可成为诱因，如刺激物的品种、性能、质量、商标、包装、服务、价格、销售渠道、销售时间、人员推销、展销、广告等。

（4）反应指驱使力对具有一定诱因的刺激物所发生的反射行为。比如是否购买某商品以及如何购买等。

（5）增强或减弱指驱使力对具有一定诱因的刺激物发生反应后的效果。若效果良好，则反应被增强，以后对具有相同诱因的刺激物就会发生相同的反应；若效果不佳，则反应被削弱，以后对具有相同诱因的刺激物不会发生反应。

4. 信念与态度

信念指一个人对某些事物所持有的描述性思想。例如，某顾客可能认为当地百货公司信誉卓著，商品货真价实，服务热情周到。信念的形成可以基于知识，也可以基于信仰或情感等。顾客的信念决定了企业和产品在顾客心目中的形象，决定了顾客的购买行为。营销人员应当高度重视顾客对本企业或本品牌的信念，如果发现顾客的信念是错误的并阻碍了他的购买行为，就应运用有效的促销活动予以纠正，以促进产品销售。

态度指一个人对某些事物或观念长期持有的好与坏的认识评价、情感感受和行动倾向。态度导致人们对某一事物产生或好或坏、或亲近或疏远的感情。态度使人对相似的事物产生相当一致的行为，因为人们通常不会对每一事物都建立新的态度或作出新的解释和反应，按照已有态度对所接触到的事物作出反应和解释能够节省时间和精力。例如，某人对服装的态度是：生活严谨和有事业心的人都穿庄重的服装，不穿花里胡哨的服装，“伟健”牌服装是庄重的服装，“新洋”牌服装是花里胡哨的服装。基于这种态度，他总是购买“伟健”牌而拒绝“新洋”牌。由于人们的态度呈现为稳定一致的模式，所以改变一种态度是十分困难的，需要在其他态度方面作重大调整。企业最好使自己的产品、服务和营销策略符合消费者的既有态度，而不是试图去改变。如果改变一种态度带来的利润大于为此而耗费的成本，则值得尝试。

四、消费者购买决策过程

消费者购买过程是消费者购买动机转化为购买活动的过程。不同消费者的购买过程有特殊性，也有一般性，对此加以研究可以更有针对性地开展营销活动，满足需求，扩大销售。

（一）购买决策的角色划分

消费者在购买活动中可能扮演下列五种角色中的一种或几种。

（1）发起者。第一个提议或想到去购买某种产品的人。

（2）影响者。有形或无形地影响最后购买决策的人。

（3）决定者。最后决定整个购买意向的人。比如买不买，买什么，买多少，怎么买，何时与何地买等。

（4）购买者。实际执行购买决策的人。比如与卖方商谈交易条件，带上现金去商店选购等。

（5）使用者。实际使用或消费商品的人。

消费者以个人为单位购买时，五种角色可能同时由一人担任；以家庭为购买单位时，五种角色往往由家庭不同成员分别担任。例如，一个家庭要购买一台录音机，发起者可能是孩子，他认为有助于提高自己学习英语的效率。影响者可能是爷爷，他表示赞成。决定者可能是母亲，她认为孩子确实需要，根据家庭目前经济状况也有能力购买。购买者可能是父亲，他有些电器知识，带上现金去各商店选购。使用者是孩子。

在以上五种角色中，营销人员最关心决定者是谁。某些产品和服务很容易辨认购买决定者，比如，男性一般是烟酒的购买决定者，女性一般是化妆品的购买决定者，高档耐用消费品的购买决定往往由多人协商作出。国外学者曾提出按购买决定者将产品分为几种类型，如“男主人决定购买为主的产品”、“女主人决定购买为主的产品”以及“夫妻共同决定购买为主的产品”等，各类产品涵盖的内容则因时因地而异。有些产品不易找出购买决定者，则要分析家庭不同成员的影响力，而这种影响力有时很微妙。美国学者曾对家庭购买新轿车的情况进行研究，发现在买与不买的问题上，主要由夫妻双方共同决定。但在不同的决策阶段，角色扮演有所变化。“何时买车”的决策，68%的家庭是男主人决定，只有3%的家庭由女主人决定，29%的家庭是共同决定。“买什么颜色的车”，夫妻一方单独决定的各占25%，50%的家庭共同决定。许多产品的购买还存在着“名义决定者”和“实际决定者”之分。例如，一位男士以为购买空调是自己作出的决策，实际上却是他的妻子起了决定作用。妻子可能是用直接的命令、要求、劝告或威胁，也可能是用含蓄的语言、表情或体态语言表达了自己的要求，操纵了购买决策，丈夫只是“名义决定者”。辨认购买决定者，有助于将营销活动有效地指向目标顾客，制定正确的促销战略。

辨认谁是商品的实际购买者也很重要，因为他往往有权部分更改购买决策，如买什么品牌，买多少，何时与何地购买等，企业应据此开展商品陈列和广告宣传活动。

（二）购买决策的主要步骤

不同购买类型反映了消费者购买过程的差异性或特殊性，但是消费者的购买过程也有其共同性或一般性，西方营销学者对消费者购买决策的一般过程作了深入研究，提出若干模式，采用较多的是五阶段模式（见图 5.4）。

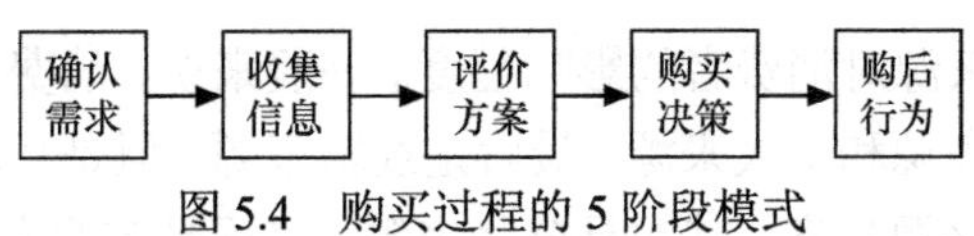

图 5.4 购买过程的 5 阶段模式

这个购买过程模式适用于分析复杂的购买行为，因为复杂的购买行为是最完整、最有代表性的购买类型，其他几种购买类型是越过其中某些阶段后形成的，是复杂购买行为的简化形式。模式表明，消费者的购买过程早在实际购买以前就已开始，并延伸到实际购买以后，这就要求营销人员注意购买过程的各个阶段而不是仅仅注意销售。

1. 确认需求

确认需要指消费者确认自己的需要是什么。需要是购买活动的起点，升高到一定阈限时就变成一种驱力，驱使人们采取行动予以满足。需要可由内在刺激或外在刺激唤起。内在刺激是人体内的驱使力，如饥、渴、冷等。人们由从前的经验学会如何应付这种驱力，并受到激励去寻找能满足这种驱力的物品，如食品、饮料和服装。外在刺激是外界的“触发诱因”。食物的香味，衣服的款式等都可以成为触发诱因，形成刺激，导致对某种需要的确认。但是需要被唤起后可能逐步增强，最终驱使人们采取购买行动，也可能逐步减弱以至消失。

营销人员在这个阶段的任务如下。

（1）了解与本企业产品有关的现实的和潜在的需要。在价格和质量等因素既定的条件下，一种产品如果能够满足消费者多种需要或多层次需要就能吸引更多的购买。

（2）根据消费者需要随时间推移以及外界刺激强弱而波动的规律性设计诱因，增强刺激，唤起需要，最终唤起人们采取购买行动。

2. 收集信息

被唤起的需要立即得到满足有三个条件：①这个需要很强烈；②满足需要的物品很明显；③该物品可立即得到。这三个条件具备时，消费者满足被唤起的需要无需经过信息收集阶段，也可理解为这个阶段很短、很快、接近于零。在很多情况下，被唤起的需要不是马上得到满足，而是先存入记忆中作为未满足的项目，称为“累积需要”。随着累积需要由弱变强，可分为两种情况：一是“高亢的注意力”，指消费者对能够满足需要的商品信息敏感起来。虽然并不有意识地收集信息，但是留心接受信息，比平时更加关注该商品的广告、别人对该商品的使用和评价等。二是“积极的信息收集”，指主动地、广泛地收集该产品的信息。所需信息量取决于购买行为的复杂性。

营销人员在这一阶段的任务如下。

（1）了解消费者信息来源。消费者信息来源有四种：①经验来源。指直接使用产品得到的信息。②个人来源。指家庭成员、朋友、邻居、同事和其他熟人所提供的信息。③公共来源。指社会公众传播的信息，如消费者权益组织、政府部门、新闻媒介、消费者和大众传播的信息等。④商业来源。指营销企业提供的信息，如广告、推销员介绍、商品包装的说明、商品展销会等。

（2）了解不同信息来源对消费者的影响程度。一般来说，消费者经由商业来源获得的信息最多，其次为公共来源和个人来源，最后是经验来源。但是从消费者对信息的信任程度看，经验来源和个人来源最高，其次是公共来源，最后是商业来源。研究认为，商业来源的信息在影响消费者购买决定时只起"告知"作用，而"个人来源"则起评价作用。比如，消费者购买空调，他从广告中得知有哪些品牌，而评价不同品牌优劣时，就向朋友和熟人打听。营销人员应通过市场调查了解消费者的信息来源以及何种来源的信息最有决定作用。

（3）设计信息传播策略。在利用商业来源传播信息之外，还要设法利用和刺激公共来源、个人来源和经验来源，也可多种渠道同时使用，以加强信息的影响力或有效性。

3. 评价方案

消费者在获得全面的信息后就会根据这些信息和一定的评价方法对同类产品的不同品牌加以评价并决定选择。一般而言，消费者的评价行为涉及三个方面。

（1）产品属性。指产品所具有的能够满足消费者需要的特性。产品在消费者心中表现为一系列基本属性的集合。例如，下列产品应具备的属性如下：冰箱，制冷效率高，耗电少，噪音低，经久耐用；电脑，信息储存量大，运行速度快，图像清晰，软件适用性强；药品：迅速消除病痛，安全可靠，无副作用，价格低；宾馆：洁净，舒适，用品齐全，服务周到，交通方便，收费合理。在价格不变的条件下，一个产品有更多的属性将更能吸引顾客购买，但是会增加企业的成本。营销人员应了解顾客主要对哪些属性感兴趣以确定本企业产品应具备的属性。

（2）品牌信念。指消费者对某品牌优劣程度的总的看法。每一品牌都有一些属性，消费者对每一属性实际达到了何种水准给予评价，然后将这些评价连贯起来，就构成他对该品牌优劣程度的总的看法，即他对该品牌的信念。

（3）效用要求。指消费者对该品牌每一属性的效用功能应当达到何种水准的要求。或者说，该品牌每一属性的效用功能必须达到何种水准他才会接受。

（4）评价模式。明确了上述三个问题以后，消费者会有意或无意地运用一些评价方法对不同的品牌进行评价和选择。比如，某人打算购买电视机，收集了 A、B、C……I 等九种品牌的资料，他要求价格不超过 3 000 元，则 A、C、E 等三种超过此价的品牌被淘汰；他要求画面清晰度要超过 9 分（按主观标准打分），B、D、F、G 等四种未达到 9 分的品牌被淘汰，还剩下两种品牌供选择。

4. 购买决策

消费者经过产品评估后会形成一种购买意向，但是不一定导致实际购买，从购买意向到实际购买还有一些因素介入其间。

（1）他人态度。比如，某人决定购买A牌摩托车，但是家人不同意，他的购买意向就会降低。他人态度的影响力取决于三个因素：①他人否定态度的强度。否定态度越强烈，影响力越大。②他人与消费者的关系。关系越密切，影响力越大。③他人的权威性。他人对此类产品的专业水准越高，则影响力越大。

（2）意外因素。消费者购买意向是以一些预期条件为基础形成的，如预期收入、预期价格、预期质量、预期服务等，如果这些预期条件受到一些意外因素的影响而发生变化，购买意向就可能改变。比如，预期的奖金收入没有得到，原定的商品价格突然提高，购买时销售人员态度恶劣等都可能导致顾客购买意向改变。

顾客一旦决定实现购买意向，必须作出以下决策：①产品种类决策，即在资金有限的情况下优先购买哪一类产品；②产品属性决策，即该产品应具有哪些属性；③产品品牌决策，即在诸多同类产品中购买哪一品牌；④时间决策，即在什么时间购买；⑤经销商决策，即到哪一家商店购买；⑥数量决策，即买多少；⑦付款方式决策，即一次性付款还是分期付款，现金购买还是其他方式等。

5. 购买后行为

（1）购后评价。消费者购买商品以后会通过商品使用过程检验自己购买决策的正确性，确认满意程度，作为以后类似购买活动的参考。消费者的购后评价不仅仅取决于产品质量和性能发挥状况，心理因素也具有重大影响。

（2）购后使用和处置。消费者购买以后如何使用和处置该产品也应引起营销者注意。如果消费者经常使用甚至为产品找到新用途，则对企业有利。如果消费者将产品闲置不用甚至丢弃，则说明产品无用或不能令人满意。如果消费者把产品转卖他人或用于交换其他物品，将会影响企业产品的销售量。

知识拓展

购买心理七阶段

顾客购买商品时，其心理历程有一个奇妙的经化，营销人员应该了解并掌握这个程序中每一阶段的特性。

注意——喔！嗳！好可爱！

兴趣——这东西不错呀！拿起来摸摸看！

欲望——好想要呀！真想马上穿在身上。

信心——到底是哪一个好？

决心——就买这个吧！

购买——给我这个！

满足——买了物超所值的东西。

第二节　组织购买行为分析

一、组织市场及其特点

（一）组织市场及其类型

组织市场是各种为了实现组织目标，而进行产品和劳务购买的购买者的集合。站在买方的角度，消费者市场是个人市场，而组织市场是法人市场。组织市场包括三种类型，即生产者市场、中间商市场和政府市场。

1. 生产者市场

生产者市场又称工业品市场或生产资料市场，是为满足工业企业生产其他产品实现其工业利润的需求，而购买劳务和产品的购买者的集合。组成生产者市场的购买者，其主要行业来源是农业、林业、渔业、采矿业、制造业、建筑业、运输业、通信业、公共事业、金融业以及服务业。

2. 中间商市场

中间商市场有时被称为转卖者市场，是指那些通过购买商品和服务用于转售或出租给他人，以获取利润为目的的购买者的集合。中间商市场的购买者主要包括批发商和零售商。中间商不提供形式效用，只提供时间效用、地点效用和占用效用。

3. 政府市场

政府市场是指那些为执行政府的主要职能而采购商品的购买者的集合。一个国家政府市场上的购买者是该国各级政府的采购机构。由于各国政府通过税收、财政预算等掌握了相当大一部分国民收入，为了开展日常政务，政府机构要经常采购物资和服务，因而形成了一个很大的市场。

（二）组织市场的特点

与消费者市场相比较，组织市场具有自己的特点。

1. 派生性需求

组织市场的需求具有派生性，它取决于消费者市场的相应需求。也就是说，没有消费者市场的相应需求，就不会有组织市场的需求。而且，组织市场的需求随消费者市场相应需求的变化而变化。组织市场需求的派生性，是多层次链状递进的，消费者市场的相应需求是这一链条的起点，是组织市场需求的动力与源泉。例如，消费者市场的皮鞋需求带来皮鞋制造商对皮革、制鞋设备等的需求，而这些需求又引发对养殖业、钢铁业等相关行业产品的需求。

2. 较小的价格弹性

组织市场需求的派生性，决定了它的需求缺乏价格弹性。也就是说，除非原材料成本成为影响企业经营的极重要的因素，企业需要考虑成本控制，因而在意价格的变动。一般情况下，组织市场需求对价格的敏感程度较弱，这是因为决定组织市场需求量变化的主要因素是消费者市场上相应需求的变化。

3. 波动性需求

由于组织市场与消费者市场的时空差异，组织市场上的需求变化要滞后于消费者市场相应需求的变化。并且，组织市场需求的变动幅度要大于消费者市场相应需求的变动幅度。因为消费者市场相应需求的变动幅度，是要通过组织市场更大的需求变动来追加满足的，这就是所谓的加速原理。有资料表明，消费者市场相应需求 10%的升幅，有可能使下一阶段组织市场的需求增加 200%。

4. 购买者数量少、比较集中，但购买规模大

组织市场购买者的数量比消费者市场的购买者少很多。并且，由于工业布局导向的影响，同类组织市场的购买者，其地理集中程度也明显高于消费者市场。同时，组织市场购买者的购买规模要远远大于消费者市场的购买者。

5. 专业人员购买

与消费者市场的消费者不同，组织市场的购买通常由专业人员完成。由于专业采购人员经过专门的专业训练，具有丰富的产品及购买知识，因此，组织市场的购买是专业性的。

6. 直接购买

由于购买规模大，组织市场的购买往往是直接购买，而不经过其他的中间环节。在购买一些高价值、高技术新产品或项目时更是如此。

7. 供需双方密切的合作关系

由于组织市场购买者的上述特性，以及组织市场购买的连续性，要求组织市场的买卖双方建立密切的合作关系。买卖双方通过有效的合作，满足各自的需要，实现各自的目标。

8. 以租代买

组织市场的许多产品，有可能通过租赁方式取得。组织市场的购买者在需要一些价格昂贵的机械设备、设施时，为了节约成本而常常采用租赁的方式。

想一想

组织市场与消费者市场有许多不同。请你想一想：在组织市场的这些特点中，哪些特点比较重要？

二、生产者购买行为分析

（一）生产者市场购买行为的主要类型

生产者市场购买行为的主要类型按照购买者购买决策的难易程度，可分为三种：直接重购、修正重购和新购。

1. 直接重购

这是一种在供应商、购买对象、购买方式都不变的情况下，购买以前曾经购买过的产品的购买类型。在这种购买类型中，购买者所购买的多是低值易耗品，花费的人力较少，无需联合采购。对这种类型的采购，原有的供应商不必重复推销，而应努力使产品的质量和服务保持原有的水平，争取同购买者稳定的关系。而对于没有合作关系的供应名单以外的供应商来说，获得销售机会的可能性极小，但它们可以通过自己的营销活动，努力促使购买者转移或部分转移购买，如先获得少量产品订单，再逐渐扩大产品供应规模。

2. 修正重购

指购买者由于想改变产品的规格、价格、交货条件等购买要素，需要调整或修订采购方案的购买类型。对于这样的购买类型，原有的供应商要清醒地认识自己所面临的挑战，积极调整、改进产品规格和提高服务质量，大力提高生产率，降低成本，以维护现有的客户。新的供应商则要抓住机遇，积极开拓市场，获得更多的业务。

3. 新购

指购买者首次购买某种产品或服务。由于是第一次购买，购买者对新购产品没有把握，因此在购买决策前，购买者要搜集大量的信息。新购花费的成本越高，风险就越大。新购是所有企业的机会，因此，企业要采取措施，影响能够作出新购决策的中心人物，争取获得新购订单。

（二）生产者市场购买决策的参与者

生产者市场购买行为的类型不同，购买决策的参与者也不一样。供应商不仅要了解影响生产者市场购买的因素及购买类型，而且还应知道哪些人参与了购买决策，他们在其中充当什么角色，起什么作用。

如前所述，生产者市场的购买属于专业性购买，一般都由专职的采购人员和相关人员组成“采购中心”来作出购买决策。企业的“采购中心”一般由下列五种角色组成。

（1）使用者。具体使用所购产品或服务的人。他们往往是相应产品或服务购买的提议者，并在确定产品的规格上有较大的影响力。

（2）影响者。这是在企业内部和外部直接或间接影响购买决策的人。他们常协助企业确定产品规格。在众多的影响者中，企业外部的咨询机构和企业内部的技术人员影响最大。

（3）采购者。指企业中具体执行采购决定的人。他们的主要任务是进行交易谈判和选择供应者。在较复杂的采购工作中，采购者还包括企业的高层管理人员。

（4）决定者。指企业里有权决定购买产品或服务的人。在通常的采购中，采购者就是决定者。而在复杂的采购中，决定者通常是公司的主管。

（5）控制者。指控制企业与外界进行相关信息沟通的人，诸如采购代理商、企业的技术人员、办公室工作人员等，他们甚至可以阻止供应商的营销人员与使用者和决定者见面等。

应该指出的是，并不是所有的企业采购任何产品都需要上述五种人员全部参与决策。企业采购中心的规模和参与购买决策的人员，会因所购产品种类的不同和企业自身规模的大小及企业组织结构不同而有所区别。对生产者市场供应商的营销人员来说，关键是了解企业采购中心的组成人员，以及他们各自所具有的相对决定权和采购中心的决策方式，以便采取有针对性的营销措施。比如对采购中心成员较多的企业，营销人员可以只针对几个主要成员做工作，如果本企业的实力较强，则可采取分层次、分轻重、层层推进、步步深入的营销策略。

（三）生产者市场购买行为的影响因素

同消费者市场购买行为一样，生产者市场的购买行为也同样受到各种因素的影响。美国的韦伯斯特（Webster）和温德（Wind）将影响生产者市场购买行为的主要因素概括为环境因素、组织因素、人际因素和个人因素，如图 5.5 所示。

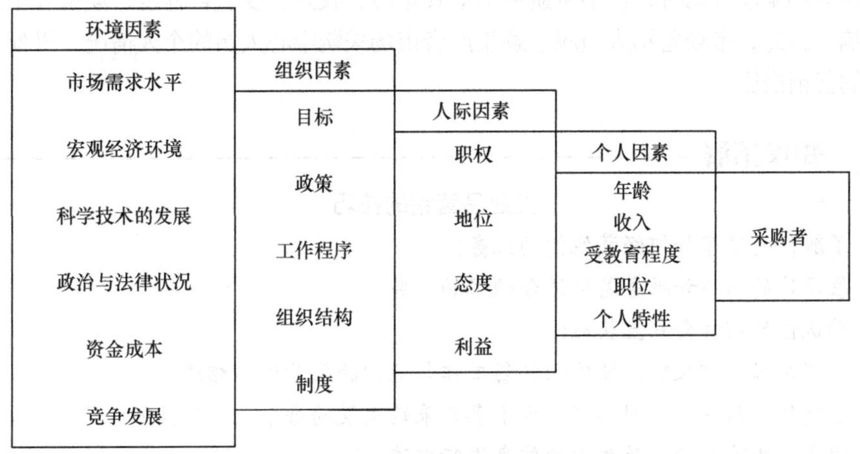

图 5.5 生产者市场购买行为的影响因素

1. 环境因素

这主要是指一些宏观环境因素，包括市场需求水平、宏观经济环境、科学技术的发展以及政治与法律状况等。在影响生产者市场购买行为的诸多因素中，宏观经济环境是最主要的。生产者市场的购买者受当前经济状况和预期经济状况的严重影响，当经济不景气或前景不佳时，他们就会缩减投资、减少采购，压缩原材料的库存和采购。

2. 组织因素

每个企业的采购部门都会有自己的目标、政策、工作程序和组织结构。生产者市场的营销人员应了解购买者企业内部的采购部门在它的企业里处于什么地位——是一般的参谋部门，还是专业职能部门；它们的购买决策权是集中决定还是分散决定；在决定购买的过程中，哪些人参与最后的决策等。这些组织因素都将不同程度地影响生产者市场的购买行为，营销人员只有对这些问题做到心中有数，才能使自己的营销工作有的放矢，达到应有的效果。

3. 人际因素

这是指企业内部的人际关系因素，包括生产者采购中心不同角色的职权、地位、态度、利益以及它们相互之间的关系对购买决策的影响。生产者的购买决策，是由生产者内部各个部门和各个不同层次的人员组成的采购中心作出的。采购中心的成员由质量管理者、采购申请者、财务主管者、工程技术人员等组成。这些成员的地位不同，职权不同，说服力有区别，他们之间的关系也就有所不同，而且对生产资料的采购决策所起的作用也不同。营销人员必须了解购买决策主要由谁作出、他们的决策方式和评价标准如何以及采购中心成员间相互影响的程度等，以便采取有效的营销措施，促使用户作出购买决策。

4. 个人因素

生产者市场的购买行为虽是理性活动，但作出购买决策的仍然是具体的人，而每个人在作出决策和采取行动时，都不可避免地受其年龄、收入、受教育程度、职位和个人特性等的影响。因此，市场营销人员应了解生产者市场采购中心人员的个人情况，以便采取因人而异的营销措施。

知识拓展

工业品营销的技巧

- 了解你的顾客如何经营他们的业务；
- 展示你的物品和服务怎样适合顾客的业务；
- 确认你的销售会马上获益；
- 了解顾客如何采购，使你的销售工作与他们的采购过程相适合；
- 在销售过程中，应同顾客一方中参与采购决策的每个人进行接触；
- 同每个决策者就其最关心的信息进行交流；
- 成为你的顾客愿意与你建立关系的人或公司；
- 确保你所做的每件事情都与你所选定产品的质量、服务、价格和性能相一致；
- 了解竞争对手的优势和劣势；
- 努力发挥自身的优势；
- 训练你的工作人员，使他们了解公司以及客户各方面的业务情况；
- 掌握一个既符合你又符合顾客要求的分销系统；
- 为你已有的产品开辟新的市场及新的用途；
- 用客户服务强化你的产品；
- 心中明确牢记你的目标。

（四）生产者市场购买过程

生产者市场的购买过程分为八个阶段，但这八个阶段并非适用于所有购买类型。其中，直接重购通常只需经过绩效评价阶段；修正重购可能经过提出需要、确定总需要、确定产品规格等阶段；而新购则要经过完整的八个阶段；如表 5.2 所示。

表 5.2 生产者市场的购买过程

购 买 阶 段	购 买 类 型		
	新 购	修 正 重 购	直 接 重 购
1. 提出需要	需要	可能需要	不需要
2. 确定总需要	需要	可能需要	不需要
3. 确定产品规格	需要	需要	不需要
4. 寻找供应商	需要	可能需要	不需要
5. 征求供应建议书	需要	可能需要	不需要
6. 选择供应商	需要	可能需要	不需要
7. 签订合约	需要	可能需要	不需要
8. 绩效评价	需要	需要	需要

1. 提出需要

提出需要是生产者市场购买过程的起点。需要的提出。既可以是购买者内部的刺激引起，也可以是其外部的刺激引起。内部的刺激包括诸如企业决定生产新产品，需要新的设备和原材料；企业存货水平开始下降，需要购进生产资料。企业发现过去采购的原材料质量不好，需更换供应商。外部刺激包括商品广告，营销人员的上门推销等。

2. 确定总需要

指购买者确定所需产品的数量和规格。在简单的采购中，总需要由采购人员直接决定；而复杂的采购，则需由企业内部的使用者和工程技术人员共同决定。

3. 确定产品规格

指由专业技术人员对所需产品的规格、型号、功能等技术指标作具体分析，并作出详细的说明，供采购人员参考。在对产品进行分析时，一般采用价值分析法，即购买者根据所购产品的功能及成本决定的价值的高低采购产品。

4. 寻找供应商

为了选购满意的产品，采购人员要通过各种途径，物色服务周到、产品质量高、声誉好的供应商。为此，供应商应通过广告等方式，努力提高企业在市场上的知名度，以争取进入采购人员的备选范围。

5. 征求供应建议书

对已物色到的多个候选供应商，购买者会请他们提交供应建议书，尤其是对价值高、价格贵的产品，还要求他们写出详细的产品说明，对经过筛选后留下的供应商，购买者会要求他们写出正式的产品说明。因此，供应商的营销人员应根据市场情况，写出实事求是而又别出心裁、能打动人心的产品说明，力求全面而形象地表达所推销产品的优点和特性，力争在众多的竞争者中获胜。

6. 选择供应商

在收到多个供应商的有关资料后，购买者将根据资料选择比较满意的供应商。在选择供应商时，购买者将不仅考虑其技术能力，还要考虑其能否及时供货，能否提供必要的服务。在最后确定供应商之前，购买者有时还要和供应商面谈，争取更优惠的条件。在选择供应商时，购买者考虑的主要因素包括：交货能力，产品质量、品种与规格，产品价格，企业信誉与历史背景，维修服务能力，技术能力与生产设备，付款结算方式，企业财务状况，对顾客的态度以及企业的地理位置等。

7. 签订合约

当供应商选定后，购买者便向他们发出写有所需产品规格、数量、交货日期、退货条件、保修等内容的正式订货单。在目前，很多购买者愿意采用“一揽子合同”的方式，并有可能要求供应商提供“零库存采购计划”。

8. 绩效评价

产品购进后，采购者还会及时向使用者了解其对产品的评价，考察各个供应商的履约情况，并根据了解和考察的结果，决定今后是否继续采购某供应商的产品。为此，供应商在产品销售出去以后，要加强追踪调查和售后服务，以赢得采购者的信任，保持长久的供求关系。

案例链接

某公司筛选合格的供应商，需要经过三个阶段：合格供应商阶段、被批准的供应商阶段和选择供应商阶段。为了争取成为合格的供应商，供应商必须证明其技术能力高、财务健全、成本效率高和创造力强。假如供应商满足了这些关键因素，它就可以申请参加公司供应商研讨会，接待该公司执行队伍的访问，同意作某些改进等。一旦成为被批准的供应商，供应商还要努力成为选择供应商，也就是需证明它的高质量产品的一致性、持续不断的质量改进和准点交货的能力。

三、中间商购买行为分析

中间商市场的购买行为与生产者市场的购买行为在很多方面相似，如中间商采购组织也有若干人参与采购决策；他们的购买过程也是从提出需要开始，而以决定向哪家供应商采购结束；其购买行为同样受环境、组织等因素的影响。但二者之间还有一些区别。中间商市场的购买行为在采购业务的类型、采购决策的参与者，以及怎样制定采购决策等方面，都有自己的特点。

（一）中间商市场购买决策的基本内容与类型

中间商采购商品的目的是为了将所购商品转卖给它的顾客（个人或组织）。因此，中间商必须按照自己顾客的要求来制定采购计划。中间商市场购买决策的基本内容包括三个方面：一是决定经营范围和商品搭配选择；二是决定选择什么样的供应商；三是决定以什么样的价格和条件进行采购。其中，商品搭配选择是最主要的决策，它可以决定中间商的市场地位。

中间商市场的购买决策因不同的采购业务及购买决策的难易程度而不同，一般来说，主要包括以下三种不同的购买决策类型。

1. 新产品采购

这与前述生产者市场的新购不同，生产者对某种新产品如有需要，非买不可，只能选择供应商；而中间商对某种新产品会根据其销路好坏，来决定是否进货以及如何进货。

2. 最佳供应商选择

如果中间商需要经营的产品已经确定，有可能经常要进行最佳供应商的重新选择。导致中间商作出此类购买决策的原因如下。

（1）中间商限于条件，不能经营目前所有供应商的产品，而只能从中选择一部分。

（2）中间商准备为顾客提供自有品牌商品，而必须寻找有一定水准同时又愿意合作的供应商，如屈臣氏集团、沃尔玛连锁超市经营了大量的自有品牌商品，其大量的采购就是为自有品牌选择供应商。

3. 寻求较好的供应条件

对于此类决策，中间商不需要更换供应商，只是希望从原供应商处获得更有利的供货条件及其他的服务支持。例如，中间商可能要求其供应商提供更多的服务，以及更为合适的信贷条件、更加优惠的价格折扣等。

（二）中间商市场购买过程的参与者

中间商市场购买决策过程的参与者的多少取决于中间商的经营规模和采购项目的规模与重要程度。很多大型的中间商，也有一个像生产商一样的采购中心，并通过采购中心完成购买决策。但事实上，不同类型的中间商有不同的购买决策方式及决策参与者。以连锁超市为例，中间商市场参与购买决策的人员或机构主要有下述三种。

1. 专职采购员

专职采购员（或称“商品经理”）负责决定商品搭配，接待推出新品牌的企业的推销人员，并有权决定是否接受新品牌产品。大多数公司的做法是，授权专职采购员对那些明显不能接受或明显可以接受的项目作出决定，而一些重要项目则需要提交采购委员会审议，并由采购委员会作出决定。

2. 采购委员会

采购委员会通常由公司总部的各部门经理和商品经理组成，采购委员会负责审查商品经理提出的新产品采购建议，作出是否购买的决策。

3. 分店经理

分店经理是连锁超市下属各分店的负责人，通常负责分店一级的采购决策。在实际中，如果以 3 分为标准衡量影响分店经理采购决策的因素，其重要性程度依次如表 5.3 所示。

表 5.3 影响分店经理采购决策因素的重要性程度

消费者对该产品的接受程度（即是否适销对路）	2.5
制造商的广告和促销的作用	2.2
新产品介绍期给商店的补贴	2.0
新产品开发的原因	1.9
卖方推荐	1.8

（三）中间商市场的购买过程和影响购买行为的因素

中间商市场的购买过程与生产者市场类似，也包括八个不同的阶段，即提出需要、确定总需要、确定产品规格、寻找供应商、征求供应建议书、选择供应商、签订合约和绩效评价。相关内容在此不再赘述。由于科技的发展，当代商业企业大量采用电脑和电子通信设备来处理采购业务，如控制库存量、计算合理的订购量、处理订单、要求卖方报价等，有些产品还实行零库存采购。采购者通过电脑系统向供应商发出要货通知，供应商根据要货通知随时供货。这样，中间商特别是零售商不用建立自己的仓库即可及时得到供货，从而可以加速资金周转和降低经营费用。

中间商市场同生产者市场一样，其购买行为也受到环境因素、组织因素、人际因素和个人因素的影响。此外，中间商市场购买者的购买风格也发挥着一定的作用。

知识拓展

美国学者狄克森把购买者个人的购买风格分为下述七类。

（1）忠实型购买者。这类购买者忠于同一供应商，不轻易更换供货来源。

（2）随机型购买者。这类购买者通常与几个符合其长期发展的供应商保持合作关系，并随时选择对自己最有利的供应商，而不固定于其中的任何一个。

（3）最佳交易条件型购买者。这类购买者专门选择一定时间内能给予自己最佳交易条件的供应商成交。

（4）主观型购买者。这类购买者向卖方提出自己所要求的产品、服务和价格，并希望以他提出的条件成交。

（5）广告型购买者。这类购买者在每一笔交易中都要求供应商补贴广告费。

（6）斤斤计较型购买者。这类购买者在交易中特别注重供应商给予多少价格折扣且只与提供折扣的供应商成交。

（7）精明型购买者。这类购买者选择的货源都是最物美价廉、最适销的商品。

中间商市场的营销人员如果深入了解了购买者的特点，就可因人制宜，促成交易。

另外，中间商在购买产品时一般对价格特别重视，营销人员在营销过程中必须非常注意，尤其是当中间商的经营成本或消费者需求突然下降导致其边际利润减少时，中间商会更注意进货价格。

四、政府购买行为分析

在许多国家里，政府组织是商品和服务的主要购买者。政府采购建立在为实现公众目标所必须得到的产品和服务的基础上，政府机构采购了范围惊人的产品及服务。它们购买轰炸机、雕塑品、黑板、家具、卫生设备、衣服、材料搬运设备、灭火器、汽车设备以及燃料等。

2009 年我国政府采购规模为 7 413.2 亿元，比 2008 年增加 1 422.3 亿元，增长了 23.7%，2010 年政府采购规模突破 8 000 亿。在货物、工程及服务三大采购对象中，2009 年全国货物类采购规模为 3 010.6 亿元，比 2008 年同期增长 17.6%；工程类采购 3 858.4 亿元，比 2008 年同期增长 29.5%；服务类采购 544.2 亿元，比 2008 年同期增长 20%。政府市场对任何厂家或销售商来说，都是一个巨大的市场。

1. 政府市场购买过程的参与者

各个国家、各级政府都设有采购组织来完成政府购买行为。一般来说，政府市场购买过程的参与者分为两种类型。

（1）行政部门的购买组织。即各级政府行政部门的采购组织。他们的采购经费主要由财政部门拨款，各级政府机构的采购办公室负责经办采购事务。

（2）军事部门的采购组织。他们负责军需品的采购。在我国，国防部负责重要军事装备的采购与分配，解放军总后勤部负责一般军需品的采购与分配。此外，各大军区、各兵种也设立后勤部门负责自己所需的军需品采购。

2. 影响政府市场购买行为的因素

政府市场的购买行为同样受到环境、组织、人际和个人因素的影响。但在具体的购买决策过程中，上述相关因素的影响具有不同的特点。

（1）政府采购受到社会公众的监督。政府采购要受到各方面的监督，主要的监督者包括国家权力机关，行政管理和预算办公室，传播媒体以及公民和社会团体。

（2）政府采购受到国内外经济、政治形势的影响。通常，国家宏观经济景气，政府有可能增加开支水平，使政府采购具有较大的规模；反之，政府会缩减采购支出，降低采购规模。同时，由于政治因素的影响，也有可能导致某类物品的政府采购增减。例如，政治局势紧张使国家安全受到威胁时，政府用于军事方面的采购支出就会增加。

（3）政府采购受到自然因素的影响。例如，各地遭遇自然灾害，会增加政府对救灾物品的采购规模。

3. 政府采购方式

政府采购方式通常分为两种，即公开招标和协议合同。公开招标采购是指政府采购办公室邀请合格的供应商对政府需要购买的商品进行投标。在协议合同的采购中，政府采购办公室同几家供应商接触，并就采购项目和交易条件与其中一家公司进行直接谈判。这种采购类型主要发生在有关复杂项目的交易中，涉及巨大的研究与开发费用及风险，或发生在缺乏有效竞争的场合。

在我国，按照《中华人民共和国政府采购法》的规定，政府采购方式为公开招标、邀请招标、竞争性谈判、单一来源采购、询价和国务院政府采购监督管理部门认定的其他采购方式。各国政府采购的经验表明，公开招标与其他采购方式相比，无论是透明度还是程序上，都是最富有竞争力和最规范的采购方式，也能最大限度地实现公开、公正、公平原则，具有信息发布透明、选择范围广、竞争范围大、公开程度高等特点。所以，公开招标成为各国也包括我国的主要政府采购方式。

本章小结

企业为了更好地适应购买者的购买需求，开展有效的营销活动，必须研究各种类型的购买者行为。

消费者市场是个人或家庭为了满足生活需要而购买或租用商品和服务的市场。它是实现利润的最终环节，是对整个市场研究的基础与核心。消费者购买行为的特点是：市场范围广阔，需求复杂，市场分散，产品需求弹性较大，消费者多属于感情型和非专家型购买。影响消费者购买行为的因素主要有四类：一是文化因素；二是社会因素；三是个人因素；四是心理因素。消费者的购买决策过程由确认要求、收集信息、评价方案、购买决策和购后行为等五个阶段构成。

组织市场是指为了维持组织正常运转和履行组织职能而购买商品或服务的各类组织机构。根据组织市场购买目的的不同，一般可将组织市场分为生产者市场、中间商市场和政府采购市场三类。组织市场与消费者市场相比，具有八个方面的鲜明特征。

知识巩固

一、名词解释

消费者购买行为　寻求变化的购买行为　个性购后行为　组织市场　修正重购

二、判断题

1. 在产品刚进入市场的时候，参考团体主要会在品牌的选择方面对消费者产生影响。(　　)

2. 一般在收入水平较高的家庭，集中决策的倾向比较明显，而收入比较低的家庭倾向于分散决策。(　　)

3. 消费者购买了商品意味着购买行为过程的结束。(　　)

4. 组织市场的购买者既包括企业或社会团体，也包括个人或家庭消费者。(　　)

5. 政府采购的范围包括所有的商品。(　　)

三、单项选择题

1. 影响消费者购买行为模式的基本因素是(　　)。
   A. 经济收入水平　B. 文化因素　C. 社会因素　D. 心理因素
2. 以下家庭生命周期的阶段在中国等东方国家较西方国家更为明显的是(　　)。
   A. 单身阶段　B. 备婚阶段　C. 育儿阶段　D. 空巢阶段
3. 根据马斯洛的需求层次论，(　　)层次的需求是最高的。
   A. 安全需要　B. 生理需要　C. 自我实现　D. 尊重需要
4. 消费者市场的特点是(　　)。
   A. 市场较集中　B. 购买人数多而散
   C. 专用性较强　D. 购买决策常为集体决策
5. 以下(　　)不属于组织市场。
   A. 生产者市场　B. 消费者市场　C. 非营利组织市场　D. 政府市场
6. 一般场合下，(　　)首先提出购买建议。
   A. 购买者　B. 影响者　C. 决策者　D. 使用者

四、填空题

1. 研究购买者行为最基本的方法是从心理学的________模式加以认识。
2. ________是影响消费者购买行为模式的基本因素。
3. 我们把经常对人们的行为发生影响的群体称为________。
4. ________是社会最基本的组织细胞，也是最典型的消费单位。
5. ________是消费者最为基本的个人因素。
6. 职业和教育实际上是________________因素在个人身上的集中反映。

五、思考题

1. 企业应该如何应对消费者不同类型的购买行为？
2. 影响消费者购买行为的因素很多，如何利用这些因素分析消费者购买行为？
3. 消费者购买行为和生产者购买行为的区别在哪里？
4. 如果你是企业经营者，会用哪些手段吸引中间商购买者和政府购买者？

汽车制造厂商，什么是消费者需要的汽车？

汽车制造厂商很难确定消费者到底想要什么样的汽车。表面上看似乎每种车型都很成功，如福特汽车公司的金牛（Taurus）、本田汽车的雅阁（Accord），但汽车行业却有更多失败的案例；为什么生产一部消费者想买的汽车（或卡车）如此困难呢？至少部分原因在于汽车制造厂商没有真正了解消费者的需求与欲望。

开什么车可反映车主的很多特征。汽车很贵，却属于大众消费产品，对一些消费者来说，除功能外，汽车也有显示身份的作用。汽车专家认为美国婴儿潮族群的购买习惯比较类似，他们喜欢日本和欧洲的进口车。一位 34 岁的法律教授这样形容她的车，"我不喜欢福特，本田车看起来比较酷。"因此，对于汽车制造厂商来说，汽车的品牌形象、何人拥有特定车型与汽车功能一样重要。

20 世纪 90 年代，敞篷车、运动型汽车和小货车在美国的销售非常火爆，占汽车总销售量的 45%。同时，汽车制造厂商热衷于开发新的车型，如通用汽车公司卡迪拉克品牌旗下的 Escalade 型汽车、别克品牌旗下的朗迪型汽车、福特汽车公司林肯品牌旗下的领航者系列汽车（Navigator），以及福特品牌旗下的大型运动汽车雅士。不过，环境的变化和发展（如全球温室效应及大型汽车保险费的提高等）可能会影响未来消费者对汽车的需求。

消费者的偏好也在不断发生变化。近年来，美国市场对旅行车的需求激增，有些汽车制造厂商因此认为美国消费者已经开始对小卡车不感兴趣。同时，汽车购买者的人口结构特征也在发生变化。消费者原先购买汽车的主要目的是为了载人，当小孩长大离家后，小卡车和运动型汽车就失去了吸引力。20 世纪 80 年代出生的消费者曾对这些车型非常感兴趣，但很快这些消费者就会迈入空巢期，他们希望购买更舒适、更具身份地位的进口轿车。

来看看德国大众汽车公司推出的重新设计的甲壳虫汽车吧。这款新型甲壳虫汽车与 40 年前差别很大，除了外表近似之外，新的甲壳虫车型更宽敞，内饰更舒适，空调、六喇叭音响是标准配备。大众汽车（美国）公司总裁克莱夫 · 瓦瑞洛夫说："原先的甲壳虫车是用来载人的，新款甲壳虫是高档车、时尚车。

新款甲壳虫车获得了婴儿潮族群以及非传统小型车年轻爱好者的青睐。它在美国的年销售量上升了 50%，超过 30 万辆。大众公司借此机会，计划推出甲壳虫系列车：小型货车、大型旅行车，以及新的豪华型房车。不过，并不是每个人都认同这个新计划。有些主管认为这些新车型与现有大众车型和公司其他车型（如奥迪）造成直接竞争。更重要的是，新车型将会削弱甲壳虫车在消费者心中已建立的独特形象，会演变成一种普通车型，进而让消费者认为大众汽车公司只是一般的汽车制造厂商而已。

（M.J.埃策尔 等，2008）

案例思考

1. 大众汽车公司和其他汽车制造厂商正在努力预测和影响消费者的购买行为。为了实现这一目的，你认为它们需要了解哪些知识或信息？

2. 根据本案例的分析，你对中国的汽车厂家有何建议？

实训项目

市场营销的根本：认识消费者

【训练目的】

实际体验与认知如何分析消费者。

【训练方案】

1. 人员：3～5人组成一个小组，以小组为单位训练。

2. 时间：与第五章教学时间同步。

3. 方式：仔细阅读下列消费者的有关资料，根据本章所学内容，对其购买行为作出分析。

林梅，女，35岁，已婚，研究生学历，在北京市一家规模很大的房地产开发公司担任地区销售经理，收入较高，拥有一所位于高档社区的大面积公寓和一部价值十几万元的汽车，属于典型的白领一族。她现在想买一台笔记本电脑。她面临多种品牌的选择。

（1）她购买笔记本电脑的动机是什么？请列举三种可能。

（2）她收集笔记本电脑信息的来源可能有哪些？请列举三种以上，并说出哪种信息来源对她作出购买决策影响最大。

（3）她的购买决策如何受到文化因素的影响？

（4）她所处的社会阶层如何影响她的购买决策？

（5）她所处的社会群体包括家庭等如何影响她的购买决策？

（6）她的年龄、职业、经济环境和生活方式如何影响她的购买决策？

（7）她购买笔记本电脑的行为属于哪种购买行为？请说明理由。

（8）她是购买决策参与者中的哪一种角色？还有哪些可能的角色会参与她的购买行为？如何参与？

（9）请根据你对林梅这类人群的了解，指出她购买笔记本电脑考虑的属性有哪些（比如价格、外观等），将这些属性按照对她的重要程度排列，并说明理由。

第六章

产品策略

总体目标

1. 掌握产品的整体概念。
2. 掌握产品的寿命周期及其各阶段的特征和应对策略。
3. 熟悉产品的包装和品牌的作用、策略。

案例点评

某品牌啤酒长期以来注重产品包装的创新，不断在包装上推陈出新，为消费者提供更多选择：1997 年的压花玻璃小瓶装，1999 年的大口盖拉环罐装，2000 年的 4 罐便携装，再加上后续推出的 700 毫升装和 500 毫升装，该品牌在包装上的每一个创新都产生了不错的市场效果。

除整体包装外，该品牌对包装的各个细节也不断进行着完善和创新。1998 年该品牌推出可显示啤酒最佳饮用温度的温度感应锡箔标签；2000 年初该品牌对标签重新设计，全新的标签在金色叶片的衬托下更显高贵；2000 年 12 月，该品牌又对瓶身标签的文字进行了修改，以方便消费者阅读。所有这些对包装细节的精益求精无不体现出该品牌对产品质量的不懈追求。

在酒瓶的选择上，自 1997 年中国啤酒瓶国家标准要求使用“B”瓶（即啤酒专用瓶）包装以来，该品牌就一直严格遵照执行。此外，该品牌不使用回收瓶，并为该品牌专用酒瓶制定了非常严格的检测标准。全新的玻璃瓶无异物、无油污、无杂质，干净卫生，充分保证了啤酒的纯正口味和新鲜程度。在每次使用前，该品牌还要对所有啤酒瓶进行抗内压力检测，以最大限度地减少瓶爆现象。该品牌的瓶盖垫全部从美国和德国进口，并经过特别密封和风味测试，确保无任何异味后方投入使用。

该品牌的与众不同还体现在其对高强度耐压纸箱的使用。同一般啤酒商使用塑料箱外包装不同，该品牌从 1998 年起就开始使用高强度耐压纸箱外包装。这种保护力强、高质量的多重包装保证了该品牌啤酒瓶不会裸露在外，避免啤酒口味因阳光的直射而被破坏，从而确保了该品牌啤酒的新鲜程度。这样，消费者品尝到的该品牌啤酒就和它出厂时的口感一样。

企业满足顾客的最基本手段是向市场提供符合需求的产品。案例中“酒瓶、纸箱”就是产品的组成部分，企业通过对这些方面的合理设计，有效地提高了对市场需求的满足程度，从而提高品牌竞争力。如何合理地设计企业的产品和产品组合是产品策略的核心问题。

第一节 产品与产品组合

一、产品及产品的整体概念

关于产品的定义，一般理解为：由劳动者创造的，具有价值和使用价值的，能满足人类需求的物品。但在现代的市场营销中，产品的定义具有了更加宽广的外延和深刻的内涵，产品是指能够通过交换满足消费者需求和欲望的任何有形物品和无形服务，其中有形物品是指产品实体和品质、款式、品牌、包装等；无形服务是指能够满足顾客心理预期的售后支持系统。从营销学的意义上讲，产品的本质是一种满足消费者需求的载体，或是一种能使消费者需求得以满足的手段。由消费者需求满足方式的多样性所决定，产品由实体和服务构成，即产品 = 实体 + 服务。

关于产品的整体概念，以往的学术界曾用三个层次来表述产品整体概念，即核心产品、形式产品和延伸产品（附加产品），这种研究思路与表述方式沿用了多年，如图 6.1（a）所示。但近年来以菲利普·科特勒为首的北美学者更倾向于用以下五个层次来描述产品的整体概念，如图 6.1（b）所示。

消费需求不断地扩展和变化使产品的内涵和外延不断扩大，从内涵看，产品从有形实物产品扩大到服务、人员、地点、组织和观念；从外延上看，产品从实质产品向形式产品、期望产品、附加产品和潜在产品拓展。为此，我们应以发展的眼光，联系消费者需求和企业间的产品竞争，从整体上对产品进行研究，这就是营销学提出的产品的整体概念。

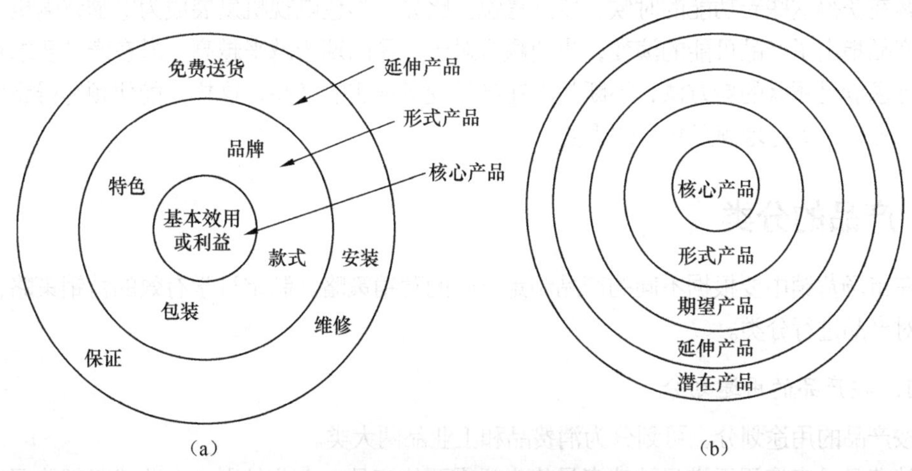

图 6.1 产品的整体概念

（1）核心产品，是指消费者购买某种产品时所追求的利益，是顾客真正要买的东西，因而在产品整体概念中也是最基本、最主要的部分。消费者购买某种产品，并不是为了占有或获得产品本身，而是为了获得能满足某种需要的效用或利益。比如：人们购买空调是为了在炎热的夏季满足凉爽，寒冷的冬季满足温暖的需求。

（2）有形产品，是核心产品借以实现的形式，即向市场提供的实体和服务的形象。如果有形产品是实体品，则它在市场上通常表现为产品质量水平、外观特色、式样、品牌名称和包装等。产品的基本效用必须通过某些具体的形式才得以实现。市场营销者应首先着眼于顾客购买产品时所追求的利益，以求更完美地满足顾客需要，从这一点出发再去寻求利益得以实现的形式，进行产品设计。

（3）附加产品，是顾客购买有形产品时所获得的全部附加服务和利益，包括提供信贷、免费送货、质量保证、安装、售后服务等。附加产品的概念来源于对市场需要的深入认识。因为购买者的目的是为了满足某种需要，因而他们希望得到与满足该项需要有关的一切。美国学者西奥多·莱维特曾经指出："新的竞争不是发生在各个公司的工厂生产什么产品，而是发生在其产品能提供何种附加利益（如包装、服务、广告、顾客咨询、融资、送货、仓储及具有其他价值的形式）"。

（4）期望产品，是指购买者购买某种产品通常所希望和默认的一组产品属性和条件。一般情况下，顾客在购买某种产品时，往往会根据以往的消费经验和企业的营销宣传，对所欲购买的产品形成一种期望，如对于旅店的客人，期望的是干净的床、香皂、毛巾、热水、电话和相对安静的环境等。顾客所得到的，是购买产品所应该得到的，也是企业在提供产品时应该提供给顾客的，对于顾客来讲，在得到这些产品基本属性时，并没有太多的偏好，但是如果顾客没有得到这些，就会非常不满意，因为顾客没有得到他应该得到的东西，即顾客所期望的一整套产品属性和条件。

（5）潜在产品，是指一个产品最终可能实现的全部附加部分和新增加的功能。许多企业通过对现有产品的附加与扩展，不断提供潜在产品，所给予顾客的不仅仅是满意，还能使顾客在获得这些新功能的时候，感到喜悦。比如，彩色电视机发展成为电脑终端机等。潜在产品指出了产品可能的演变，也使顾客对于产品的期望越来越高。潜在产品要求企业不断寻求满足顾客的新方法，不断将潜在产品变成现实的产品，这样才能使顾客得到更多的意外惊喜，更好地满足顾客的需要。

二、产品的分类

在市场营销中要根据不同的产品制定不同的营销策略。制定科学有效的营销策略，就必须对产品进行分类。

1. 按产品的用途划分

按产品的用途划分，可划分为消费品和工业品两大类。

消费品是直接用于满足消费者最终生活需要的产品，工业品则由企业或组织购买后用于生产其他产品。消费品与工业品两者在购买目的、购买方式及购买数量等方面均有较大的差异。因此，对于这两类不同的产品，企业的营销策略必须有所区别。

2. 按消费品的使用时间长短划分

按消费品的使用时间长短，可划分为耐用品、半耐用品、非耐用品。

（1）耐用品。该类产品的最大特点在于使用时间长，且价格比较昂贵或者体积较大。所以，消费者在购买时，都很谨慎，重视产品的质量以及品牌，对产品的附加利益要求较高。企业在生产此类产品时，应注重产品的质量、销售服务和销售保证等方面，同时选择信誉较好的大型零售商进行产品的销售。

（2）半耐用品。如大部分纺织品、服装、鞋帽、一般家具等。这类产品的特点在于能使用一段时间，因此，消费者不需经常购买，但购买时，对产品的适用性、样式、色彩、质量、价格等基本的方面会进行有针对性的比较和挑选。

（3）非耐用品。其特点是一次性消耗或使用时间很短，因此，消费者需要经常购买，且希望能方便及时地购买。企业应在人群集中、交通方便的地区设置零售网点。

3. 按产品之间的销售关系划分

按产品之间的销售关系，可划分独立产品、互补产品、替代产品。

（1）独立产品。即产品的销售不受其他产品销售的影响。比如钢笔与手表、电视机与电冰箱等都互为独立产品。

（2）互补产品。即产品与相关产品的销售相互依存，相互补充。一种产品销售的增加（或减少）就会引起相关产品销售的减少（或增加）。比如钢笔和墨水互为互补产品。

（3）替代产品。即两种产品之间的销售存在竞争关系。也就是说一种产品销售量的增加会减少另外一种产品潜在的销售量。比如大米和面粉互为替代产品。

知识拓展

通常情况下，企业对产品的分类因产品特征和市场业务不同而不同。例如，消费品根据消费的特点也可以区分为便利品、选购品、特殊品和非渴求品；产品根据在不同生产业务中的作用也可以划分为材料部件、资本项目、供应商品和服务；产品根据所面向的市场可以划分为地区产品、国内产品、国际产品和市场产品。可见，角度不同，产品分类不同。

三、产品组合策略

1. 产品组合、产品线及产品项目

产品组合是指企业生产经营的全部产品的有机结合方式，是一个企业提供给市场的全部产品线和产品项目的组合或结构，即企业的业务经营范围。产品线是指产品组合中的某一产品大类，是一组密切相关的产品。也就是具有相同使用功能而规格型号不同的一组类似的产品项目。产品项目是指产品线中不同品种、规格、质量、价格，以及同一品种、不同品牌的特定产品。比如，超市经营百货、鞋帽、服装、家电、教育用品等，这是产品组合；其中"家电"、"鞋帽"、"服装"等大类是产品线；"服装"等类里面具体包括的品牌、品种等是产品项目。可见，产品组合、产品线和产品项目之间是一种既相互独立又相互联系的关系。

2. 产品组合的宽度、长度、深度和关联度

产品组合通常包括四个衡量变量，即宽度、长度、深度和关联度。产品组合的宽度是指企业产品组合中所拥有的产品线的数目。例如，表 6.1 所显示的产品组合的宽度为 6；产品组合的长度是指产品组合中产品项目的总数。例如，表 6.1 所显示的产品组合的总长度为 30；以产品组合的总长度除以产品组合的宽度就是产品线的平均长度，表 6.1 中产品线的平均长度是 30 除以 6 为 5；产品组合的深度是指产品项目中每一品牌所含不同花色、规格的产品数目的多少。例如，表 6.1 所显示的洗衣粉产品中的 A1 产品包括三种规格、两种配方，其深度就是 6。通过统计每一个品牌的不同规格、配方等的总数目，再除以品牌总数，即为产品品牌的平均深度。实践中，企业产品组合的深度和长度取决于企业规模、产品市场需求状况等因素。产品组合的关联度是指各产品线在最终用途、生产条件、销售渠道等方面的相关程度。例如，表 6.1 中，洗衣粉、洗涤剂、肥皂、洗头膏、牙膏、面巾纸都属于日化用品，关联度比较高，而洗衣粉中 A1、A2、A3、A4、A5、A6、A7 都是洗衣粉类，所以关联度相当高。相反，实行非相关、多元化经营的企业，其产品组合的相关性就很小或者不相关。

表 6.1 产品组合的宽度

	洗衣粉	洗涤剂	肥皂	洗头膏	牙膏	面巾纸
产品线长度	A1	B1	C1	D1	E1	F1
	A2	B2	C2	D2	E2	F2
	A3	B3	C3	D3	E3	F3
	A4	B4	C4	D4		F4
	A5	B5	C5	D5		
	A6		C6			
	A7					

根据产品组合的四种尺度，企业可以采取不同的发展业务。

（1）扩大产品组合的宽度：扩展企业的经营领域、实行多元化经营，分散企业的经营风险。

（2）增加产品组合的长度：使产品线更加丰满，更多地满足市场的需求。

（3）加强产品组合的深度：占领同类产品更多的细分市场，更广泛地满足产品的市场需求。

（4）加强产品组合的一致性：使企业在某特定市场领域内加强竞争力，赢得更好的声誉。

3. 优化产品组合分析

产品组合状况经常直接关系到企业的销售额、市场占有率和利润水平。企业要经常对

产品组合进行分析、评估和调整，力求保持最佳的产品组合。优化产品组合包括两个重要步骤。

（1）产品项目销售额和利润分析。即分析、评价现行产品线上不同产品项目所提供的销售额和利润水平。

（2）产品项目市场地位分析。即将产品线中各产品项目与竞争者的同类产品作对比、分析，全面衡量各产品项目的市场地位。

四、产品组合决策

企业在调整和优化产品组合时，依据情况的不同，可选择如下策略。

1. 扩大产品组合策略

扩大产品组合即增加产品组合的宽度和深度，也就是增加产品线或产品项目，扩展经营范围，生产经营更多的产品以满足市场需要。其中，前者是在原产品组合中增加产品线，扩大经营范围；后者是在原产品线内增加新的产品项目。例如，鄂尔多斯羊绒集团为增强产品竞争力，提高经济效益，引进日本、意大利等国先进设备，增加了羊绒大衣、围巾、衬衫、披巾等产品线（宽度）；在增加了产品宽度的同时，也增加了产品项目总数（长度），有不同规格、色泽、款式等；又开发出绒+棉、绒+麻、绒+丝、绒+纤等系列。

2. 缩减产品组合策略

在市场状况和企业经营模式比较好的时期，较长或者较宽的产品组合会给企业带来更多赢利的机会。但是，在市场不景气、供应有问题、经营有障碍的时候，缩减产品线，即取消一些产品线或产品项目，集中力量生产经营一个系列的产品或少数产品项目，实行高度专业化，反而可以因为剔除获利小或者亏损的产品项目，使得总利润上升。

（1）缩减产品线，只生产经营某一个或少数几个产品系列。

（2）缩减产品项目，取消一些低利产品，尽量生产利润较高的少数品种、规格的产品。

3. 产品线延伸策略

产品线延伸策略是指突破原有经营档次的范围，全部或者部分的改变企业原有的市场定位。包括向上延伸、向下延伸和双向延伸三种方式。

（1）向下延伸：是在高档产品线中增加低档产品项目。

例如，五粮液→五粮醇→五粮春→金六福→京酒等。

（2）向上延伸：是在原有产品线内增加高档产品项目。高档产品畅销，利润率高，又能使企业提高档次，并成为生产种类全面的企业。

（3）双向延伸：生产中档产品的企业在取得市场优势后同时向产品线的上下两个方向延伸。

4. 产品线现代化策略

有时产品线的长度虽然适当，但是产品还是停留在多年前的水平上，这就需要更新产品，实现产品线的现代化，跟上市场前进的步伐。产品线的现代化可采取两种方式：一是逐项更新；二是全面更新。

5. 产品线特色策略

产品线特色策略就是在每条产品线中推出一个或几个有特色的产品项目，以吸引顾客，适应不同细分市场的需要。一般是推出低档与最高档的产品来形成自己的特色。

知识拓展

产品的组合状况直接关系到企业的销售额和利润水平。企业在进行产品组合和产品优化时，必须对企业现有的产品组合状况进行系统的整理、分析、评价，再决定加强、剔除某些产品或者产品项目。

第二节　产品生命周期分析

一、产品市场生命周期的概念

产品市场生命周期与产品的使用寿命、技术寿命的概念是不同的，市场营销学所研究的是产品市场生命周期。

产品市场生命周期，是指产品从投放市场到被淘汰出市场的全过程；是指产品在市场上的存在时间，其长短受消费者需求变化，产品更新换代的速度等多种因素的影响。典型的产品生命周期过程，从导入期开始，经过成长期、成熟期，最后是走向衰落期，如图 6.2 所示。

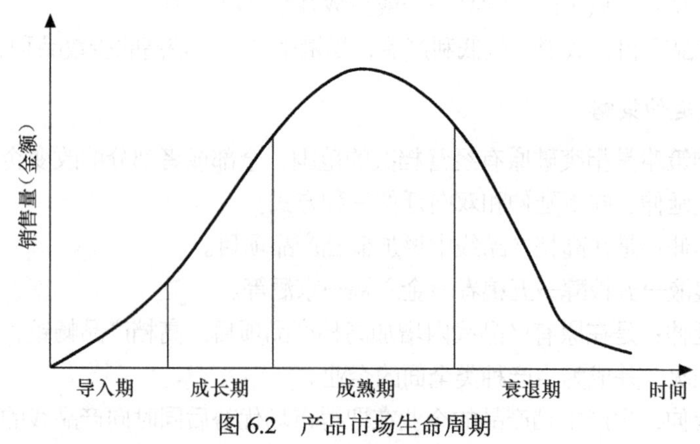

图 6.2　产品市场生命周期

由上图可见，典型的产品市场生命周期包括四个阶段，即导入期，成长期，成熟期和衰退期。

事实上，各种产品生命周期的曲线形状是有差异的。有的产品一进入市场就快速成长，迅速跳过导入期；有的产品则可能越过成长期而直接进入成熟期；还有的产品可能经历了成熟期以后，进入第二个快速成长期。

产品生命周期与产品定义的范围有直接关系。产品定义范围不同，所表现出来的生命周期曲线形状就不同。根据定义范围的大小，可分为种类、形式和品牌三种。产品种类是指具有相同功能及用途的所有产品。产品形式是指同一类产品中，辅助功能、用途或实体销售有差别的不同产品。而产品品牌则是指企业生产与销售的特定产品。产品种类的生命周期要比产品形式、产品品牌长，有些产品种类生命周期中的成熟期可能无限延续。

二、产品市场生命周期各阶段的特点和策略

1. 导入期的特点及策略

导入期，又称引入期、介绍期、试销期，一般指产品从发明、投产到投入市场试销的阶段。其主要特点如下。

（1）生产批量小，试制费用大，制造成本高。

（2）由于消费者对产品不熟悉，广告、促销费较高。

（3）产品售价常常偏高。这是由于生产量小，成本高，广告、促销费较高所致。

（4）销售量增长缓慢，利润少，甚至发生亏损。

对进入介绍期的产品，企业总的策略思想应该是迅速扩大销售量，提高赢利，缩短介绍期，尽量更快地进入成长期。重点是通过促销活动向消费者宣传介绍产品的性能、用途、质量，使消费者尝试使用新产品；在价格上可采取低价渗透以及高价掠取来占领市场。

根据市场具体情况，把促销与价格结合运用，可选择以下相应的策略。

（1）快速掠取策略。指以高价格和高促销水平推出新产品的策略。其适应条件是：市场上有较大的需求潜力；目标顾客具有求新心理，急于购买新产品，并愿意为此付出高价；企业面临潜在竞争者威胁，需要及早树立名牌。

（2）缓慢掠取策略。指以高价格和低促销水平推出新产品的策略。其适应条件是：市场规模相对较小，竞争威胁不大；大多数消费者对高价不敏感。

（3）快速渗透策略。指用低价格和高促销水平推出新产品的策略。其适应条件是：产品市场容量很大，消费者对产品不了解；消费者对价格不敏感；产品的单位成本可随产量和销量的扩大而迅速下降。

（4）缓慢渗透策略。指用低价格和低促销水平推出新产品的策略。其适应条件是：市场容量大，消费者已了解产品；消费者对价格不敏感；存在潜在竞争者。

2. 成长期的特点及策略

成长期又称畅销期。指产品通过试销阶段以后，转入成批生产和扩大市场销售的阶段。其主要特征如下。

（1）销售额迅速增长；

（2）生产成本大幅度下降，产品设计和工艺定型，可以大批量生产；

（3）利润迅速增长；

（4）由于同类产品、仿制品和代用品开始出现，使市场竞争日趋激烈。

产品进入该时期，其销售额和利润都呈现出迅速增长的势头，故企业的策略是尽可能延长成长期时间，并保持旺销的活力，其主要策略有以下几方面。

（1）为适应市场需求，集中企业必要的人、财、物资源，改进和完善生产工艺，改进产品质量，增加花色品种，扩大产品批量；

（2）进一步细分市场，扩大目标市场；

（3）改变广告宣传目标，由导入期提高知名度为中心转为树立企业和产品形象，为产品争创名牌；

（4）建立高绩效的分销渠道体系。

3. 成熟期的特点及策略

成熟期又称饱和期，产品在市场上的销售已经达到饱和状态的阶段。其主要特征如下。

（1）销售额虽然仍在增长，但速度趋于缓慢；

（2）市场需求趋向饱和，销售量和利润达到最高点，后期两者增长缓慢，甚至趋于零或负增长；

（3）竞争最为激烈。

产品进入该时期，销售额和利润出现最高点。由于生产能力过剩，市场竞争加剧，销售增长速度缓慢甚至出现下降趋势，而此时期企业的营销思想应当是尽量延长产品生命周期，使已处于停滞状态的销售增长率和利润率重新得以回升，其主要策略有以下几种。

（1）市场改革策略，即开发新的目标市场，寻求新顾客。其方式有：① 发展产品的新用途，即不改变产品质量、功能而发掘产品新用途，用于其他领域，从而延长产品的生命周期；② 寻求新市场，相对产品原市场而言，原市场在本地区、本省或本国，则其他地区、外省或外国就是新市场。

（2）产品改革策略，即通过对产品自身作某种改进，来满足消费者的不同需要，从而为消费者寻求新用途，使销量获得回升。可以从产品的特性、质量、式样和附加产品等方面进行改革。

（3）市场营销组合改革策略，即对产品、定价、分销渠道和促销这四个因素加以改革，以刺激销售额的回升，通常做法有：降价，增加广告，改善销售渠道，以及提供更多的售后服务等。

4. 衰退期的特点及策略

衰退期又称滞销期，产品不能适应市场需求，逐步被市场淘汰或更新换代的阶段。其主要特点体现如下。

（1）产品需求量、销售量和利润迅速下降；

（2）新产品进入市场，竞争突出表现为价格竞争，且价格压到极低的水平。

该时期产品的销售和利润直线下降，企业的主要策略有以下几种。

（1）立刻改革策略。对于企业已准备好替代的新产品，或者该产品的资金可能迅速转移，或者该产品的存在危害其他有发展前途的产品，应当机立断，放弃经营。

（2）逐步放弃策略。如果企业立即放弃该产品将会造成更大损失，则应采取逐步放弃的策略。

（3）自然淘汰策略。企业不主动放弃该产品，继续沿用以往营销策略，保持原有的目标市场销售渠道，直到产品完全退出市场为止。

（4）集中策略。可以采用把企业人、财、物集中到最有利的细分市场获取利润的集中策略。

总之，如何放弃衰退期产品是企业最难作出决策的问题，首先必须能正确判断产品是否已进入衰退期；其次选择淘汰产品的最佳方式。而解决好这些问题的基础就是有健全的商情分析制度和确切的市场信息资料。

综上所述，产品在生命周期的不同阶段所具有的特点不同，企业应采取的营销策略也不同，具体见表6.2。

表6.2 产品生命周期各阶段特征

	导入期	成长期	成熟期	衰退期
销售量	低	剧增	最大	衰退
销售速度	缓慢	快速	减慢	负增长
成本	高	一般	低	回升
价格	高	回落	稳定	回升
利润	亏损	提升	最大	减少
顾客	创新者	早期使用者	中间多数	落伍者
竞争	很少	增多	稳中有降	减少
营销目标	建立知名度，鼓励试用	最大限度地占有市场	保护市场，争取最大利润	压缩开支，榨取最后价值

第三节 产品包装及品牌

一、产品的包装

（一）包装的含义

美国包装协会对包装的定义是：将物品从供应者送到消费者或者顾客手中，而能保护物品完好状态的工具。根据国标《包装通用术语》定义，商品包装是指在流通过程中保护商品，方便运输，促进销售，按一定的技术方法而采用的容器、材料及辅助物品等的总体名称。也指为了上述目的而在采用容器、材料和辅助物的过程中施加一定技术方法的操作活动。

理解商品包装的含义，包括两方面意思：一方面是指盛装商品的容器，通常称作包装物，如箱、袋、筐、桶、瓶等；另一方面是指包扎商品的过程，如装箱、打包等。简言之，包装就是包装物及包装操作的总称。

（二）包装的特性

商品包装具有从属性、商品性等特性。包装是其内装物的附属品；商品包装是附属于内装商品的特殊商品，具有价值和使用价值；同时又是实现内装商品价值和使用价值的重要手段。

（三）包装的分类

商品包装种类繁多，常见的商品包装的分类和包装种类如下。

1. 按商业经营习惯分类

（1）内销包装：是在国内销售的商品所采用的包装，具有简单、经济、实用的特点。

（2）出口包装：是为了适应商品在国外的销售，针对商品的国际长途运输所采用的包装。在保护性、装饰性、竞争性、适应性上要求更高。

（3）特殊包装：是为工艺品、美术品、文物、精密贵重仪器、军需品等所采用的包装，一般成本较高。

2. 按流通领域中的环节分类

（1）小包装：是直接接触商品，与商品同时装配出厂，构成商品组成部分的包装。商品的小包装上多有图案或文字标识，具有保护商品、方便销售、指导消费的作用。

（2）中包装：是商品的内层包装，通称为商品销售包装。多为具有一定形状的容器等。它具有防止商品受外力挤压、撞击而发生损坏或受外界环境影响而发生受潮、发霉、腐蚀等变化的作用。

（3）外包装：是商品最外部的包装，又称运输包装。多是若干个商品集中的包装。商品的外包装上都有明显的标记。外包装具有保护商品在流通中安全的作用。

3. 按包装在销售中的功能分类

（1）工业包装：工业包装是以运输、保管为主要目的包装，也是从物流需要出发的包装，也被称为运输包装。

（2）销售包装：销售包装作为商品的一部分，在商品的流通过程中直接与消费者见面，也称为商业包装。

通常情况下，工业包装和商品包装有严格的包装区分。但在有些情况下，工业包装同时又是商业包装。例如装水果的纸箱属于工业包装，但水果整箱出售时，该包装也可以是商业包装。

4. 按包装形状和材料分类

以包装材料为分类标志，商品包装可分为纸类、塑料类、玻璃类、金属类、木材类、复合材料类、陶瓷类、纺织品类、其他材料类等包装。

5. 按防护技术方法分类

以包装技法为分类标志，商品包装可分为贴体、透明、托盘、开窗、收缩、提袋、易开、喷雾、蒸煮、真空、充气、防潮、防锈、防霉、防虫、无菌、防震、遮光、礼品、集合包装等。产品包装按其在流通过程中作用的不同，可以分为运输包装和销售包装两种。

（四）包装的作用

包装是商品生产的延续。作为商品的重要组成部分，其营销作用主要表现在：保护商品、便于储运、美化商品、促进销售、增加赢利。

（五）包装设计的原则

包装设计一般应遵循安全，适于运输，美观大方，与商品价值、特点和质量相匹配，尊重消费者信仰和习俗，符合法律规定等原则。

（六）包装策略

符合设计要求的包装固然是良好的包装，但良好的包装只有同科学的包装决策结合起来才能发挥其应有的作用。

通常来讲，可供企业选择的包装策略主要有：类似包装、等级包装、分类包装、配套包装、再使用包装、附赠品包装和更新包装等。

1. 类似包装策略

企业对其生产的产品采用相同的图案、近似的色彩、相同的包装材料和相同的造型进行包装，便于顾客识别出本企业产品。

对于忠实于本企业的顾客，类似包装无疑具有促销的作用，企业还可因此而节省包装的设计、制作费用。但类似包装策略只能适用于质量相同的产品，对于品种差异大、质量水平悬殊的产品则不宜采用。

2. 配套包装策略

按各国消费者的消费习惯，将数量和种类有关联的产品配套包装在一起成套供应，便于消费者购买、使用和携带，同时还可扩大产品的销售。比如：在配套产品中加进某种新产品，可使消费者不知不觉地习惯使用新产品，有利于新产品上市和普及。

3. 附赠包装策略

在商品包装的过程中重视附赠奖券或实物，或包装本身可以换取礼品，吸引顾客，产生重复购买。比如，商场出售牙膏赠送牙刷、冰箱赠送保鲜盒等属于附赠品包装。

附赠品包装策略可使消费者获得意外的惊喜，从而增加产品的销售量。但在具体操作时要谨慎使用该策略，避免因赠品和商品关联性低、成本加大等因素而影响产品的销售。

4. 更新包装策略

更新包装，一方面是通过改进包装使销售不佳的商品重新焕发生机，重新激起人们的购买欲；另一方面是通过改进，使商品顺应市场变化。有些产品要改进质量比较困难，但是如果几年一贯制，总是老面孔，消费者又会感到厌倦。经常变一变包装，给人带来一种新鲜感，有可能增加销量。

5. 复用包装策略

复用是指包装再利用的价值，它根据目的和用途基本上可以分为两大类：一类是从回收再利用的角度来讲，如产品储运周转箱、啤酒瓶、饮料瓶等，复用可以大幅降低包装成本，便于商品周转，有利于减少环境污染。另一类是从消费者角度来讲，商品使用后，其包装还可以有其他用途，以达到变废为宝的目的，而且包装上的企业标识还可以起到继续宣传的效果。这就要求在包装设计时，考虑到再利用的特点，以保证再利用的可能性和方便性。如瓷制的酒瓶在饮酒完后还可以当做花瓶。再如用手枪、熊猫、小猴等造型的塑料容器来包装糖果，糖果吃完后，其包装还可以作玩具。

6. 绿色包装策略

随着消费者环保意识的增强，绿色环保成为社会发展的主题。伴随着绿色产业、绿色消费而出现的绿色概念营销方式成为企业经营的主流。因此在包装设计时，选择可重复利用或可再生、易回收处理、对环境无污染的包装材料，容易赢得消费者的好感与认同，也有利于环境保护，以及与国际包装技术标准接轨，从而为企业的发展带来良好的前景。如用纸质包装替代塑料袋装，羊毛材质衣物中夹放轻柔垫纸来取代硬质衬板，既美化了包装，又顺应了发展潮流，一举两得。

7. 等级式包装策略

等级式包装策略是指为了区别不同产品的不同质量，按其质量等级采用相应包装。这是一种常用的包装策略，其目的让消费者产生便宜、节约的心理感觉。

8. 个性化包装策略

个性化包装追求包装造型、色彩、图案的个性化，通过包装的造型、色彩等赋予一定的象征意义，并满足消费者的个性需求。

9. 年龄式包装策略

年龄式包装策略即按年龄段设计相应的包装，亦即产品包装采用适合消费者相应年龄的造型、图案、色彩等，其目的在于满足不同年龄消费者的需要。

10. 性别式包装策略

性别式包装策略即按性别不同，采用与性别相适应的包装。男性用品包装追求潇洒、质朴，女性用品包装崇尚温馨、秀丽、新颖、典雅，其目的在于满足不同性别消费者的需要。

11. 礼品式包装策略

这种包装策略是指包装华丽，富有欢乐色彩，包装物上常冠以“福”、“禄”、“寿”、“喜”、“如意”等字样及问候语，其目的在于增添节日气氛，满足人们交往、礼仪之需要，借物寓情，以情达意。

二、商标与品牌

（一）商标

1. 商标的定义

商标是识别某商品、服务或与其相关的具体个人或企业的显著标志。图形®常用来表示某个商标经过注册，并受法律保护。商标的起源可追溯至古代，当时工匠将其签字或“标记”印制在其艺术品或实用产品上。这些标记演变成为今天的商标注册和保护制度。这一制度帮助消费者识别和购买某产品或服务，因为商标所标示的该产品或服务的性质和质量符合他们的需求。通常来讲，企业在政府有关主管部门注册登记以后，就享有使用某个品牌名称和品牌标志的专用权，这个品牌名称和品牌标志受到法律保护，其他任何企业都不得仿效使用。因此，商标实质上是一个法律名词，是指已获得专用权并受法律保护的一个品牌或一个品牌的一部分。

2. 商标的特征

商标作为区别产品的标志，通常具有以下特征。

（1）显著性。商标为区别于他人商品或服务的标志，具有特别显著的区别功能，从而便于消费者识别。

（2）可视性。商标是由文字、图形、字母、数字、三维标志和颜色组合，以及上述要素组合的可视性标志。

（3）依附性。商标是用于商品或服务上的标记，与商品或服务不能分离，并依附于商品或服务。

（4）独占性。注册商标所有人对其商标具有专用权，到法律的保护，未经商标权所有人的许可，任何人不得擅自使用与该注册商标相同或相类似的商标， 否则，即构成侵犯商标专用权，将承担相应的法律责任。

（5）价值性。商标代表商标所有人的质量、信誉、形象，商标所有人通过商标的创意、设计、申请注册、广告宣传及使用，使商标具有了价值，也增加了商品的附加值。商标的价值可以通过评估确定。商标可以有偿转让，经商标所有权人同意，许可他人使用。

（6）竞争性。商标是商品信息的载体，是参与市场竞争的工具。生产经营者的竞争就是商品或服务质量与信誉的竞争，其表现形式就是商标知名度的竞争，商标知名度越高，其商品或服务的竞争力就越强。

3. 商标的分类

随着商品经济的发展，商品的品种越来越多，商标的使用也越来越广泛，因而对商标种类的划分标准和角度也是多种多样的。商标可以划分为以下几个种类。

（1）根据商标的结构分类，可划分为文字商标、记号商标、图形商标、组合商标。

（2）根据商标的功能和用途来分类，可划分为商品商标和服务商标。

（3）根据商标的使用目的来分类，可划分为联合商标、防御商标、证明商标和集体商标。

（4）根据商标的管理来分类，可划分为注册商标和未注册商标。

（5）根据商标的使用状况来分类，可划分为使用商标和备用商标。

（6）根据商标的寓意来分类，可划分为有含义商标和无含义商标。

（7）根据商标的市场信誉程度来分类，可划分为普通商标和驰名商标。

（8）根据商标的载体分类，可划分为平面商标、立体商标、声音商标、气味商标等。

4. 商标的作用

商标在不同性质的社会中所起的作用有所不同，但是排除社会的政治、经济因素对商标的影响外，商标一般都具有以下几方面的作用。

（1）区别同类商品的不同生产者和经营者。在现代商品市场上，同一商品有成千上万的生产厂家。因此，消费者如果熟悉了商品的商标，也就知道是哪家企业生产的商品。这就如同一个人的脸代表一个人一样，商标作为商品的脸面，成为某一企业特定商品的象征，代表商品的信誉，同时直接关系对商品生产者和经营者的评价。企业也因为有自己独特的商标而显示出自己的与众不同，进而使整个市场呈现出内在的活力。

（2）区别不同生产者所生产商品的质量。消费者无疑是根据商品的商标信誉去选择自己所需要的商品，而商标信誉同商品质量是紧密联系在一起的。从这个意义上说，商标是代表商品一定质量的标志，企业使用商标，就等于在商品质量保证书上签了字，商品出了问题，消费者可以依其商标找到生产厂家，从而加强了消费者对企业的监督，有利于增强企业责任心，保证和提高商品质量，努力争创名牌。

（3）便于消费者区别产品。由于商品品种繁多，商品的质量、等级、规格、花色、特点等各不相同，如果商品没有商标供人们认识、区分商品，市场局面会十分混乱，消费者也将在五花八门的各色商品面前无法辨识自己需要的产品。企业用商标把它们区分开来，会便于消费者根据商标去识别商品、认牌购货，这在节约消费者购物时间、增强消费者的购物信心、引导消费者购物取向的同时，使商标成为联系消费者和生产者之间的纽带。

（4）有利于宣传和美化商品。商标作为一种标志体现了商品的质量和信誉，自然也就成了商品广告非常有效的手段。利用商标宣传商品，言简意赅、醒目突出、便于记忆，能够增强广告效果，给消费者留下深刻印象。商标在宣传商品的同时，在很大程度上起到了美化商品的作用，设计美观的商标等于给商品穿上了漂亮的外衣，可以增加商品的美感，提高商品的身价，扩大商品的销路。值得注意的是商品最重要的还是质量，只有在质量过硬的前提下，把商标设计得美观一些，才能真正增强竞争能力，相反，如果商品质量差，就是把商标设计得再美，也是无济于事的。

（5）有利于开展国际贸易。进入21世纪以来，我国对外贸易有了很大发展，商标的作用也越来越显著。在国际贸易中，商标是极为重要的，国际间的贸易离不开商标，尤其是对西方国家的贸易。在出口商品上使用商标，并及时在外国进行商标注册以得到对商标的法律保护，这对维护商品在当地的合法权益，扩大出口，有着重要作用。同时，商标还标志着出口商品的技术水平，表明商品的质量，代表国家的生产水平和信誉，能起到促进外贸的作用。

（6）有利于开展正当竞争。商标是商品信誉好坏的标志。商标信誉在市场竞争中至关重要，一个有信誉的商标，对于提高商品竞争力，打开商品销路都起着十分重要的作用。商品在市场上接受社会检验和监督，与同类产品展开品种、质量、价格等多种因素的竞争，而这些信息则是通过商标这一桥梁传递给消费者的，所以，企业在市场上的公正竞争，必须借助商标。

总之，商标是促进生产，繁荣市场，参加国际间市场竞争，维护生产者和消费者利益的一个有力工具。

5. 商标的注册

商标可以是文字、字母和数字或它们的组合。构成商标的可以是图形、颜色、符号、立体标记（例如商品的形状和包装）、有声标志（例如音乐或声音），也可以是香味或具区别特征的颜色。

商标在注册时，首先必须向适当的国家或地区商标局提交商标注册申请书，该申请书中必须包括申请注册的标志的清晰图样，包括任何颜色、形状或立体特征等内容。再者，所申请注册的商标不得与已经授予另一商标注册人专有权的商标相同或相似。这一点可以通过商标局的检索和审查，或根据提出相似或相同权利主张的第三方所提出的异议，予以确定。

世界上几乎所有国家均对商标进行注册并加以保护。每一个国家或地区商标局均有商标注册管理系统，其中保存有关于所有注册和续展的全部申请资料，为审查、检索和可能有第三方提出异议提供了便利，但商标注册的效力仅限于所涉及的一个国家或地区（或属于区域性组织的几个国家或地区）。

（二）品牌的特征和分类

市场营销专家菲利普·科特勒博士认为品牌是一种名称、术语、标记、符号或图案，或是它们的相互组合，用以识别企业提供给某个或某群消费者的产品或服务，并与竞争对手的产品或服务相区别。

1. 品牌的特征

品牌资产作为企业财产的重要组成部分，具有以下特征。

（1）无形性。品牌资产与厂房、设备等有形资产不同，它不能使人通过感觉器官直接感受到它的存在与大小。所以品牌资产是一种无形资产。这种无形性，一方面增加了人们对其直接把握的难度（这也是我国部分企业不重视品牌资产的原因）。另一方面决定了其所有权获得与转移也与有形资产存在差异。有形资产通过市场交换的方式取得所有权，而品牌资产通过品牌或商标的使用者申请注册，由法定注册机关予以确立。

（2）在利用中价值会波动。就有形资产而言，投资就会增加资产存量，利用则会减少资产存量。但品牌作为一种无形资产，其投资与利用往往交织在一起，由于品牌的知名度、联想度、消费者忠诚度和品牌形象不是一开始就形成的，而是品牌经营者长期经营的结果。如果经营得法，其资产就会上升，否则就会下降。所以品牌资产会随着品牌经营状况而波动。

（3）价值难以准确计量。品牌资产的计量与有形资产的计量相比，难度较大，甚至无法准确计量。其原因是：一方面是由品牌资产构成的特殊性决定的。品牌资产需要通过消费者对品牌的认知度、联想度、忠诚度和品牌本身的品质形象来透视，而这些因素又是相互联系、影响，彼此交错的，难以截然分开；另一方面，反映品牌资产的品牌获利性受多种因素的影响，这也增加了计量的难度。

（4）评价营销绩效的指标。由于品牌反映了企业与消费者的关系，所以企业要开展积极的市场营销活动，履行企业对消费者的承诺。所以品牌资产的高低反映了企业市场营销的总体水平，是评价营销绩效的重要指标。

2. 品牌的分类

品牌可以依据不同的标准划分为不同的种类。

（1）根据品牌的知名度和辐射区域，可以将品牌分为地区品牌、国内品牌、国际品牌。

（2）根据产品生产经营的所属环节，分为制造商品牌和经营商品牌。制造商品牌是制造商为自己生产制造的产品设计的品牌，比如康佳、海信、创维等；经销商品牌是经销商根据自身的需求，对市场的了解，结合企业发展需要创立的品牌，如沃尔玛、王府井百货等。

（3）根据品牌的生命周期长短划分，可以分为短期品牌、长期品牌。短期品牌是指产品的生命周期持续较短的品牌；长期品牌是指品牌生命周期随着产品生命周期的更替，仍能经久不衰的品牌，例如历史上的老字号：同仁堂、全聚德等，也有些是国际上长久发展起来的世界知名品牌，如可口可乐等。

（4）根据行业可将品牌划分为家电业品牌，食用饮料业品牌、日用化工业品牌、汽车机械业品牌、商业品牌、服务业品牌、网络信息业品牌等几大类。

（5）根据品牌的本体特征划分，又可将品牌划分为个人品牌、企业品牌、城市品牌、国家品牌、国际品牌等。

（三）品牌的作用

在现代经济生活中，品牌对于消费者、生产者和社会都有多方面的积极作用。

1. 对于消费者的作用

方便购买。顾客购买时知道销售者是谁，谁对产品负责，因此不必花费精力去检查和估价，从而简化和方便了他们的购买活动。

（1）保护消费者合法权益。一定的品牌或商标往往和一定的产品质量相联系，从而联系到购买者的权益。产品质量好，品牌或商标在市场上知名度、美誉度高，购买者的权益可以得到保护；产品质量差，出现质量问题，购买者权益受到损害，品牌和商标的所有者就要予以赔偿。所以，品牌和商标一方面让消费者更好地监督企业产品的质量，另一方面又促使企业提高质量，创名牌产品，从而使消费者合法权益得到保护。

（2）有利于满足心理需要。有些顾客在购买产品时，不仅关心产品的理化特性、内在质量，更关心其象征性价值，因而对产品的品牌看得很重。当他们获得他们认可的品牌的产品时，他们会由衷地感到满意。

2. 对于生产者的作用

（1）认知功能。品牌可以在广告、公关宣传、销售促进活动中使本企业的产品与竞争者的产品相区别，被消费者认知、记忆、使之认牌购买。因此在企业的市场营销中，一个简单、清晰、鲜明、独特的品牌形象对产品品牌的树立和培养就显得尤为重要。

（2）保护功能。经过注册的商标、品牌享有专用权，可以有效防止其他企业的侵权行为。一旦出现模仿、抄袭或假冒现象则视为非法商业行为，将受到法律制裁，从而使企业的正当权益得以维护。

（3）促销功能。生活中我们能体验到名牌产品的销售要远远好于一般产品。这是因为品牌是产品特性的标志，尤其是目前功能、价格接近的同类产品越来越多，面对众多选择，消费者也越来越多地凭品牌购买。名牌商标，如海尔，代表的就是“高质量、优质服务和良好的信誉”，因而受到消费者的认可和喜爱，在我国家电市场独领风骚。

（4）财富创造能力。品牌以质量取胜，品牌常附有文化、情感内涵，所以品牌给产品增加了附加值，企业可以为品牌产品制定相对较高的价格，获得较高的利润。品牌中的知名品牌在这一方面表现最为突出，如海尔家电，其价格一般比同等产品高；耐克运动鞋，比同等的李宁运动鞋、安踏运动鞋高出几百元。同时在市场经济环境下，商标的所有权和使用权可以买卖转让，这也可以为企业带来一定的利益。比如海尔在兼并其他企业的过程中就多次以商标、品牌这个无形资产参股，通过商标授权进行市场扩张。另外，品牌依据市场知名度的高低和获利能力的大小，本身也具有不同的价值。比如英国品牌价值咨询公司 BrandFinance 发布的 2010 年全球最有价值 500 品牌排行榜显示，排名第一的沃尔玛公司，品牌价值由 2009 年的 406.16 亿美元升至 2010 年的 413.65 亿美元；中国移动位居第 23 位，品牌价值 186.73 亿美元。

3. 对于社会的作用

（1）促进产品质量不断提高。由于购买者可以按品牌购买产品，生产者不能不关心品牌的声誉。这将促使企业重视产品质量，从而使全社会的产品质量水平得到不断的提高和改善。

（2）强化社会的创新精神。品牌形象的建立过程，实际上是个创新的过程。企业只有不断进行创新活动，才能不断向市场推出新品牌，或巩固老品牌的地位，从而使市场上的产品丰富多彩，日新月异。

（3）加速商品流通，促进社会再生产。品牌或商标可提高买卖活动的效率，从而起到加速商品流通，促进社会再生产的作用。

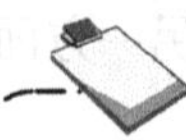

知识拓展

品牌是企业最重要的无形资产，可是品牌究竟有没有价值？怎样把品牌价值从其他价值中分离出来，一直是令人困扰的问题。首先要弄清楚的是品牌价值究竟如何确定。

1. 品牌是产品品质的延伸

我们已经无法单纯地用工厂的制造水平及产品的整体合格率来评判一件商品的优劣，品牌作为产品品质的延伸已经得到了消费者的认同。在购买一件商品时，如果这个商品的品牌尚没有形成力量，不能对消费者快速作出购买决定起主导作用，我们可以视为此商品仍停留在较低层面的经营格局，将来的着重点是如何提高品牌认知度和满意度，使商品由较低级的质量竞争过渡到品牌竞争层面。因此品牌对于商品消费价值体现起到了重要作用，品牌蕴涵着消费者的利益。

2. 品牌可以暗示顾客进行自我归属

消费者在对品牌进行选择时已经受到了来自品牌的暗示，自发进行了自我归属。有身份的人坐奔驰 600，即使他本身没有丝毫品位可言，但他的自我定位却是“自己高高在上，有品位，卓然出众”。这就是品牌的核心价值所在，它可以暗示消费者对自己进行层次归属，品牌的深层次价值就是它可以拔高消费者的层次，或者让消费者产生一种品牌价值联想——如果他消费了某某品牌，他就置身于这个圈子了。

3. 品牌的经济价值

一个强势品牌通常是具有经济价值的，可以变现，可以入股，可以被拍卖。可口可乐作为强势品牌，其品牌价值数百亿美元，这就是品牌的传播性赋予品牌的经济价值。

品牌资产是一种超越商品或服务本身利益以外的价值。它通常通过为消费者和企业提供附加利益来体现，并与某一特定的品牌联系在一起。若某种品牌能给消费者提供的超过商品或服务本身以外的附加利益越多，则该品牌对消费者的吸引力越大，因而品牌资产价值越高。如果该品牌的名称或标志发生变更，则附着在该品牌上的资产价值将全部或部分丧失。品牌给企业带来的附加利益最终源自对消费者的吸引力和感召力，即品牌的知名度、认知度、联想度、消费者忠诚度和品牌形象。

本章小结

企业营销活动是以满足消费者需求为中心的，而市场需求的满足只能通过企业向消费者提供合适的产品和服务来实现。本章首先介绍了产品的传统定义和产品的整体概念，并在给出不同角度产品分类的基础上，分析了企业不同产品组合策略和营销组合策略；其次根据产品从投入市场到被市场淘汰出局体现的导入期、成长期、成熟期和衰退期四个阶段，分析了各阶段在销售量、成本、利润、价格、顾客、竞争情况等各方面的特征，并给出了企业在各阶段的营销策略。最后就产品的包装、商标和品牌的定义，特征及分类进行了分析。

知识巩固

一、名词解释

产品　产品生命周期　包装　品牌　商标

二、判断题

1. 价格、分销和促销等必须以产品为基础进行决策。(　　)
2. 核心产品必须具有满足需求的基本效用或利益。(　　)
3. 即便内在质量符合标准的产品，倘若没有完善的服务，实际上是不合格产品。(　　)
4. 产品生命周期的长短，主要取决于企业的人才、资金、技术等实力。(　　)
5. 产品品牌的生命周期比产品品种的生命周期短。(　　)
6. 产品处于衰退期时，企业承担的市场风险最大。(　　)
7. 企业产品进入成熟期，销售额达到最高值，显然利润率最大。(　　)
8. 产品生命周期不同阶段的市场特点与新产品市场扩散过程密切相关。(　　)
9. 包装是商品生产的终结。(　　)
10. 品牌资产常常在利用中增值。(　　)

三、选择题

1. 产品由（　　）组成。
   A. 实体　B. 商品　C. 服务　D. 价格
2. 产品的层次包括（　　）。
   A. 核心产品　B. 有形产品　C. 附加产品　D. 期望产品
   E. 潜在产品
3. 产品延伸策略通常包括（　　）。
   A. 向上延伸策略　B. 向下延伸策略
   C. 向内延伸策略　D. 双向延伸策略
4. 包装的作用包括（　　）等。
   A. 保护商品　B. 便于储运　C. 美化商品　D. 促进销售
   E. 增加赢利
5. 品牌的作用可以从以下几个角度来理解（　　）。
   A. 从消费者的角度　B. 从企业的角度
   C. 从中间商的角度　D. 从社会的角度

四、填空题

1. 产品按用途划分，可划分为________和________两大类。
2. 产品组合通常包括四个衡量变量，即________、________、________和________。
3. 产品的市场生命周期包括________、________、________、________。
4. 商品包装的含义包括两方面意思：一方面是________；另一方面是指________。
5. 商标是识别某商品、服务或与其相关的具体________或________的显著标志。
6. 市场营销专家菲利普·科特勒博士认为品牌是一种________、________、________、________或________，或是它们的相互组合，用以识别企业提供给某个或某群消费者的产品或服务，并与竞争对手的产品或服务相区别。

五、思考题

1. 产品整体概念的营销意义是什么？
2. 产品生命周期各个阶段的特点、营销策略有哪些？
3. 包装的作用有哪些？
4. 以某一品牌为例，试分析品牌对企业的重要性。

案例分析

每年，露华浓公司都要销售价值10多亿美元的化妆品、护肤品和香水给全世界的消费者。公司各种成功的香水产品使露华浓在总量为40亿美元的香水市场中的大众价格细分市场上位居第一。从某种意义上说，露华浓的香水只不过是很好闻的油和化学品的精心混合物。但是，露华浓知道出售香水永远不只是出售香水本身；它出售的是芳香的气味给使用香水的妇女带来的魅力。

当然，香水的香味决定了它的成功或失败。香水营销商一致同意："没有香味就没有销路。"许多新的香型都是由"制香专家"在精选的"芳香屋"中研制出来的。香水从芳香屋中发运时装在丑陋的大圆桶里——简直就不是我们想象的那样！尽管180美元一盎司的香水可能其生产成本只需10美元，但是对香水消费者来说，这可不仅仅是只值几个美元的配料和好闻的香味。

配料和香味以外的许多因素增加了香水的魅力。事实上，在露华浓设计一种新香水时，香味或许是最后开发的部分。露华浓首先调查与妇女不断变化的价值观、理想和生活方式相适应的新香水概念。当露华浓找到一种有前途的新概念之后，就创造和命名某种香味使其与该构思相一致。露华浓在20世纪70年代初的调查表明，当时的妇女比男人更具竞争力，她们在努力寻求个性。针对这些新女性，露华浓开发了"查利"（Charlie）——第一种"生活方式"香水，成千上万的妇女把"查利"当作是勇敢的独立宣言，因此它很快成为世界最畅销的香水。

到了20世纪70年代末，露华浓的调查发现妇女的态度正在转变——"妇女已取得了平等，这正是'查利'要表明的。现在，妇女正渴望体现一种女人味。"使用"查利"香水的女孩们已长大成人，她们现在想要令人难以幻想的香水。因此，露华浓巧妙地稍微改变了一下“查利”的市场定位：该香水仍然是“独立生活方式”的宣言，但同时又加上了一点“女人味和浪漫”的情形。露华浓研制了一种针对 20 世纪 80 年代妇女的香水：琼秀（Jontue）。该香水的市场定位以浪漫为主题。

露华浓继续精心改进“查利”的市场定位，在 20 世纪 90 年代，公司的目标市场是“全都能做，但是又清楚地知道自己想干什么”的妇女。通过不断调整但又很精妙的市场重新定位，目前，“查利”仍然是大众市场最畅销的香水。

香水的名字是产品的重要特征之一，露华浓利用名字，如查利，鸢尾琼秀（Fleur de Jontue），西亚拉（Ciara），坏蛋（Scoundrel），猜（Guess）和永难忘怀（Unforgettable）等来塑造能够支持每种香水市场定位的形象。公司推出的香水产品中有一款叫“雅奇”（Ajee），意思是“女人的力量”，针对美国黑人妇女市场。其他竞争者的香水名字有：着迷（Obsession），激情（Passion），不受禁止（Uninhibited），野心（Wildheart），鸦片（Opium），快乐（Joy），美丽（Beautiful），白色亚麻（White Linen），晨露（Youth Dew），永恒（Eternity）等。这些名字都说明香水带给你的不仅仅是好闻的香气。奥斯卡•德•拉•丽塔（Oscar de la Renta）公司的“波纹”（Ruffles）香水，开始时只作为一个名字出现，选择它是因为它创造了一个异想天开、年轻、有魅力和女人味十足的形象，而所有这些又都适合于年轻、时髦女人这个目标市场。在确定了香水名字和市场定位之后，公司才选择了一种与该名字和定位匹配的香味。

露华浓还必须仔细地包装香水。对消费者来说，瓶子和包装盒是香水及其形象的最真实象征。香水瓶应该感觉舒服，容易使用，放在商店里展示时能给人以深刻的印象。但最重要的是，它们必须支持香水概念和形象。

因此，当一位女性消费者购买香水的时候，她买的远远不只是一些芳香的液体。香水的形象，允诺、香味、名字和包装，以及它的制造公司和销售商店，所有这些都已成为整个香水产品的一部分。所以，当露华浓出售香水的时候，它出售的不仅仅是一种有形的产品，它同时也在出售香水所代表的生活方式：自我表现和别具一格；成就，成功和地位；温柔，浪漫，激情和幻想；回忆，希望和梦想。

案例思考

1. 请具体分析案例中企业为什么要不断修改产品定位？
2. 请具体分析案例中企业设计包装和品牌的方法。

实训项目

一、任务实例描述

在超市选取某类产品，对不同产品的整体概念、生命周期、包装和品牌进行比较分析。

二、完成任务实例的操作过程

（1）在超市选取某类产品。

（2）分析产品的整体概念和产品组合。

（3）分析产品的生命周期。

（4）分析产品的包装特点。

（5）就不同品牌的产品进行品牌价值分析。

（6）形成书面报告。

第七章 价格策略

总体目标

1. 熟悉定价的影响因素。
2. 掌握定价的一般定价方法、基本策略。
3. 熟悉价格变动反应及价格调整原理。

案例点评

2003 年 9 月 11 日，金山公司在广州宣布发动为期 50 天的“蓝色安全革命”，从 9 月 21 日起将“金山毒霸”2003 版 199 元和“金山网镖”2003 版 129 元的售价均降至 50 元。在此之前，国内主流杀毒软件产品的价格一直在 200 元左右。金山的大幅降价在业界激起强烈反应，各大网络媒体在第一时间报道了这次降价事件，并进行了跟踪报道和深度报道。

金山的降价犹如一石激起千层浪，众多软件厂商纷纷起来应对。交大铭泰首先于 9 月 12 日开始行动；其产品“东方杀毒王”和“东方网盾”，同样打出了 50 元的价格与金山公司的“金山毒霸”和“金山网镖”进行策略对抗。9 月 16 日，江民公司也发动了全国范围内的“剿毒大行动”活动，推出了一套 49 元的 KV3000“杀毒王”特惠版。瑞星公司暗地里将价格悄悄地降至 90 元。

金山公司的价格大战取得了阶段性的成果。2003 年 9 月 11 日当天，卓越网销售了近 500 套金山的产品，9 月 13 日更是达到了创纪录的 5 500 套。9 月 21 日全国首发日，全国总销量直逼 20 000 套大关。9 月 16 日，金山公司收到的全国零售渠道对“金山毒霸”的总订货量已经逼近 20 万套。到 10 月 11 日，金山毒霸 2003 年全国渠道订货突破 20 万套。

金山公司推行的低价策略，在掀起“价格大战”的同时，有效地为其打开了市场，提高了市场占有率。但是能够看到，这次“价格大战”的背后，整个行业的价格水平整体降低，行业利润减少。在营销活动中，价格策略经常被称为“最活跃”又“最具有革命性”的因素。企业经常通过价格的调整来达到一定的营销目的。而价格的变动又直接关系到市场对产品的接受程度，影响到企业利润，涉及生产者、消费者和经营者多方面的利益。

第一节 影响定价的主要因素

影响产品定价的因素是多方面的，包括定价目标、成本、市场需求、竞争者的价格等。通常情况下，产品定价的上限取决于市场需求，下限取决于该产品的成本、费用等因素。但在上下限内如何确定产品的价格水平，则取决于企业的定价目标、竞争者的价格、政策、法规等因素。

一、定价目标

任何企业都不能孤立地制定价格，而必须按照企业的目标市场战略及市场定位战略的要求来进行。企业定价目标主要有以下几种。

1. 维持生存

如果企业产量过剩，或面临激烈的竞争，或试图改变消费者需求，则把维持生存作为主要目标。只要其价格能够弥补可变成本和一些固定成本，企业的生存便可得以维持。

2. 当期利润最大化

有些企业希望制定当期利润最大化的产品价格，这一目标的侧重点是短期内获得最大利润、现金流量和投资回报率。以利润最大化为目标制定价格的前提如下。

（1）企业的生产技术和产品质量在市场上居领先地位。

（2）同行业中竞争对手的力量较弱。

（3）商品供不应求。

3. 市场占有率最大化

市场占有率指的是企业产品销售量在同类产品市场销售总量中所占的比重。市场占有率是企业经营状况和产品竞争力状况的综合反映，关系到企业的兴衰。

有些企业制定产品价格的着眼点是追求长期利润，取得控制市场的地位，使得市场占有率最大化。因为这些企业认为：紧随着高市场占有率的往往是高赢利率，或者提高企业市场占有率比短期高赢利意义更为深远。这些企业会对产品制定尽可能低的价格，以低价打入市场，逐步占领市场，从而形成企业长期控制市场和价格的垄断能力。

4. 产品质量最优化

有些企业在制定产品价格时会考虑以产品质量领先，优质优价，辅以优质服务。

二、产品成本

从长远来看，企业产品定价以成本为最低界限，产品价格只有高于成本，企业才能补偿生产上的耗费，从而获得一定赢利。但这并不排斥在一段时期内，在个别产品上，价格低于成本。

在实际工作中，产品的价格是按成本、利润和税金三部分来制定的。成本又可分解为固定成本和变动成本。产品的价格有时是由总成本决定的，有时又仅由变动成本决定。成本有时又分为社会平均成本和企业个别成本。就社会同类产品市场价格而言，主要是受社会平均成本影响。在竞争很充分的情况下，企业个别成本高于或低于社会平均成本，对产品价格的影响不大。

根据统计资料显示，目前工业产品的成本在产品出厂价格中平均约占 70%。这就是说，一般情况下，成本是构成价格的主要因素，这只是就价格数量比例而言。如果就制定价格时要考虑的因素的重要性而言，成本无疑也是最重要的因素之一。因为如果价格过分高于成本，就会有失社会公平；如果价格过分低于成本，就不可能长久维持。

三、市场需求

产品价格除受成本影响外，还受市场需求的影响，即受商品供给与需求的相互关系的影响。当商品的市场需求大于供给时，价格应高一些；当商品的市场需求小于供给时，价格应低一些。反过来，价格变动影响市场需求总量，从而影响销售量，进而影响企业目标的实现。因此，企业制定价格就必须了解价格变动对市场需求的影响程度。反映这种影响程度的一个指标就是商品的价格需求弹性系数。

因价格与收入等因素而引起的需求的相应变动率，就叫做需求弹性。在以下条件下，需求可能缺乏弹性：市场上没有替代品或者没有竞争者；购买者对较高价格不在意；购买者改变购买习惯较慢，也不积极寻找较便宜的替代品；购买者认为产品质量有所提高，或者认为存在通货膨胀等，价格较高是应该的。

四、竞争因素

在市场需求可能为其价格规定一个最高限额和成本为其价格规定了一个最低限额的同时，竞争者的价格和可能的价格反应会反过来帮助企业制定自己的价格。企业必须了解每一个竞争者提供的价格和产品质量。一旦企业知道了竞争者的价格和所提供的东西，它就能利用它们作为制定自己价格的一个起点。如果企业提供的东西与一个主要竞争者提供的东西相似，那么企业必须把价格定得接近于竞争者，否则就会减少销售额。若企业提供的东西是次级的，企业就不能够像竞争者那样定价。倘若企业提供的东西是优越的，企业定价就可以比竞争者高。

根据竞争的程度不同，企业定价策略会有所不同。按照市场竞争程度，可以分为完全竞争、不完全竞争与完全垄断三种情况。

1. 完全竞争

所谓完全竞争也称自由竞争，它是一种理想化了的极端情况。在完全竞争条件下，买者和卖者都大量存在，产品都是同质的，不存在质量与功能上的差异，企业自由地选择产品进行生产，买卖双方能充分地获得市场情报。在这种情况下，无论是买方还是卖方都不能对产品价格进行影响，只能在市场既定价格下从事生产和交易。

2. 不完全竞争

不完全竞争介于完全竞争与完全垄断之间，它是现实中存在的典型的市场竞争状况。不完全竞争条件下，最少有两个以上买者或卖者，少数买者或卖者对价格和交易数量起着较大的影响作用，买卖各方获得的市场信息是不充分的，它们的活动受到一定的限制，而且企业提供的同类商品有差异，因此，它们之间存在着一定程度的竞争。在不完全竞争的情况下，企业的定价策略有比较大的回旋余地，它既要考虑竞争对手的价格策略，也要考虑本企业定价策略对竞争态势的影响。

3. 完全垄断

完全垄断是完全竞争的反面，是指一种商品的供应完全由独家控制，形成独占市场。在完全垄断竞争的情况下，交易的数量与价格由垄断者单方面决定。完全垄断在现实中也很少见。

企业的价格策略，要受到竞争状况的影响。完全竞争与完全垄断是竞争的两个极端，中间状况是不完全竞争。在不完全竞争条件下，竞争的强度对企业的价格策略有重要影响。所以，企业首先要了解竞争的强度。竞争的强度主要取决于产品生产技术的难易，是否有专利保护，供求形势以及具体的竞争格局。其次，要了解竞争对手的价格策略，以及竞争对手的实力。再次，还要了解、分析本企业在竞争中的地位。

五、其他因素

企业的定价策略除受成本、需求以及竞争状况的影响外，还受到其他多种因素的影响。这些因素包括政府或行业组织的干预、消费者习惯和心理、企业或产品的形象等。

1. 政府或行业组织干预

政府为了维护经济秩序，或为了其他目的，可能通过立法或者其他途径对企业的价格策略进行干预。政府的干预包括规定毛利率，规定最高、最低限价，限制价格的浮动幅度或者规定价格变动的审批手续，实行价格补贴等。例如，美国某些州政府通过租金控制法将房租控制在较低的水平上，将牛奶价格控制在较高的水平上；法国政府将宝石的价格控制在低水平，将面包价格控制在高水平；我国某些地方为反暴利对商业毛利率进行限制等。一些贸易协会或行业性垄断组织也会对企业的价格策略进行影响。

2. 消费者心理和习惯

价格的制定和变动在消费者心理上的反应也是价格策略必须考虑的因素。在现实生活中，很多消费者存在“一分钱一分货”的观念。面对不太熟悉的商品，消费者常常从价格上判断商品的好坏，从经验上把价格同商品的使用价值挂钩。消费者心理和习惯上的反应是很复杂的，某些情况下会出现完全相反的反应。例如，在一般情况下，涨价会减少购买，但有时涨价会引起抢购，反而会增加购买。因此，在研究消费者心理对定价的影响时，要持谨慎态度，要仔细了解消费者心理及其变化规律。

3. 企业或产品的形象因素

有时企业根据企业理念和企业形象设计的要求，需要对产品价格做出限制。例如，企业为了树立热心公益事业的形象，会将某些有关公益事业的产品价格定得较低；为了形成高贵的企业形象，将某些产品价格定得较高等。

知识拓展

通常情况下，企业在制定价格时，定价目标、成本费用及企业考虑的因素为内部因素；市场需求和竞争状况、政策、法规、行业等因素为外部因素。

第二节 定价方法

企业定价工作比较复杂，制定价格时企业必须全面考虑各个方面的因素，并采取一系列的步骤。一般来讲，定价需采取六个步骤：选择定价目标，测定需求的价格弹性，估算成本，分析竞争对手的产品与价格，选择适当的定价方法，确定最后价格。本节将就定价方法进行分析。

企业产品价格的高低受到定价目标、市场需求、产品成本、竞争因素、政策法规等因素的影响。但在实际工作中，企业通常只侧重某一方面。一般来讲，企业定价有三种导向：成本导向、需求导向、竞争导向。

一、成本导向定价法

成本导向定价法是以产品成本为定价基本依据，按卖方意图确定价格的定价策略。特点是简便、易用。成本导向定价法包括：成本加成定价法、目标利润定价法、边际成本定价法和盈亏平衡定价法。

1. 成本加成定价法

成本加成定价法就是按照单位成本加上一定百分比的加成决定价格。加成的含义就是一定比率的利润，公式为

售价=成本×（1+成本加成率）

假设一双皮鞋的单价成本是 10 美元，加上 20%的加成，那么售价（P）=10（1+20%）=12 美元。

西方国家的零售业，大都采用成本加成定价法。它们对各种商品加上预先规定的不同幅度的加成。比如，百货商店一般对烟类加成 20%，照相机 28%，书籍 34%，衣物 41%，

珠宝饰品 46%，女帽类 50%等。

2. 目标利润定价法

目标定价法是指根据企业估计的销售收入和产量来制定产品价格的一种方法。

$$目标价格=\frac{总成本+目标利润}{年预计销量}$$

（1）假设企业的生产能力为 100 万单位产品，估计未来时期 80%的生产能力能够运行。那么就可以向市场提供 80 万单位产品。

（2）如果生产 80 万单位产品的总成本是 1 000 万美元。

（3）假设企业想得到 20%的成本收益率，那么目标利润就是 200 万元，总收益要达到 1 200 万元。

（4）可以通过计算得知：

目标价格=总成本+目标利润/产量

=1 200 万元/80 万单位产品

=15 元/单位产品

美国很多制造企业通常使用这样的定价，它以总投资额的 15%～20%作为每年的目标收益，摊入售价中。西方国家的许多大型公用事业也这样定价。因为它们投资大，业务具有垄断性，又和公众利益息息相关，所以政府对他们的定价有一定限制，只能依据一定的投资额确定一定的百分比，计算收费标准。

3. 边际成本定价法

边际成本是指每增加或减少单位产品所引起的总成本变化量。由于边际成本与变动成本比较接近，而变动成本的计算更容易一些，所以在定价实务中多用变动成本替代边际成本，而将边际成本定价法称为变动成本定价法。

采用边际成本定价法是以单位产品变动成本作为定价依据和可接受价格的最低界限。在价格高于变动成本的情况下，企业出售产品的收入除完全补偿变动成本外，还可用来补偿一部分固定成本，甚至可能提供利润。

边际成本定价法改变了售价低于总成本便拒绝交易的传统做法，在竞争激烈的市场条件下具有极大的定价灵活性，对于有效地应对竞争，开拓新市场，调节需求的季节差异，形成最优产品组合，可以发挥巨大的作用。但是，过低的成本有可能被指控为从事不正当竞争，并招致竞争者的报复，在国际市场则易被进口国认定为“倾销”，产品价格会因“反倾销税”的征收而畸形上升，使结果适得其反。

4. 盈亏平衡定价法

盈亏平衡定价法也叫“保本定价法”、“均衡分析定价法”或“收支平衡定价法”，是指在销量既定的条件下，企业产品的价格必须达到一定的水平才能实现盈亏平衡，收支相抵。这一价格水平就称为盈亏平衡点，如果价格低于这一界限，就会亏损，高于这一界限则有赢利。这种制定价格的方法就称为盈亏平衡定价法。科学地预测销量和已知固定成本、变动成本是盈亏平衡定价的前提。

二、需求导向定价法

需求导向定价法是一种以市场需求强度及消费者感受为主要依据的定价方法，又称“市场导向定价法”、“顾客导向定价法”。现代市场营销观念要求企业的一切生产经营必须以消费者需求为中心，并在产品、价格、分销和促销等方面予以充分体现。需求导向定价法主要包括认知价值定价法、需求差异定价法和逆向定价法。

1. 认知价值定价法

认知价值定价法是指企业以消费者对商品价值的理解度为定价依据，运用各种营销策略和手段，影响消费者对商品价值的认知，形成对企业有利的价值观念，再根据商品在消费者心目中的价值来制定价格。

认知价值定价法的关键和难点，是获得消费者对有关商品价值理解的准确资料。企业如果过高估计消费者的理解价值，其价格就可能较高，难以达到应有的销量；反之，若企业低估了消费者的理解价值，其定价就可能低于应有水平，使企业收入减少。因此，企业必须通过广泛的市场调研，了解消费者的需求偏好，根据产品的性能、用途、质量、品牌、服务等要素，判定消费者对商品的理解价值，制定商品的初始价格。然后，在初始价格条件下，预测可能的销量，分析目标成本和销售收入，在比较成本与收入、销量与价格的基础上，确定该定价方案的可行性，并制定最终价格。有时，为了开展价格竞争或应付供过于求的市场格局，企业通常采用这种定价方式以取得市场竞争的主动权。

例如，有A、B、C三家企业均生产同一种产品，现抽一组产品用户作为样本，要求他们分别对三家企业的产品予以评价，有三种方法可供使用。

（1）直接价格评比法。请产品用户为三家企业的产品确定能代表其价值的价格。他们可能认为，A、B、C三家产品分别值2.55美元，2美元和1.52美元。

（2）直接认知价值评比法。请产品用户把他们的看法以100分为总分分配给三家产品。假设结果分别为：42、33、25。如果这种产品的平均市场价格为2美元。则我们可得到三个反映其认知的价格：2.55美元（2×42/33，平均价格为2美元）、2美元、1.52美元。

（3）诊断法。请产品用户就产品的若干属性，把100分按每一属性分配给三家产品，同时还按各属性重要程度给予权数。假定产品有四个属性，结果参见表7.1。

表7.1 不同企业产品的权重

权　数	产品属性	A产品	B产品	C产品
25	产品耐用性	40	40	20
30	产品可靠性	33	33	33
30	交货可靠性	50	25	25
15	服务质量	45	35	20
100	认知价值	41.95	32.65	24.90

把各个企业的属性得分，分别与权数相乘，然后加总。我们可以发现，A 产品的认知价值约 42 分，高于平均分；B 产品的认知价值等于平均分；C 产品则低于平均分。

显然在顾客眼里，A 产品可定较高价格，若 A 企业希望按认知价值的比例定价，可定为 2.55 美元（2×42/33，平均价格为 2 美元）。

2. 需求差异定价法

所谓需求差异定价法，是指产品价格的确定以需求为依据，首先强调适应消费者需求的不同特性，而将成本补偿放在次要的地位。这种定价方法，对同一商品在同一市场上制定两个或两个以上的价格，或使不同商品价格之间的差额大于其成本之间的差额。其好处是可以使企业定价最大限度地符合市场需求，促进商品销售，有利于企业获取最佳的经济效益。

3. 逆向定价法

逆向定价法是企业根据消费者能够接受的最终销售价格，计算自己从事经营的成本和利润后，逆向推算出产品的批发价和零售价。采用这种定价方法需注意以下几点。

（1）在市场需求强度大时，可适当提高价格；在市场需求强度小时，可适当降低价格。

（2）需求强度大的商品定价可低些，需求强度小的商品定价可高些。

三、竞争导向定价法

在竞争激烈的市场上，企业通过研究竞争对手的生产条件、服务状况、价格水平等因素，依据自身的竞争实力，参考成本和供求状况来确定商品价格。这种定价方法就是通常所说的竞争导向定价法。竞争导向定价法主要包括随行就市定价法和密封投标定价法。

1. 随行就市定价法

随行就市定价法指企业按照行业的平均现行价格水平来定价。一般能为企业带来合理、适度的赢利。这种定价方法的前提条件如下。

（1）使本企业产品的价格与竞争产品的平均价格保持一致。

（2）平均价格水平常被认为是“合理的价格”而被消费者接受。

（3）企业试图与竞争者和平相处，避免激烈竞争产生的风险。

2. 密封投标定价法

密封投标定价法指采购机构在报刊上登广告或发出函件，说明拟采购商品的品种、规格、数量等具体要求，邀请供应商在规定的期限内投标，采购机构从中选择报价最低、最有利的供应商成交。

密封投标定价法经常被用于土地交易、承包工程、公路投标等。投标定价法的关键是根据有关投标资料，正确分析竞争对手所能承受的递价原则。

知识拓展

企业定价方法很多，企业应根据不同经营战略和价格策略，不同市场环境和经济发展状况等，选择不同的定价方法。

1．从本质上说，成本导向定价法是一种卖方定价导向。它忽视了市场需求、竞争和价格水平的变化，有时候与定价目标相脱节。此外，运用这一方法制定的价格均是建立在对销量主观预测的基础上，从而降低了价格制定的科学性。因此，在采用成本导向定价法时，还需要充分考虑需求和竞争状况，来确定最终的市场价格水平。

2．竞争导向定价法，是以竞争者的价格为导向的。它的特点是：价格与商品成本和需求不发生直接关系；商品成本或市场需求变化了，但竞争者的价格未变，就应维持原价；反之，虽然成本或需求都没有变动，但竞争者的价格变动了，则相应地调整其商品价格。当然，为实现企业的定价目标和总体经营战略目标，谋求企业的生存或发展，企业可以在其他营销手段的配合下，将价格定得高于或低于竞争者的价格，并不一定要求和竞争对手的产品价格完全保持一致。

3．顾客导向定价法，是以市场需求为导向的定价方法，价格随市场需求的变化而变化，不与成本因素发生直接关系，符合现代市场营销观念要求，企业的一切生产经营以消费者需求为中心。

第三节　定价策略及价格调整

企业考虑成本、需求、竞争等因素制定的价格是产品的基础价格，并未考虑物流、市场等因素的影响。在实际工作中，企业还需考虑多种因素的影响并灵活应用多种定价策略，修正或调整产品价格。

一、定价策略

1. 折扣定价策略

企业为了鼓励顾客及早付清货款，大量购买，淡季购买而酌情降低基本价格的策略，这种价格调整叫做价格折扣。

（1）现金折扣。现金折扣是企业对那些按约定日期付款或提前付款的顾客给予一定的折扣。如“2/10，NET/30”意思是说，买主若在10天内付款，可得到原价2%的折扣；若推迟到30天内付款则没有折扣。

（2）数量折扣。数量折扣是根据购买数量的多少分别给予大小不同的折扣，以鼓励大量购买，包括非累计数量折扣和累计数量折扣。非累计数量折扣指对在一次性购买或订货时，达到一定数量或金额的买主给予折扣优待。如各大商场“买100元商品，送50元的购物券”的促销活动。累计数量折扣指在一定时期内，按照购货累计达到的数量和金额的大小给予不同的折扣。例如，报纸给当地零售商提供优待，凡一年内在该报刊登整版广告10次者，有10%减价优待，超过20次为15%，超过30次为20%。

（3）季节折扣。季节折扣是对在销售淡季购买产品的客户提供的价格优惠。例如，旅行社和航空公司，在旅游淡季通常都给顾客一定的折扣优待。目的是使自己的设备能够充分利用，提高经济效益。

（4）功能折扣。功能折扣，又叫贸易折扣，是制造商给某些批发商和零售商的一种额外折扣，促使他们执行某种市场营销功能。制造商常常根据各类中间商在市场营销中的作用不同，给予大小不同的折扣。如某商品零售定价30元，制造商按18元（6折）向批发商收取货款，批发商按21元（7折）向零售商收取货款。后一个价格以前一个价格为基础计算折扣。总之，给批发商的折扣较大，可使批发商乐于大量购买，并有可能开展转批业务；给零售商较大折扣，就使它有可能以低于价目表的价格出售商品，争取顾客。

（5）价格折让。价格折让有以下两种情况：① 以旧换新折让，企业收进顾客同类商品的旧货，在新货价格上给予折让，如一台新洗衣机800元，顾客交回本企业生产的旧洗衣机如值200元，那么再付600元就可购新货；② 促销折让，由制造商给予参加其促销活动的中间商的一种减价，如一个零售商在电视上刊登某个牌子的服装广告，这家服装厂因此为它支付一定比例的广告费用。

2. 地区定价策略

一般来说，企业的产品不仅可以卖到当地，也可以卖到外地。如果把产品卖到外地，企业就需要把产品从产地运到顾客所在地，这就需要装运。地区性的定价策略就是指把产品卖给不同地区的顾客时，是否制定相同的价格。即是否实行地区差价。

（1）FOB原产地定价。FOB原产地定价，指买方按照出厂价格购买某种产品，卖方只负责在产地将产品运到某种运载工具上交货，由买方承担其后所发生的全部费用和风险。

（2）统一交货定价（邮资定价）。统一交货定价，指企业对于卖给不同地区顾客的产品均按照厂价加平均运费定价。

（3）分区定价。分区定价，指企业将市场划分为若干价格区，根据每一个区域与卖主之间的距离，分别制定不同的地区价格，而在各区域内则实行统一定价。

（4）基点定价。基点定价，指企业选定某些城市作为基点，然后按一定的出厂价加上从基点城市到顾客所在地的运费来定价，而不管货物实际上是从哪个城市起运的。有些公司为了提高灵活性，选定许多个基点城市，按照顾客最近的基点计算运费。

（5）运费免收定价。运费免收定价，指为了减轻远地购买者的运费负担，保护市场占有率，由卖方负担一部分或全部运费。

3. 心理定价策略

企业为了鼓励顾客购买产品，在定价的过程中考虑顾客的购买心理而采取的价格策略叫做心理定价策略。

（1）声望定价。声望定价，指针对消费者“价高质必优”的心理，对在消费者心目中享有声望，具有信誉的产品制定较高的价格。

（2）尾数定价。尾数定价，指保留价格尾数，采用零头标价，给人以便宜的感觉，往往会带来大量需求。例如，一件商品定价是998而不是1 000元，使人感觉价格保留在较低档次，并感觉标价精确而便宜。若把商品定价为1 000元而不是998元，就使价格上升到较高一级档次，可以满足消费者高消费的心理。

（3）招徕定价。招徕定价，指为促进商品销售，将价格定得低于价目表，甚至低于成本费用，以吸引顾客购买，并带动其他正常定价商品的销售。

4. 差别定价策略

差别定价策略，指企业按照两种或两种以上不反映成本费用的比例差异的价格销售某种产品或服务。

（1）顾客差别定价。顾客差别定价，指企业按照不同的价格把同一种产品卖给不同的顾客。通常，因职业、年龄、阶层等原因，顾客有不同的需求，企业定价时予以相应优惠或相应地提高价格。比如，西方国家的许多博物馆对学生和老人收较低的入场费，其他人则较高；我国很多公园目前对离休老干部有很多优惠价格，乘公共汽车、参观各类展览馆均免费。

（2）产品形式差别定价。产品形式差别定价，指产品款式不同或型号不同则有不同的价格。比如，某企业生产两种电熨斗，一种比另一种仅多一个显示热度的小红灯，尽管两者成本的差额不到一元钱，但价格差异不止一元钱。

（3）地点差别定价。地点差别定价，指同一种商品在不同地理位置的市场上定价有差异。在实际生活中，同一种商品在不同地理位置的市场上，其需求强度是不同的，因此可制定不同价格。我国的传统出口产品茶叶、生丝、桐油、猪鬃等在国际市场上需求十分强烈，因此价格比国内高得多。

（4）销售时间差别定价。销售时间差别定价，指对于不同季节、不同时期甚至不同钟点的产品或服务分别制定不同的价格。例如，长途电话、电报白天用户多，所以定价高；晚上用户少，所以定价低（21点以后半价，0点以后30%）。

（5）用途差别定价。顾客购买产品或劳务的用途不同，也给予不同定价，以鼓励某一方面需求的增长。如我国对工业用电和民用电、工业用水和民用水都制定不同价格。

5. 新产品定价策略

新产品定价策略主要有撇脂定价策略、渗透定价策略和满意定价策略三种。

（1）撇脂定价策略。撇脂定价策略是一种高价格策略，是指在新产品上市初期，价格定得高，以便在较短的时间内获得最大利润。这种定价策略因类似于从牛奶中撇脂而得名。

（2）渗透定价策略。渗透定价策略是一种低价格策略，即在新产品投入市场时，价格定得较低，以便消费者容易接受，很快打开和占领市场。

（3）满意定价策略。满意定价策略是一种介于撇脂和渗透之间的价格策略。所定的价格较低，但比渗透价格要高，是一种中间价格。这种定价策略由于能使生产者和消费者都比较满意而得名。有时又称“君子价格”或“温和价格”。

6. 产品组合定价策略

（1）产品大类定价。产品大类定价指一组相互关联的产品的定价（产品线定价），在安排价格差额时应考虑它们之间的成本差额、顾客对这些产品不同外观的评价、竞争者的价格。

（2）选择品定价。选择品定价指与主要产品密切关联的、可任意选择的产品的定价。通常，任选品定价较高，靠它独立赢利，多赚钱。任选品定价较低，把它作为招徕生意的项目。例如，有的餐馆饭菜定价较低，以其销售收入抵偿其经营开支；而酒水类定价较高，以此来赚钱。还有的餐馆饭菜定价较高，酒水类价格较低，以此来吸引爱喝酒的顾客。

（3）连带产品（互补产品）定价。连带产品定价指必须和主要产品一同使用的产品的定价。在市场经营中，很多企业往往把主要产品的价格定得较低，而把连带产品价格定得较高，如柯达公司就是这样，照相机价格低，而靠胶卷来赚钱。

（4）副产品定价。副产品指企业在生产过程中（石油、肉类、化工产品）产生的附带产品。企业必须为这些副产品寻找市场。只要价格能抵偿副产品的储运费用开支即可。

（5）分步定价。分步定价指服务性企业经常收取一笔固定费用，再加上可变的使用费。

（6）产品组合定价。产品组合定价指企业以某一价格出售一组产品，这一组产品的价格低于单独购买其中每一产品的费用总和。

二、价格变动反应及价格调整

（一）企业降价与提价

1. 企业降价的原因

（1）企业生产能力过剩，需要扩大销售。20 世纪 90 年代以来，我国许多企业，为了扩大自己的销路，都放弃了以往追随市场领导者定价的做法，改为实行灵活定价，因此，也导致了我们常见的空调价格大战、彩电价格大战、手机价格大战等。

（2）企业市场占有率下降。美国的汽车、家电、照相机、钟表以及钢铁等行业，由于日本竞争者高质量、低价格的产品的进入，丢失了一些市场，美国的一些企业不得不削价迎战。

（3）企业成本费用比竞争者低。这时削价可起到控制市场的作用，提高市场占有率，而销售量的增加又会进一步降低成本，增加利润。

案例链接

在市场营销实践中，降价经常被当作有效的竞争手段，用来打击竞争对手。1920 年，民族企业家刘鸿生在苏州创建鸿生火柴厂，日产“宝塔”牌火柴 100 箱。1927 年，李益石在苏州创建民生火柴厂，日产“中山”牌火柴 10 箱。鸿生厂为了挤垮民生厂，又创办一家苏州火柴厂，生产“吉祥”、“多福”牌火柴，其目的就是以最低的售价挤垮民生厂。民生厂的生意做到哪里，苏州厂的廉价火柴也跟到哪里，民生厂终因无力竞争而关门。

2. 企业提价的原因

（1）通货膨胀，企业的成本费用增加。随着企业成本费用增加，为保持单位商品利润不降低，企业必然会提高商品价格。例如根据媒价报道，2011 年 1 月 1 日，茅台酒股份有限公司将 53 度的飞天系列茅台酒批发价格由 499 元提高到 619 元，零售价提高到 799 元，总体上调 20%左右，这是因为原材料上涨 28%。

（2）产品供不应求，不能满足所有顾客的需要。企业在涨价时，要告诉消费者涨价的理由，告诉他们怎样适应这种变化；企业的销售人员要经常访问顾客，努力帮助顾客解决涨价带来的问题。

（二）顾客对价格变动的反应

降价一般会吸引更多的购买者，但有时顾客却会产生不同的理解，甚至曲解企业的本意。他们会认为：

（1）这种产品样式恐怕不行了，要被新型产品代替了；

（2）商品有毛病，卖不出去了；

（3）企业遇到了财务困难，维持不下去了；

（4）价格还会进一步下跌，不如再等一等；

（5）商品降价，质量肯定也下降了。

涨价通常会减少销售量。但是顾客也可能从另一方面去考虑：

（1）商品畅销才涨价，不买就买不到了；

（2）商品涨价是因为质量好，价高质必优；

（3）卖主想多赚钱才涨价。

在现代中国的洗涤用品市场上，联合利华曾经在业务重组、统一销售力量、建立合资加工厂、重新选择和调整原料材料的采购价格、降低运输费用等一系列准备之后于 1999 年进行大规模降价，此举使得它得以取代宝洁在中国市场的行业老大的地位。两年后，宝洁也选择了“降价反击”的道路，首先从洗衣粉开刀大幅度降价，矛头直指联合利华的“奥妙”系列。从此以后，宝洁与联合利华之间的竞争格局即产生了质的变化，也就是由过去的品牌竞争为导向转变成为以价格竞争为导向，在市场终端双方的促销不断，变相降价不断。

（三）竞争者对企业价格变动的反应

企业可从两个方面来估计、预测竞争者对本企业产品价格变动的可能反应。

（1）假设竞争对手采取老一套办法应对本企业的价格变动，这时竞争对手的反应是能够预测的。

（2）假设竞争对手把每一次价格变动都看作是新的挑战，并根据当时自己的利益做出相应的反应，这时企业就必须判断当时竞争对手的利益是什么。

（四）企业对竞争者变价的反应

1. 不同市场环境下的企业反应

同质产品市场上，如果竞争者降价，企业必须随之降价，否则顾客就会购买竞争者的产品；如果某企业提价且对整个行业有利，其他企业也会随之提价，否则会取消提价。

异质产品市场上，企业对竞争者变价的反应有更多种选择余地，因为在这种市场上，顾客选择卖主时不仅考虑产品价格因素，还考虑产品质量、服务、外观、可靠性等多方面的因素，因而在这种产品市场上，顾客对于较小的价格差异并不在意。

面对竞争者的变价，企业必须调查研究的问题如下。

（1）竞争者为什么变价，暂时变价还是永久变价？

（2）如果对竞争者变价置之不理，将对企业的市场占有率和利润有何影响？

（3）其他企业会做出什么反应？

（4）竞争者和其他企业对于本企业的每一个可能的反应又会有什么反应？

2. 市场领导者的反应

在市场上，市场领导者往往遭到其他企业的进攻，这些企业的产品可与市场领导者的产品相媲美，它们往往通过进攻性的降价来争夺市场领导者的阵地，在这种情况下，市场领导者有如下几种策略可供选择。

（1）维持价格不变，同时，改进产品质量，提高服务水平，加强促销沟通，运用非价格手段来反击竞争者。许多企业的市场营销实践证明，采取这种策略比降价和薄利经营更好。

（2）降价。降价原因有：第一，降价可使销售量和产量增加，从而使成本费用下降；第二，市场对价格很敏感，不降价会使市场占有率下降；第三，市场占有率下降之后，很难得以恢复。

（3）提价。通过提高产品质量和提价来进一步塑造高端品牌的形象，用以抵抗进攻者的降价。同时还可以推出新品牌围攻竞争者品牌。例如，休布仑公司的“斯米尔诺夫”伏特加酒，占有美国伏特加市场的 23%，当它遭到另一品牌“沃尔夫斯密特”的攻击时，该公司将其产品每瓶涨价 1 美元而不是降价 1 美元。并把提价后增加的收入用于用户广告支出，同时，该公司一方面推出一种新品牌“雷斯卡”，与“沃尔夫斯密特”竞争；另一方面又将一种低价的新品牌"波波夫"伏特加酒送入市场。这样，不仅有效地反击了"沃尔夫斯密特"，还赋予了"斯米尔诺夫"更为高级的形象。

知识拓展

"牺牲商法"定价

"牺牲商法"的创办者是日本的松本清，他将当时售价为 200 日元的膏药以 80 日元的低价卖出。膏药卖得越多，亏损越大，但整个药店的经营却有了很大起色，因为买膏药的顾客大都还要买其他药品，而其他药品是不让利的。松本清的做法使消费者对药店产生了一种信赖感，药店的生意很红火。

"牺牲商法"的实质是抓住了顾客贪小便宜的心理来"套牢"顾客，通过部分商品的低价赔本销售来扩大企业的知名度，留给消费者深刻的企业形象和商业信誉，从而达到招徕顾客，留住回头客的经营目的，实现整体经营利润最大化。

美国钢铁大王卡内基有句名言："真诚为客户谋利益者，就不用担心利润。""牺牲商法"就是为客户谋利益的好方法。如何把商品推向市场，这是企业经营者孜孜以求的目标，面对当前激烈的市场竞争，若变换一下思维，未赚先"赔"，未盈先"亏"，适当付出点代价，取得消费者的信任，则经营效果会好得多。

本章小结

企业在确定产品之后，在进行市场营销之前必须给产品制定基本价格，并根据市场情况对价格进行适时的调整。价格是市场营销组合中最敏感又难以控制的因素，价格的高低直接关系到市场对产品的接受程度，影响生产者、消费者和经营者多方面的利益。本章首先从定价目标、产品成本、市场因素、竞争情况等角度分析了这些因素如何影响价格的制定；其次阐述了企业定价的三种基本方法：成本导向定价法、需求导向定价法和竞争导向定价法；最后分析了企业在市场环境中的定价策略，并就价格变动后对企业、顾客、竞争者的影响进行了分析。

知识巩固

一、名词解释

定价目标　不完全竞争　认知价值　随行就市定价　折扣定价　心理定价

二、判断题

1. 竞争导向定价法包括随行就市定价法和需求差异定价法。(　　)
2. 销售中的折扣无一例外地遵循单位价格随数量的上升而下降这一规律。(　　)
3. 顾客对产品的降价既可能理解为这种产品有某些缺点，也可能认为这种产品很有价值。(　　)

4. 采用运费免收定价法使产品成本增加，不但给企业市场渗透带来困难，甚至难以在激烈的市场竞争中站住脚。(　　)

5. 企业提价的主要原因是通货膨胀或其产品供不应求。(　　)

6. 如果企业的市场占有率下降之后难以恢复，市场领导者往往维持价格不变。(　　)

7. 在难以估算成本且打算和同行和平共处的情况下，企业往往采取随行就市定价法。(　)

8. 随行就市定价法属于成本导向定价。(　　)

9. 差别定价也称为价格歧视。(　　)

10. 企业制定的价格可以直接在市场中进行销售并不再作调整。(　　)

三、选择题

1. 通常来讲，影响产品定价的因素包括（　　）等。

A. 定价目标　　B. 成本

C. 市场需求　　D. 竞争者的价格

2. “2/10，NET/30”意思是说（　　）。

A. 买主若在10天内付款，可得到原价2%的折扣；若早于30天内付款则没有折扣

B. 买主若在2天内付款，可得到原价10%的折扣；若推迟到30天内付款则没有折扣

C. 买主若在10天内付款，可得到原价2%的折扣；若推迟到30天内付款则没有折扣

D. 买主若在2天内付款，可得到原价10%的折扣；若早于30天内付款则没有折扣

3. 顾客对涨价的反应包括（　　）。

A. 商品畅销才涨价，不买就买不到了

B. 商品涨价是因为质量好，价高质必优

C. 卖主想多赚钱才涨价

D. 商品提价，质量一定上升了

四、填空题

1. 企业定价目标主要有_______、_________、_________、_________几种。

2. 一般来讲，企业定价有三种导向：_________、_________和_________。

3. 逆向定价法是企业根据_________能够接受的最终销售价格，计算自己从事经营的成本和利润后，逆向推算出产品的批发价和零售价。

4. 密封投标定价法经常被用于_________、________、_________等。

五、思考题

1. 你如何看待中国彩电、手机等产品的价格战？

2. 分析中国现阶段影响企业定价的最主要的因素是什么？

3. 高新技术企业最适宜采取哪些定价方法？

4. 定价策略如何与其他营销组合策略协调配合？

案例分析

赵亮的生意经

做生意就是为了赚钱，原价销售似乎只有傻子才做得出来。但是赵亮采用原价销售的办法，却把生意做得蒸蒸日上。

赵亮是卖绳索的，他在麻的产地以5角钱的价格大量买进长45厘米的麻绳后，又照原价5角钱卖给纸带工厂。完全没有利润反而赔本的生意做了半年之后，“赵亮的绳索确实便宜”的名声传扬四海，订货单从各地像雪片般源源而来，他一看时机成熟，就按部就班地采取第二步行动。他拿着购物收据前去与订货客户说：“到现在为止，我是一分钱也没赚到你们的，但如果长期这样下去，我只有破产这一条路了，你们不会忍心吧？”他的诚实感动了客户，客户心甘情愿地把货价提高到5角5分钱。

与此同时，他又与供应商说：“你卖给我5角钱一条麻绳，我是照原价卖出的才有了这么多订货，这种无利而赔本的生意我不能再做下去了。”厂商看到他给客户开的收据、发票大吃一惊，头一次遇到这种甘愿不赚钱的生意人，于是一口答应以后每条麻绳以4角5分钱供应。这样两头一交涉，一条麻绳就赚1角钱，他当时一年有675万条的订货量，纯收入150万元。

案例思考

1. 赵亮采取了什么样的产品定价策略？
2. 结合本案例，分析“牺牲商法”定价策略的优缺点。

实训项目

一、任务实例描述

通过逛街，观察市场价格，询价，讨价还价，对比，计算价格。注意分析每类商品的定价策略属于哪一种。

二、完成任务实例的操作过程

（1）确定诉求商品。
（2）在询价的基础上，和商家进行讨价还价，并分析价格。
（3）在调查分析的基础上进行小组讨论。
（4）形成书面报告。

第八章

分销渠道策略

总体目标

1. 掌握分销渠道的定义、作用和特征。
2. 掌握分销渠道的管理策略。
3. 熟悉中间商的职能。

案例点评

我国某品牌彩电从国美等家电连锁超市中“撤柜”时，曾引起社会各界的关注。事实上，此事反映出在分销渠道体系上，该品牌面临两难选择：是自己另起炉灶还是继续依靠经销商。渠道变革等问题同样也困惑着家电行业内的其他企业。

在此次该品牌“撤柜”事件中，所涉及的核心内容就是“代理制”。而“代理制”一度被业界称为国内彩电行业第一次渠道变革，这一变革主要由“三步曲”组成：首先调整松散的部门分工，把原来产、销、研各自独立的分工体系合为一体，全部整合到电子事业部内统一调度；其次是改造人的思想，灌输成本意识、速度意识，推行“最佳时效管理”；最后开始渠道调整，全面推行代理制。

为了推行代理制，该品牌砍掉旗下30多家分公司以及办事处；同时该品牌对代理商也提出了较为严格的要求：“必须现款现货”。

从理论上讲，专业化的市场分工可以最大限度地降低市场成本，而代理制也可以较好地解决以往彩电业头痛的库存难题，资金周转速度会加快，彩电营销费用也可以大幅度降低。从大方向看，该品牌的想法没错。

然而，从实际情况看，该品牌的做法却隐藏了一定的风险。该品牌产品多以中低端电视为主，销售旺地多在二三级城市市场。该品牌一鼓作气砍掉各地分公司，这种疾风骤雨似的变革，犹如活生生地剁下了自己遍布销售终端的触角。并且，“必须现款现货”这种方式很难被商家接受。几个月下来，该品牌彩电不仅销售收入锐减，还引发了劳资纠纷、债务危机等一系列连锁反应。

案例中企业的营销问题出在了分销渠道策略上，分销渠道不畅直接关系到企业的生存和发展。案例中的“代理制”是分销渠道模式的一种，不同的分销渠道模式有不同的作用和优缺点，分销渠道策略就是帮助企业设计合理的分销渠道，顺利地将产品转移到最终购买者手中。

第一节 分销渠道概述

一、分销渠道定义及作用

1. 分销渠道的定义

分销渠道也称为销售渠道、分配渠道、流通渠道。它的起点是产品的生产者，终点是产品的最终消费者(或用户)，中间环节则由一切协助产品进行有效转移的所有企业和个人组成。简单来说，分销渠道就是产品在其所有权转移过程中从生产领域进入消费领域的途径。

2. 分销渠道的作用

分销渠道作为连接生产与消费的中间环节，对生产企业的作用主要有以下几个方面。

（1）信息沟通及调研。这是企业选择中间商的主要原因之一，中间商通过搜集与反馈营销环境中的有关市场供求状况、顾客、竞争对手以及其他方面的信息，为生产企业的营销决策工作提供可靠的数据支持。

（2）风险承担。中间商参与到企业产品的销售环节中可以承担部分市场营销风险，从而降低了生产企业的经营风险，有助于保持生产企业的经营稳定性。

（3）产品促销。对于促销活动的开展，中间商起到越来越积极的作用，双方合作开展旨在吸引顾客、增进产品销售的促销活动，提高各自的经济效益和社会影响。

（4）洽谈及订货。这是中间商的基本经济活动，通过双方的协商或协议，力求以最有利的条件实现产品所有权的转移。

（5）实体分配及产品分类。这是属于物流的范畴，中间商通过自营或委托物流实现产品实体从生产者到最终顾客的连续性储运工作，有时还必须同时承担按顾客的要求对产品进行分类、搭配等工作。

（6）筹集资金。这是中间商生存和发展的前提和保证，上述功能的实现必须建立在这一基础之上。为了经营活动的顺利开展以及保持一定水平的存货等，中间商必须设法筹集存储产品所需要的资金。

二、分销渠道的特征

分销渠道是企业产品进入市场的通道，它是企业营销活动中的一个很重要的环节。深入了解其基本特征，有利于企业搞好分销渠道的决策与管理工作，制定出合理的分销策略。分销渠道的特征主要有以下几个方面。

（1）商品在分销渠道中进行转移。在市场营销学中，通常是以一种产品从生产者流向最终消费者或用户的整个分销过程为基本分析单位的，研究的是产品从生产者到消费者（或用户）的完整的流通过程。因此，每一条分销渠道的起点都是产品生产企业，终点则是那些在生活消费或生产消费中使用产品的消费者或用户。这一商品的转移过程有其自身的运行规律。

（2）分销渠道是一些相关经营组织和个人的组合。如生产者、各种代理商、批发商、零售商等，只有通过这些组织和人员的共同努力才能使商品从生产者流向最终消费者。这些组织和个人担负着不同的营销职能，为追求共同的经济和社会利益结成伙伴关系，同时也会因各自独立的经济利益而发生矛盾和冲突，需要进行总体的管理和协调。

（3）在商品从生产企业向最终消费者或用户流动的过程中，商品的所有权也要发生转移。商品所有权转移的次数取决于流通过程中间环节的多少，所有权转移的形式取决于中间商的类型。

（4）在产品的分销过程中，产品所有权的有效转移还要受到产品信息沟通、货币转移方式等因素的影响，产生相应的资金流、信息流等活动形式。分销渠道的效率不仅取决于渠道成员本身，也取决于相关的支持系统，如商业服务企业（运输企业、仓库、银行、保险公司等）和营销服务企业（广告代理商、调研咨询公司等）。渠道管理和物流管理将决定各种流动的安全性、顺畅性、协调性、准确性、经济性与高效率。

三、分销渠道的类型

在商品生产的发展史上，由于生产力水平的不同，产生了不同类型的分销渠道。在现实经济生活中，市场上的营销渠道是多种多样的，发挥着各自独特的优势。

分销渠道的设计是企业制定分销策略的一个关键环节。要设计一个合理、高效率的分销渠道，首先必须对各种不同类型的分销渠道有一个深入的了解。按照不同的标准，可以将分销渠道从不同的角度进行具体分类，于是就有不同类型的分销渠道，了解这些类型将有助于企业作出正确的渠道类型选择。

（一）长度不同的渠道

1. 分销渠道长度的意义

在商品从生产者向消费者的流通过程中，商品每经过一个直接或间接地转移商品所有权的营销过程就称之为一个流通环节或一个中间层次。分销渠道的长度取决于商品在整个流通过程中经过的流通环节或中间层次的多少，经过的流通环节或中间层次越多，分销渠道就越长，反之分销渠道就比较短。

分销渠道的长短一般是按通过流通环节的多少来划分，具体包括以下四层。

（1）零级渠道：制造商—消费者。

（2）一级渠道：制造商—零售商—消费者。

（3）二级渠道：制造商—批发商—零售商—消费者，或者是制造商—代理商—零售商—消费者。

（4）三级渠道：制造商—代理商—批发商—零售商—消费者。

长渠道好还是短渠道好，我们在实际的渠道决策时不能一概而论，必须具体问题具体分析。在现实经济生活中，许多企业会根据产品的实际市场需求情况，建立多条分销渠道，有长有短，长短搭配。一般情况下，当企业产品是在较小的地区范围内销售，或产品销售的时效性较强时，采用较短的分销渠道。否则，分销渠道要长一些，这样可以提高产品在市场上的渗透能力。

2. 直接渠道

按照分销渠道中是否有中间环节，可以将企业的分销渠道划分为直接渠道和间接渠道。

直接渠道指生产企业不通过中间商环节，将产品直接销售给最终消费者或用户的分销渠道。产品的商业流通功能由生产企业自己承担，产品的生产和销售全部都由生产企业直接完成，即直销，属于第一层的零级渠道。

直接渠道的优点是：销售及时，易于了解市场信息，便于生产企业开展维护、服务等；更重要的是直销可以使购销双方在营销方式上相对稳定。一般来说，按直销渠道进行商品交换，交换的数量、时间、价格、质量、服务等都按合同规定履行，购销双方的关系以法律的形式于一定时期内固定下来，使双方把精力用于其他方面的战略性谋划。

直接渠道的不足表现在：生产企业必须承担销售所需的全部人力、物力和财力，在市场相对分散的情况下将会给企业带来沉重的负担；更重要的是，生产者将失去中间商在销售方面的协作，产品价值的实现增加了新的困难，目标顾客的需求难以得到及时满足。

3. 间接渠道

间接分销渠道是指生产者利用各种不同类型的中间商，包括代理商、批发商、零售商等把产品销售给消费者或用户的分销渠道。间接渠道包括一、二和三级渠道，中间商参与和介入了商品的交换活动。

中间商在产品流转的起点同生产者相连，在终点与消费者相连，从而有利于调节生产与消费在品种、数量、时间与空间等方面的矛盾。因为大多数生产企业缺乏直接销售产品的财力和经验，采用间接渠道能够充分利用中间商在市场上已有的广泛业务关系以及人力、物力、财力等，以较高的效率和准确性向目标市场提供产品，既有利于满足目标顾客的需求，也有利于企业产品价值的实现，更能使产品广泛地分销，巩固已有的目标市场，扩大新的市场，使产品生产者获得高于直接销售所取得的利润。所以，市场中的绝大多数产品都是通过这种形式进行销售的。

间接渠道是消费品销售采用的主要渠道，有些产业用品如次要设备、零备件等也经常使用这种渠道。

（二）宽度不同的渠道

1. 分销渠道宽度的意义

分销渠道的宽度，取决于分销渠道内每个层次上使用同种类型中间商数目的多少。在分销渠道的每个层次上，使用同种类型中间商数目越多，分销渠道越宽；反之分销渠道就比较窄。

在企业的营销实践中，究竟是采用较宽的或较窄的渠道，主要取决于生产企业的分销策略和产品本身的特点。如果生产企业的分销策略是扩大产品的市场覆盖面，或者企业生产的产品是便利品，就应该选择较宽的渠道，以便占据更大的市场；而对于选购性较强的产品和特殊产品，或者如果企业是以维护良好的产品信誉，建立稳固的市场竞争地位作为自己分销策略的重点，分销渠道就可以相对窄一些，使企业可以集中资源和能力来实现其营销战略。

2. 企业的销售策略对渠道宽度的影响

分销渠道的宽度是企业营销渠道决策中一个不容忽视的方面。企业在销售其产品时，究竟在每一个流通环节或层次上要使用多少个批发商或零售商，企业的分销策略将会对这一决定产生很大的影响。一般来说，企业采用的分销策略主要有以下三种。

（1）密集分销。密集分销是指生产厂家尽可能多地通过批发商、零售商推销其产品（宽渠道）。消费品中的便利品和产业用品中的供应品通常采用密集分销，以便扩大市场覆盖面或快速进入一个新市场，或者使众多消费者和用户能随时随地买到这些产品。

（2）选择分销。选择分销是指生产厂家在某一地区仅通过几个精心挑选的、最合适的中间商推销其商品。通常消费品中的选购品、特殊品和所有新产品在试销阶段都采用选择分销，以便于稳固市场竞争地位或维护企业产品在地区市场的良好信誉。

（3）独家分销。指生产厂家在某一地区仅通过一家中间商推销其产品，双方签订独家经销合同。通常消费品中的某些技术性强的耐用消费品或名牌商品，产业用品中的专用机械设备都采用独家分销。

第二节　分销渠道策略

一、影响分销渠道选择的因素

有效的分销渠道可以帮助企业很快地把产品送达市场终点，从而更好地帮助企业获得利润。通常来讲，影响分销渠道选择的因素有以下几个方面。

1. 产品因素

（1）体积和重量。体积大而笨重的产品选择短渠道，以节省运输、保管方面的人力、物力。

（2）性质和品种、规格。日用消费品需要面广，经批发商分配；特殊品，销售频率不如日用品，交给少数中间商销售；品种、规格少而产量大的商品，交给中间商销售；品种、规格复杂的商品，生产者直接供应用户。

（3）式样。时尚程度高的商品（时装、玩具）尽可能缩短渠道。

（4）易毁性和易腐性。有效期短或易腐、易碎的产品，应采取短渠道。

（5）技术性与售后服务。技术性强或需售后服务的商品应由生产者直接供应用户或极少数零售商供应。

（6）单位价值。单位价值越低，销售渠道越长，如大众日用消费品；单位价值越高，销售渠道越短，如价格昂贵的耐用品。

（7）定制品与标准品。通常来讲，定制品有特殊规格和式样要求，生产者直接供应用户。标准品有统一质量、规格和式样，需要中间商。

2. 市场因素

（1）市场范围。市场范围大的产品，需用中间商，即长渠道（如日用百货）；市场范围小的产品。由生产者直接供应用户（如工业专用设备）。

（2）地理位置。市场较集中的产品宜采取直接渠道（如生产资料），一般地区可采用传统渠道。

3. 企业因素

（1）企业声誉。企业声誉越高，越可自由选择渠道或成立自己的销售网点；企业声誉越低，就必须依赖中间商。

（2）企业规模。企业规模大、资金雄厚，可自己雇用推销员并设立仓库；规模小、财力弱，只能依赖中间商。

（3）管理能力。企业如果缺乏市场营销方面的经验与能力，就只能依赖中间商。

（4）提供的服务越多，越能引起中间商的兴趣，否则中间商不乐于为其代销产品。

4. 环境因素

（1）经济形势。经济形势好，分销渠道的选择余地较大；经济萧条，市场需求下降，必须减少流通环节，使用较短渠道。

（2）有关法规。国家政策、法律，如专卖制度、反垄断法规、进出口规定、税法等，也会影响分销渠道的选择。如一些国家实施医药、烟酒的专卖制度，对这些产品的分销渠道，就必须依法选择，其分销的自由度大大下降。

此外，竞争因素和顾客因素也是影响分销渠道选择的因素。一般来说，采取与竞争者同样的渠道较容易占领市场，例如，食品生产者就希望其品牌和竞争品牌摆在一起销售（如超市的奶粉），如有特殊优势可另辟渠道；消费者分布广泛，要求就近购买和随时挑选，则用长渠道。具体如表 8.1 所示。

表 8.1　影响渠道选择的因素

因　　素	选择直接渠道的原因	选择间接渠道的原因
顾客特点	市场潜量大 集中 需求特殊 偶尔订货	市场潜量小 分散 无特殊需求 频繁订货

续表

因　素	选择直接渠道的原因	选择间接渠道的原因
产品性质	特殊商品 技术复杂 易腐 时尚商品 单位价值高 笨重 附加服务多	便利商品 技术简便 耐久 大宗常用商品 单位价值低 轻便 附加服务少
企业状况	具有营销管理技能与经验 需要高度控制渠道 财力雄厚、声誉高	缺乏营销管理技能与经验 对渠道的控制要求不高 资金紧缺、企业知名度低
经济环境	经济繁荣	经济萧条

二、分销渠道的设计

（一）确定渠道的目标与限制

渠道目标是指企业预期达到的顾客服务水平以及中间商应履行的职能等。渠道设计环节的中心问题是确定到达目标市场的最佳途径，每一个生产者都必须在顾客、产品、中间商、竞争者、企业效果和环境等因素的限制下确定其渠道目标。

（二）明确可供选择的渠道方案

1. 中间商的类型与数目

通常来讲，考查中间商要从三个方面着手。

（1）经营能力，表示中间商实力的大小。包括资金能力（资金量）、人员能力、营业面积、仓储设备。

（2）经营水平，是中间商市场活动能力的表现，反映经营成效。具体包括适应力、创新力、吸引力程度的高低，是评价中间商经营水平的标准。其中，适应力指经营是否灵活多变；创新力是指是否不断提高服务质量，在各方面给予用户和消费者以更大的满足；吸引力是指是否研究顾客心理，满足市场需求。

（3）周转能力，指中间商的资金周转能力。具体包括：资金周转能力、偿债能力、筹集资金的能力、债权的收回能力、资金合理利用的能力。

2. 渠道成员的特定责任

渠道成员的特定责任主要有以下几项。

（1）价格政策。生产企业定出价格目录和折扣标准。

（2）销售条件。指付款条件和生产者保证。如对提前付款的经销商给予现金折扣，对产品质量的保证，甚至对产品市场价格下降时的承诺保证等。对价格不下降的保证可用来诱导经销商大量购买产品。

（3）各方应执行的服务项目。通常制定相互服务与责任条款。对此必须慎重从事，特别是在选择特许经销和独家代理渠道时尤应如此。

（4）经销商的区域权利。

3. 评估主要渠道方案

（1）经济性。判断一个渠道方案的好坏，经济标准最为重要。企业在评价渠道时，不应关注渠道商能否创造较高的销售额和较低的成本费用，而应关注能否确保最大利润。

（2）控制性。使用代理商，无疑会增加控制费用，因为代理商是一个独立的企业，它所关心的是自己如何取得最大利润。

（3）适应性。就是渠道商是否具有适应环境变化的能力，即应变力如何。

三、分销渠道的管理

（一）企业分销渠道成员之间的关系

1. 合作

同一个渠道往往是不同企业之间的结合，它们是为了谋取共同的利益。在渠道中，只有生产者、批发商、零售商互相合作，互相补充，才能得利更多。

2. 冲突

由于利益因素，渠道成员之间存在冲突，常见的冲突包括以下两类。

（1）横向冲突：指在同一渠道系统内部的同一层次中，不同企业之间的矛盾。例如，A商店对B商店在价格、广告、服务等方面有意见，因为影响了它的生意。

（2）纵向冲突：指同一渠道中不同层次企业之间的矛盾。例如，制造商在推行它的定价、服务、广告政策时，与经销商产生矛盾。

3. 竞争

渠道成员之间展开正常的竞争是有益的，它能使产品在价格、服务、质量等方面获得广泛的好评。

（二）渠道管理

渠道设计好之后，企业还要重视对渠道成员的管理。

1. 选择渠道成员

制造商对中间商的吸引力，取决于制造商本身的声誉和产品的销路。有些企业很容易找到合适的中间商，有些企业则很困难。对一个有吸引力的制造商来说，主要的问题是如何选择渠道成员。选择中间商应主要考虑以下因素：中间商的历史长短，声誉的好坏，经营范围以及销售和获利能力，收现能力，协作精神，业务人员的素质，开设地点，未来的销售增长潜力，顾客属于什么类型，购买力大小和需求特点等。

2. 激励渠道成员

激励的首要原则是站在别人的立场，设身处地地为别人着想，不应只从自己的观点出发看问题，同时也要避免激励过分与激励不足。常见的激励如表 8.2 所示。

表 8.2 渠道成员激励分类

沟通方面的激励	工作方面的激励	协助方面的激励
向经销商提供最新产品； 定期的私人接触； 定期的信息交流； 经营磋商	对经销商困难表示理解； 经常交换意见； 一起进行计划工作； 承担长期责任； 安排经销商会议	提供销售人员以加强销售队伍； 提供广告和促销方面的支持； 培训其推销人员； 提供市场调研信息； 融资支持

通常来讲，对分销商的激励要视企业与经销商的关系而进行调整。具体如下。

（1）合作。即采用积极的激励手段，也采用消极的惩罚手段。

（2）合伙。比较成熟的企业一般与它们的经销商建立一种合伙关系，达成一种协议。制造商明确自己应该为经销商做些什么，也让经销商明确它的责任，它的市场覆盖面和市场潜量，及它应提供的咨询服务和市场信息。企业根据协议执行情况对经销商支付报酬。作为生产者，除了支付中间商佣金进行激励外，还有下列主要措施：①向中间商提供各种优质产品；②大量刊登广告引导顾客购买；③帮助中间商改善经营管理；④对不合格产品负责包修、包换、包退（三包）；⑤开展各种形式的营业推广（展销、指导）；⑥合理分配利润。

（3）分销规划。这是一种最先进的办法，它是一种把制造商和经销商的需要融为一体的、有计划的、有专门管理的纵向营销系统。制造商在其市场营销部门中设立一个分部，专门负责同经销商关系的规划，其任务主要是了解经销商的需要和问题，并作出经营规划，以帮助经销商实现最佳经营。双方可共同规划营销工作，如共同决定销售目标、存货水平、陈列计划、培训计划以及广告和营业推广的方案等。

此外，生产者也可借助某些权力来赢得中间商的合作，包括强制力、奖赏力、法定力、专家力、感召力。

3. 评估渠道成员

为了保证企业正常的利润，企业还必须定期评估中间商的绩效。如果某一渠道成员绩效过低，需找出原因并采取补救办法；如果放弃或更换中间商会产生更坏的结果时，生产者只能容忍；如果不至于出现更坏的结果，就应要求中间商改进，否则取消资格。

评估的依据有：①销售定额完成情况及平均存货水平；②服务质量、顾客反映、付款情况；③与生产者的合作及今后的发展规划。

评估的方法：①现销量与前期销量作比较；②把经销商完成的实绩与定额指标作比较。

4. 调整销售渠道

增减某一渠道成员的依据是：增加或减少这个经销商对企业的赢利有何影响；调整后对其他成员会不会产生影响。调整整体渠道是企业调整渠道的大手术，因为调整整个渠道就是要改变企业营销组合的许多因素以及企业许多方面的政策。例如，原来是密集分销，改为独家销售渠道；原来是独家的销售渠道，改为企业直销。

知识拓展

窜货现象及其整治

窜货现象是指经销商置经销协议和制造商长期利益于不顾，进行产品跨地区降价销售的现象。常见的原因包括:

（1）某些地区市场供应饱和;

（2）广告拉力过大，渠道建设没有跟上;

（3）企业在资金、人力等方面的不足，造成不同区域之间渠道发展不平衡等;

（4）企业给予渠道的优惠政策各不相同，分销商利用地区之间的差价窜货;

（5）由于运输成本不同引起窜货。

窜货现象的整治措施如下。

（1）在企业内部业务员与企业之间、客户与企业之间签订不窜货、乱价的协议。

（2）外包装区域差异化。

（3）发货车统一备案，统一签发、控制货运单。

（4）建立科学的地区内部分区业务管理制度。可采取定区、定人、定客户、定价格、定激励、定监督等手段。

第三节 中 间 商

中间商是指处于生产者和消费者之间，参与产品交易活动，促进买卖行为发生和实现的、具有法人资格的经济组织或个人。中间商是分销渠道的主体，大部分制造商都需要利用中间商形成分销渠道和分销体系，中间商的优劣对企业的营销效果会产生直接甚至决定性的影响。对分销渠道进行研究，必须先对中间商进行深入的研究和分析，深入了解其功能及各种类型中间商的特点，这将有利于企业选择适当的中间商，从而实现企业的营销战略。

在商品流通过程中，中间商起非常重要的作用，它们是生产者和消费者之间的桥梁与纽带。实际上，分销渠道策略的中心问题就是中间商的选择以及生产者与中间商、最终消费者或用户之间关系的协调问题。

中间商在企业的产品分销过程中，除了能够协助或代理企业销售产品之外，还具有许多其他重要的职能。一般来说，中间商有三大主要职能，即交易职能、后勤职能和促进职能，如表 8.3 所示。

表 8.3　中间商的职能

交易职能	信息沟通和促销、洽谈和订货、承担风险
后勤职能	实体分配、分类、集中、配给、搭配
促进职能	市场调研、资金筹措

中间商按其在流通过程中所起的不同作用，可以分为批发商和零售商。

一、批发商

批发商是指从生产企业或其他中间商大量购进商品，批量供应零售商用作转卖，或供应生产企业用作生产加工为基本业务的中间商。

批发商是产品流通的大动脉，是关键性的环节，它是连接生产企业和商业零售企业的枢纽，是调节商品供求的蓄水池，是沟通产需的重要桥梁，对企业改善经营管理及提高经济效益，满足市场需求，稳定市场具有重要作用。

（一）批发商的职能

当前，随着科学技术的迅猛发展，尤其是以计算机为基础的信息技术的广泛应用，给传统的流通结构、流通方式带来了巨大的冲击，对传统的批发业提出了极大的挑战，有的人甚至认为批发业将成为夕阳行业。尽管如此，由于批发商拥有专业批发技术，与顾客建立了广泛的联系，当生产企业面对各种类型或者地区分布较广的顾客时，利用批发商能取得较高的销售效率。不管是实力雄厚的生产企业，还是比较弱小的生产企业，为了获得更高的效益，就要积极有效地运用专业批发商。批发商的社会经济职能主要有以下几个方面。

1. 销售与销售促进职能

批发商通过其销售人员的业务活动，可以使制造商有效地接触众多的小客户，从而可以发挥促进销售的作用。

2. 采购与货物分类职能

独立批发商采购产品后，通过分类、分等、分割，使各个生产商生产的各类商品分配成零售商所需要的货色，供应给零售商，可以缩短顾客选购产品的时间，以满足消费者的多样化需求。这一职能对于中小零售商来讲，尤为重要，可满足它们勤进快销、品种杂、数量少、加快资金周转的需要。

3. 运输、仓储服务职能

独立批发商还通过运输、仓储等业务，调节不同时间、不同地区的供求。这种调节生产与消费之间客观上存在的时间和空间矛盾的作用，被称为时间效用和地点效用。批发商将货物储存到出售为止，从而可以降低供应商和零售商的存货成本与风险。

4. 提供信息职能

批发商把来自生产商和零售商的购销信息汇集在一起，成为沟通信息的中枢。批发商通过向制造商和零售商提供有关的市场信息，可以减少制造商、零售商因盲目生产，盲目进货而造成的损失。

（二）批发商的主要类型

批发商主要有三种类型，即商人批发商、经纪人和代理商、制造商的销售机构及零售商的采购办事处。

1. 商人批发商（也称为独立批发商）

商人批发商，指的是自己进货，取得商品所有权后再批发出售的商业企业。商人批发商是独立企业，对其所经营的商品拥有所有权。商人批发商是批发商最主要的类型。

根据它们向顾客提供服务项目的多少，又可分为以下两大类型。

（1）完全服务批发商。完全服务批发商执行批发商的全部职能，它们提供的服务主要有保持存货、提供信贷、运送货物以及协助管理等。这类批发商之间也有一定的分工，按照面向的对象不同，可以分为工业分销商和批发商人。工业分销商主要是向制造商销售商品，批发商人要主要是向零售商销售商品。前者要求经营的产品品种、规格及型号齐全，后者则对交货期以及各种服务要求较高。

（2）有限服务批发商。有限服务批发商为了减少成本、费用，降低批发价格，只能实现批发商的部分职能和提供一部分的服务，所以称为有限服务批发商。有限服务批发商主要有五种类型：现购自运批发商、承销批发商、卡车批发商、托售批发商和邮购批发商。这些批发商都是承担一些专业的职能，在各自的领域发挥着积极的作用。

2. 经纪人和代理商

经纪人和代理商是从事购买、销售或二者兼有的洽商工作，但不取得商品所有权的商业单位。他们不存货、无财务活动、不承担风险，多见于食品、不动产、保险和证券经纪人。通过经纪人和代理商促进交易，开拓市场，是现代市场营销的一种通用手段，在市场经济发达的国家十分普遍，目前在我国也有较快的发展。

经纪人和代理商与商人批发商最大的差异表现在其经营的商品所有权问题上，经纪人和代理商没有货物的所有权，所提供的服务比有限服务商人批发商还少，其主要职能在于为买卖双方的交易提供方便，从中收取一定比例的佣金作为自己的报酬收入；两者的相似之处在于他们通常都专注于某些产品种类或某些顾客群。

同时，经纪人和代理商之间也有区别，主要表现在产品的处置权上。经纪人的主要作用是为买卖双方牵线搭桥，协助它们进行谈判，并向雇用一方收取费用，它们既不持有存货也不参与融资或承担风险，对产品不具有任何处置权；代理商虽然不拥有产品的所有权，但对产品有一定的经营处置权。

经纪人和代理商主要有以下几种：商品经纪人、制造商代理商（也称为制造商代表）、销售代理商、采购代理商和佣金商（也称为佣金行）。

3. 制造商的分销机构以及零售商的采购办事处

制造商的分销机构以及零售商的采购办事处，属于卖方或买方自营批发业务的内部组织。

（1）制造商的分销机构和销售办事处。随着生产企业的发展壮大，为了更好地了解市场，把握市场，开拓市场，生产企业往往在国内不同地区建立自己的产品销售机构，执行产品储存、销售、送货以及销售服务等职能。制造商的销售办事处主要从事产品销售业务，没有仓储设施和产品库存。制造商设置分销机构和销售办事处，目的在于掌握当地的市场动态和便于促销活动的开展。

（2）零售商的采购办事处。许多零售商在大城市及商品集散地设立采购办事处，这些办事处的作用与经纪人或代理商相似。

二、零售商

零售指的是直接向最终消费者销售商品或提供服务的活动。零售商就是从事这些活动的中间商。不论是制造商、批发商还是零售商都从事零售业务，但零售商仅指那些主要服务于广大消费者，满足个人或家庭多样化、小批量消费需要，销售量和销售额主要来自零售活动的中间商。

（一）零售商的职能

由于零售商直接面向广大消费者，能够经常地、灵活地向消费者供应在数量、质量、价格、花色、品种、规格等方面适销对路的产品，能够灵活地适应不同消费者多变的需求。

零售商的基本任务是直接为最终消费者服务，它的职能包括购、销、调、存、加工、折零、分包、传递信息、提供销售服务等；同时它又是联系生产企业、批发商与消费者的桥梁，在分销渠道中具有如下重要作用。

1. 直接为最终消费者服务

零售交易与批发交易的不同之处在于，要直接面向最终的消费者，必须通过良好优质的服务来赢得顾客，所以对营业员的业务素质和服务水平有很高的要求。

2. 信息沟通的主要纽带

由于与顾客最直接接触，可以对消费者的需求和消费倾向有最及时和准确的了解，并据此安排企业的生产活动，同时也可以向消费者不断输出商品的信息，使消费者对企业产品产生信赖，开创企业的品牌之路。

3. 提供综合服务

除了优质的产品和服务质量，零售现场的展示也是不可或缺的，比如美丽的橱窗、温馨的环境等；有的零售商店还设有公用电话、中介、家政、娱乐等服务项目和设施。

（二）零售商的主要类型

改革开放以后，随着商品经济的迅猛发展，零售业进入了一个高速发展时期，经营活动领域扩大，市场辐射能力增强，整体规模迅速扩大，新的零售组织形式层出不穷，呈现出种类繁多、网点密布的特点，形成了错综复杂的商业零售体系。

零售商可以分为三种基本类型，即商店零售商、非商店零售商和零售组织。

1. 商店零售商

（1）专用品商店。这类零售商店往往只经营某一类产品，产品组合较窄，但所经营的产品的花色品种、规格型号较为齐全。一般以经营的主要商品类别为店名招牌，如服装商店、五金商店、食品商店等。这种商店的专业化程度可以非常高，如专营纽扣的商店、专营婚纱的商店。这种超级专用品商店将会随着细分市场的再细分和目标市场的再发展而更加完善和成熟。

（2）百货商店。百货商店是指经营的商品类别多样，每一类别的商品品种齐全，经营部门是按商品的大类进行设立，是多个专业店的集中或集合。经营特点是类别多，品种、规格全，服务程度高。百货商店大多设在城市繁华区和郊区购物中心，店内装饰富丽堂皇，橱窗陈列琳琅满目。经营的商品主要是优质、时髦、高档商品和名牌货，其价格也高于一般的超级市场（约高10%～20%），经营的目标顾客是中产及中产以上阶层。

（3）超级市场。这是一种以薄利多销、顾客自我服务为特点的零售商店，主要经营各类中低档日用消费品。其营销策略是通过减少服务项目，降低营销成本，以低价格吸引顾客。超级市场主要经营各种食品、洗涤用品和家庭日用品等，其主要竞争对手是方便食品店、折扣食品店和超级商店等。早期超级市场以销售食品和少量杂货为主。为了满足消费者需要和低成本竞争的要求，超级市场越来越向多品种发展，一般拥有超过 2 万种商品，多提供中低档商品，但包装精美，说明详细，以吸引顾客和代替售货员讲解。

其他的零售商店形式有方便商店、超级商店、联合商店、特级商场、折扣商店、仓储商店以及产品陈列推销店等。

2. 非商店零售商

近年来，非商店零售发展得比较快，非商店零售商主要有以下三种形式。

（1）直复式市场营销。直复式市场营销，是使用一种或多种广告媒体传播商品信息，以使广告信息所到之处迅速产生需求反应并最终达成交易的销售系统。直复式市场营销者利用广告介绍产品，顾客可通过写信、打电话等形式订货，订购的货物一般通过邮寄交货，顾客用信用卡付款。

（2）直接销售。直接销售主要有入户推销、逐个办公室推销和举办家庭销售会推销等形式。由于需要支付雇用、训练、管理和激励销售人员的费用，因而直接销售的成本费用很高。目前，直接销售所存在的问题已经引起很多人对这种销售方式的反感。

（3）自动售货。自动售货就是利用自动售货机进行商品销售。这是设置在人流量较高的交通要道，以及车站、码头、机场、邮局、影院等场所，以用硬币开动机器自动向顾客出售商品的售货方式。自动售货的成本很高，因此商品的销售价格比一般水平要高 15%～20%。目前，自动销售的领域还在进一步扩展，自动售货的硬件也在不断得到完善。

3. 零售组织

零售组织主要有连锁商店、自愿连锁商店、零售店合作社、消费者合作社、特许专营机构和零售商合作社这样五种类型，下面着重介绍其中的三种。

（1）连锁店。连锁经营起源于美国，1859 年美国纽约的“大西洋茶叶公司”开启了连锁经营的先河。从世界各国的情况看，连锁经营方式已经渗透到零售、饮食、服务业的各个领域，现已发展到大型百货店、大型宾馆饭店、综合批发企业的连锁，而且在深度和广度方面仍存在着进一步发展的潜力。在发达国家和地区，连锁销售一般都占到市场销售额的较大比例。目前，连锁经营在我国仍处于起步阶段，因而发展前景十分广阔。

连锁经营主要有三种形式：正规连锁、自由连锁、和特许连锁（也称为特许经营）。不管是何种形式的连锁店，一般都包括两个或者更多的共同所有和共同管理的商店，它们销售类似产品线的产品，实行集中采购和销售，还可能具有相似的建筑风格。概括地说，连锁店能够在市场竞争中取得成功的根本原因，就在于连锁经营形式能够促使其实现成本优势、价格优势、品牌效应、大销售量的良性循环。

（2）消费者合作社。消费者合作社是一种消费者自发组织、自己出资、自己拥有的零售单位。消费者合作社采用出资人投票方式进行决策，并推选出一些人对合作社进行管理。消费者合作社可以定价较低，也可以按正常价格销售，年终根据每个人的购货数量给予惠顾红利。

（3）零售商合作社。零售商合作社是一种由中小零售商为对抗大零售商和零售集团而自发地、以契约形式进行横向联合，通过统一进货和联合进货以取得价格优势，从而在商品销售中获得与大零售商抗衡的条件，并通过综合性、整体性的管理运作为所属零售商创造良好的经营环境与条件。

本章小结

在现代商品经济条件下，企业通常都要通过销售渠道把产品在适当的时间、地点，按适当的数量和价格转移到消费者手中，并通过满足购买者的需要来实现企业的营销目标，因此分销渠道是关系到企业能否持续、稳定发展的关键因素之一。本章首先就分销渠道定义、作用、特征和不同角度的分类进行了概述；其次分析了产品特点、顾客状况、企业情况及经济环境等影响分销渠道选择的因素，并就分销渠道的设计和管理进行了阐述；最后对中间商进行了深入的研究和分析。

知识巩固

一、名词解释

分销渠道　间接渠道　零售商　代理商　独家分销

二、判断题

1. 直接渠道是渠道中的主要类型。(　　)
2. 分销渠道不可以根据渠道层次的数目来分类。(　　)
3. 经纪人和代理商是具有商品所有权的中间商。(　　)
4. 生产者直接将其产品销售给消费者或用户属于直接渠道，其他均为间接渠道。(　　)
5. 渠道成员之间的关系有合作、激励、调整和竞争。(　　)
6. 渠道设计的中心问题是确定到达目标市场的最佳途径。(　　)
7. 专用品商店经营的产品线较为狭窄，但花色品种齐全。(　　)
8. 批发商实现的是商品和劳务在时间上和空间上的转移。(　　)
9. 企业使用代理商不会增加控制上的问题。(　　)
10. 零售商可以分为三种基本类型，即商店零售商、非商店零售商和零售组织。(　　)

三、选择题

1. 当生产量大且超过了企业自销能力的许可时，企业的渠道策略应为（　　）。
   A. 直接渠道　B. 间接渠道　C. 专营渠道　D. 都不是
2. 制造和分销的各个环节都归一方所有并受其控制，这种营销渠道叫作（　　）。
   A. 所有权式垂直分销渠道结构　B. 管理式垂直分销渠道结构
   C. 契约式垂直分销渠道结构　D. 水平式分销渠道结构
3. (　　) 宜采用最短的分销渠道。
   A. 单价低、体积小的日常用品　B. 处在成熟期的产品
   C. 技术性强、价格昂贵的产品　D. 生产集中、消费分散的产品
4. 当目标顾客人数众多时，生产者倾向于利用（　　）。
   A. 短渠道　B. 窄渠道
   C. 直接渠道　D. 长而宽的渠道
5. 生产消费品中的便利品的企业通常采取（　　）的策略。
   A. 直销　B. 独家分销　C. 密集分销　D. 选择分销

四、填空题

1. 分销渠道也称为销售渠道。它的起点是________，终点是________。
2. 影响分销渠道选择的因素有________、________、________、________。
3. 批发商主要有三种类型，即________、________、________。
4. 通常来讲，生产者也可借助某些权力来赢得中间商的合作。包括________、________、________、________、________等。
5. 窜货是指经销商置经销协议和制造商长期利益于不顾，进行________的现象。

五、思考题

1. 试分析在市场经济的环境下，营销渠道对企业管理有何重要意义。
2. 高新技术企业最适宜采取哪些渠道策略？
3. 随着我国国民经济的发展，很多家庭都逐步富裕，家庭汽车拥有量也逐年上升。试分析这一现象给超市经营在渠道建设中带来的机会和威胁。
4. 企业在互联网时代应该采取什么样的渠道策略？

某企业的手机渠道建设

对于在品牌形象、技术含量、款式设计等方面与诺基亚、三星等国际品牌有相当差距的某国产品牌手机来讲，手机渠道建设无疑是在有限的市场份额中再分一杯羹的最直接办法。

现在的手机市场与几年前的已经完全不能相比了，包括诺基亚与摩托罗拉在内的品牌，其产品价格已经覆盖了几百元到数千元的不同价位，层层挤压国产手机的份额。因此，建立什么样的渠道模式，或者说现在选用的手机渠道模式是否有用，首先取决于该品牌的市场定位。

诺基亚和摩托罗拉目前的市场定位无疑是商务人士，他们在这个领域的竞争是非常激烈的，而三星则紧盯着青年购买群体。相对来讲，该品牌在外形上与三星颇有相似，那定位又在哪里呢？

现在光顾彩电大卖场的无疑以市民百姓居多，彩电渠道模式的最大优势也是压缩渠道成本、周期，对于减少库存，缓解资金压力是有帮助的。但事实上，大卖场的手机成交量远远低于手机专业卖场，对于提高市场占有率是不利的。另外渠道模式选择的另一个影响因素就是渠道成本。依托经销商进行销售，虽然会层层叠叠，但却可以帮助该品牌省去不少分支机构的开支与成本。

我们可以来分析一下目前手机的渠道现状。一方面，由于多年手机的竞争，经销商的销售能力和专业水平已经没有问题了；但另一方面，由于手机品牌众多，经销商的品牌忠诚度也急剧下降，他们选择品牌更多的是看谁的手机好卖，利润合适，并且后续的麻烦更少。同时，由于品牌众多，除部分消费者对大品牌有忠诚度外，购买者受经销商推荐的影响较大。该品牌如何找到空间？

案例思考

案例中品牌应该建立什么样的手机分销渠道？请用图示将设想的分销渠道描述出来。

实训项目

渠道的变化是当今企业面临的困惑。传统的经销体系受到了多方面的威胁，以强调厂商共同利益的成功模式正受到来自超级终端的挑战，传统经销商也在寻找着自身的生存价值与出路。留给中间商的利润空间正受到挤压。如何抓住销售渠道的变化趋势，建立企业的渠道竞争力呢？

一、任务实例描述

从通信、信息技术、家电、汽车、酒业、电工照明、流通和电力等多个行业中选择某个行业，进行营销渠道分析。

二、完成任务实例的操作过程

（1）在调查的基础上选择行业。

（2）通过市场调研，进行渠道分析。

（3）在调查分析的基础上进行小组讨论。

（4）形成书面报告。

第九章

促销策略

总体目标

1. 掌握促销与促销组合。
2. 掌握人员推销、广告、公共关系、营业推广四种促销手段的定义及促销策略。
3. 熟悉促销组合的综合应用策略。

案例点评

屈臣氏单店平均年营业额高达2 000万，这与其促销活动有很大关系。一些消费者受屈臣氏促销活动的影响，以逛屈臣氏商店为乐趣，并在购物后仍然津津乐道，有种"淘宝"后莫名喜悦的感觉，这一成果可谓达到了商家经营的最高境界。

屈臣氏认为，城市高收入代表的白领丽人并不吝惜花钱，物质需求向精神享受的过渡使她们往往陶醉于某种获得小利后成功的喜悦，祈望精神上获得满足。屈臣氏对这个微妙的心理细节的正确判断，成功地策划了一次又一次的促销活动。

屈臣氏的促销活动算得上是零售界最复杂的，不但次数频繁，而且流程复杂，内容繁多，每进行一次促销活动更是需要花很长时间去策划与准备。策划部门、采购部门、行政部门、配送部门、营运部门都围绕着这个主题运作。

2004年6月16日，屈臣氏中国区提出"我敢发誓，保证低价"承诺，并开始了以此为主题的促销活动，每期15天。至2007年年底之前，屈臣氏的促销活动经历了两个较大的转型，转型过程大致可以总结为以下三个阶段。

2004年6月以前为第一阶段，在这段时间里，屈臣氏主要以传统节日促销活动为主，重视情人节、万圣节、圣诞节、春节等节日，促销主题多种多样。

第二阶段是2004年6月提出"我敢发誓，保证低价"承诺之后，以宣传"逾千件货品每日保证低价"为主题，每期《屈臣氏商品促销快讯》的封面都会有屈臣氏代言人高举右手传达"我敢发誓"信息；2004年11月，屈臣氏作出了宣言调整，提出"真货真低价"，并仍然贯彻执行"买贵了差额双倍还"方针。截至2005年6月，屈臣氏一共举行了30期的促销推广。

第三阶段是2005年6月起，屈臣氏延续特有的促销方式并结合低价方针，淡化了"我敢发誓"的角色，特别是2007年，促销宣传册上几乎不再出现"我敢发誓"字样，差价补偿策略从“两倍还”到“半倍还”到最终不再出现类似策略，促销活动变得更加灵活多样，并逐步推出大型促销活动，如“大奖POLO开回家”、“百事新星大赛”、“封面领秀”、“VIP会员推广”。至此，屈臣氏促销战略成功转型。

（本文整理自袁秋胜2007年12月24日发表的《屈臣氏促销案例剖析》一文，原文地址为 http://www.chinavalue.net/Article/Archive/2007/12/24/93108.html）

促销是企业为了诱导消费者购买其产品所进行的说服、沟通活动，是企业营销活动中的一个重要环节。屈臣氏的促销活动针对目标顾客群体的消费特征而设计，使顾客不仅获取物质优惠，还可以从参加活动的过程中得到愉悦的心理体验。屈臣氏之所以能够将目标顾客牢牢地“拴”在自己的品牌上，促销策略的正确使用功不可没。

第一节　促销与促销组合

一、促销的含义

促销（Promotion）是指通过人员推销或非人员推销的方式，向目标消费者传递产品或服务的存在及其性能、特征等信息，帮助消费者认识商品或劳务所带给购买者的利益，从而引起消费者的兴趣，激发消费者的购买欲望及购买行为的活动。促销是企业市场营销活动中的重要环节，企业通过人员推销、广告、公共关系、销售推广等促销手段把企业的产品或服务信息传递给消费者，以影响和促进消费者的购买行为，或使消费者对企业及其产品或服务产生好感和信任。

促销即促进商品销售，是企业通过人员和非人员的方式，沟通企业与消费者之间的信息，引发、刺激消费者的消费欲望和兴趣，促使其产生购买行为的活动。

1. 促销的特点

促销是企业向消费者传递信息并影响消费者行为的过程。它具有以下三个特点。

（1）促销的核心是信息沟通。促销的实质是企业与消费者之间的信息沟通与传递。信息沟通是企业进行促销活动的基本要求。只有首先将产品信息传播给消费者，企业才能进行深层次的说服工作。

（2）促销的任务是向消费者通告产品的存在及性能特点。

（3）促销的目的是激发消费者的购买行为。促销不仅仅是传递信息，更重要的是引发消费者的兴趣，刺激消费者欲望并促使其采取购买行动。因此，促销的目的是诱导需求，激发购买欲望，以扩大市场占有率。

（4）促销的方式包括人员推销和非人员推销两大类。

人员推销即企业运用销售人员向消费者直接推销产品。这种方式适合于工业产品、大宗产品的促销，其优点是信息沟通灵活、及时，但成本较高。

非人员推销是企业通过一定的渠道或手段传递企业、产品信息，以促使消费者购买，包括广告、公共关系和销售促进。

一般来说，人员促销针对性较强，但影响面较窄；而非人员促销影响面较宽，针对性较差。企业促销时，只有将两者有机结合并加以运用，方能发挥其理想的促销作用。

2. 促销的实质

企业促销的实质是一个沟通过程。而所谓沟通，就是传递信息，即传递实际情况或感情，并使之为人所知。通常，一个完整的、有效的沟通过程包括八个相互联系的因素，即信息源、信息、编码、信道、解码、信宿、反馈以及噪声等，其中信息源和信道表示沟通的主要参与者，是信息和媒体沟通的主要工具；编码、解码、反应和反馈表示沟通的主要职能；噪声表示环境（内、外环境）影响（参见图 9.1）。

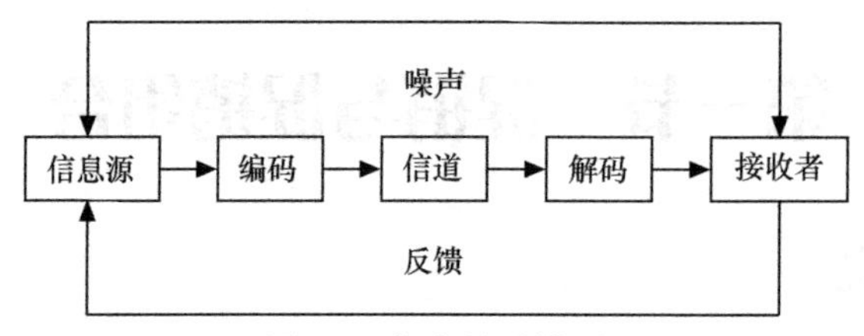

图 9.1 信息传递模型

（1）信息源，又称发送者，是任何有信息要传送给某接收者的主体，可以是个人、企业或非商业性组织。一般而言，发送者越是被认为是可信赖的，发送的信息就越容易被接收者认为是可信的，也就越容易被接受。

（2）信息，即发送的内容。信息是发送者思想的一种体现，可以通过不同形式和渠道等进行传播，如宝洁公司的各类洗发产品信息的传播就是以广告的形式通过电视媒体进行的。而沟通过程的效果取决于目标接收者如何理解发送者发出的信息。

（3）编码，指将信息源的信息转化为可被接收的符号。编码是将意图信息转化为符号信息的过程。编码的结果会由于接收者的经验与知识水平不同，而被不同的接收者赋予不同的意义或解释。因此，发送者必须对编码符号进行认真选择，编码符号必须基于发送者与接收者之间的共同标准，否则就会产生歧义、甚至曲解。

（4）信道，又称传播媒介。信道是指将编码后的信息传送给接收者的传播媒体。它可以是大众媒体，如电视、电台、报纸、杂志，也可以是直达消费者的媒体，如人员推销、电话、邮寄、网络等。

（5）解码，是指接收者将发送者发出的信息进行解释和理解的过程。不同的接收者会对接收到的信息作出不同的解释，发送者要尽力使不同接收者的解释相一致，并符合其原意。

（6）信宿，即接收者。是指接收到发送者信息的对象。接收者对发送者发出的信息赋予含义，并会根据接收的信息作出反应。

（7）反应，是指接收者收到信息后的反响。反应发生在接收者与发送者交流之时，可通过购买过程或询问更多的信息来表现。

（8）反馈，指接收者将反应部分传回发送者。发送者可以通过返回的信息调整其沟通过程，以进行更有效的沟通。

（9）噪声，指的是妨碍信息接收的因素。噪声会扭曲沟通过程，使接收者收到的信息与发送者发出的有所出入，甚至根本收不到信息，影响到沟通过程的一个或全部环节。

有效的沟通必须考虑以上各种沟通因素：谁要说？说什么？怎么说？对谁说？有什么反应？如何减少各类噪声干扰？并且，传播信息的符号形式应该是发送方与接收方都熟悉、理解的。

二、促销的作用

1. 传递信息，强化认知

销售产品是市场营销活动的中心任务，信息传递是产品顺利销售的保证。信息传递有单向和双向之分。

单向信息传递：指卖方发出信息，买方接收信息，它是间接促销的主要功能。产品在尚未进入市场之前，企业应及时向中间商和消费者提供产品情报，引起他们的注意，中间商也要向消费者传递信息，争取他们成为现实的购买者。

双向信息传递：买卖双方互通信息，双方都是信息的发出者和接收者，直接促销有此功能。在促销过程中，卖方向买方发出企业和产品的信息，买方向卖方反馈对产品价格、质量和服务等有关信息，促使生产者、经营者取长补短，更好地满足消费者的需求。

2. 突出特点，诱导需求

在同类商品竞争日益激烈的形势下，许多产品只有细微的差别，仿制品也不断出现，消费者往往不易察觉，企业通过促销活动可以做到：告知消费者本企业产品与竞争产品的不同特点，可给消费者和用户带来的特殊利益，使消费者乐于认购本企业产品，这样不仅可以唤起需求，还可以创造需求，增加需求或恢复需求，收到扩大销售的效果。

3. 指导消费，扩大销售

在促销活动中，营销者循循善诱地介绍产品知识，一定程度上对消费者起到了教育、指导作用，从而有利于激发消费者的需求欲望，变潜在需求为现实需求，实现扩大销售的目标。

4. 形成偏爱，稳定销售

在激烈的市场竞争中，企业产品的市场地位常不稳定，致使有些企业的产品销售此起彼伏，波动较大。企业运用适当的促销方式，开展促销活动，可使较多的消费者对本企业的产品产生偏爱，进而稳住已占领的市场，达到稳定销售的目的。

三、促销组合及促销策略

（一）促销组合

促销组合就是企业根据产品的特点和营销目标，综合各种影响因素，对各种促销方式的选择、编配和运用。

促销组合常采用广告、人员推销、公共关系、销售促进等促销手段进行组合。

（二）促销策略

1. 推式策略

推式策略侧重运用人员推销的方式，把产品推向市场，即从生产企业推向中间商，再由中间商推给消费者。推式策略一般适合于单位价值较高的产品，性能复杂、需要作示范的产品，根据用户需求特点设计的产品，流通环节较少、流通渠道较短的产品，市场比较集中的产品等。

2. 拉式策略

拉式策略是指企业运用非人员推销方式把顾客拉过来，使其对本企业的产品产生需求，以扩大销售。对单位价值较低，市场比较分散的日常用品，流通环节较多、流通渠道较长的产品，市场范围较广、市场需求较大的产品，常采用拉式策略。

实践中，一些工业品公司只采用推式策略，如医疗机械公司，而一些采取直接营销的公司则只用拉式策略。但大多数的公司采用的是推拉结合的混合策略，也就是说，一方面要用广告来拉动最终用户，刺激最终用户产生购买欲望；另一方面要用人员推销的方式向中间商推荐，以使中间商乐于经销或代理自己的商品，形成有效的分销链。如可口可乐公司，一方面通过地毯式广告轰炸，树立品牌，刺激消费者购买；另一方面，大力支持中间商，帮助中间商铺货、促销，使产品随时随地到达消费者的手中。

（三）制定促销组合策略应考虑的因素

企业在实际促销活动中，是采用一种促销方式，还是采用两种或两种以上的促销方式？这就需要选择。如果选择两种或两种以上的方式，就要涉及以哪种方式为主、以哪几种方式为辅的问题。把各种促销方式有机搭配和统筹运用的过程就称为促销组合。促销组合是指企业根据产品、市场性质等因素的不同，将直接促销手段和间接促销手段加以灵活选择、巧妙组合和综合运用，形成一套针对选定的目标市场的促销策略。它体现了整体决策思想，即将各种促销方式有目的、有计划地组合起来，形成整体效果最优的促销决策。促销组合包括促销沟通过程的各个要素的选择、搭配及其运用。如何选择、搭配、有效地运用促销组合，如何优化促销组合，是每一个企业需要面临的问题。企业必须考虑预算、产品特点以及产品生命周期、促销策略、消费者购买阶段等因素。

1. 促销目标

企业在不同时期及不同的市场环境下执行的特定促销活动，都有其特定的促销目标。促销目标不同，促销组合也就有差异。举例如下。

（1）在一定时期内，某企业的营销目标是在某一市场迅速增加销售量，扩大企业的市场份额。我们分析一下：这个企业的促销目标强调的是近期效益，属于短期目标。促销组合应选择以更多的广告和营业推广为主。

（2）另一个企业的营销目标是在该市场树立企业形象，为其产品今后占领市场，赢得有利的竞争地位奠定基础。这个企业需要制订一个较长远的促销组合方案，建立广泛的公共关系则非常重要，与之配合的应是广告宣传。

2. 产品因素

（1）产品性质。不同性质的产品，购买者和购买目的各不相同，因此，对不同性质的产品必须采用不同的促销组合和促销策略。一般说来，在消费者市场，因市场范围广而更多地采用拉式策略，尤其以广告和营业推广形式促销为多；在生产者市场，因购买者购买批量较大，市场相对集中，则以人员推销为主要形式。

（2）产品生命周期。同一种产品处于不同生命周期则应采取不同的促销组合策略，见表9.1。

表9.1 不同生命周期阶段可选用的促销策略

阶　段	促销目标重点	主要促销方式
投入期	认识了解产品	各种介绍型广告、人员促销
成长期	提高产品知名度、增进兴趣与偏爱	改变广告形式与内容
成熟期	增加产品美誉度	企业形象广告为主
衰退期	促成信任购买	营业推广为主，辅以提醒式广告

3. 市场条件

市场范围、类型、规模不同，促销组合策略也有差异。

（1）目标市场范围。市场范围大（全国或国际），则应以广告促销为主；小规模本地市场以人员推销为主。

（2）目标市场类型。消费者市场以广告促销为主；生产者市场以人员推销为主。

4. 促销预算

任何促销活动的实施都需要花费一定的费用。促销费用在一定程度上可以说是影响企业选择促销组合策略的最主要因素。在促销费用一定的情况下，如何在不同促销手段中进行合理分配以达到最佳的促销效果就成为促销组合策略决策的主要问题。不同促销方式与媒体的费用差异很大，企业应全面衡量，综合比较，促使有限的费用发挥出最大效用。企业要运用一些预算方法作出促销预算，确定其应该支出多少促销费用，以便筹措资金和进行费用支出控制。

5. 消费者购买阶段

消费者购买阶段不同对企业促销方式会产生直接影响。消费者购买阶段包括四阶段：知晓、了解、信任以及购买。一般而言，广告、销售促进和公关宣传在建立购买者知晓方面比人员推销作用显著，但购买者购买与否以及购买多少，广告和公关宣传的作用不甚显著，而人员推销的作用十分明显。

（1）知晓阶段。促销组合的次序是：广告、销售促进、人员推销。

（2）了解阶段。促销组合的次序是：广告、人员推销。

（3）信任阶段。促销组合的次序是：人员推销、广告。

（4）购买阶段。促销组合的次序是：人员推销为主，销售促进为辅，广告可有可无。

第二节 人员推销策略

一、人员推销的概念及特点

人员推销是企业运用推销人员直接向消费者推销产品的一种促销活动。根据美国市场营销协会的解释，人员推销是指企业通过销售人员与目标消费者或潜在消费者进行直接接触、介绍、推销企业产品的促销方式。它的主要内容是销售人员直接与目标消费者沟通，传递企业产品信息，促成消费者的购买。

人员推销是企业主要的促销手段。对于工业产品、大宗产品或单位购买产品，如工业原料、机器设备、办公用品等，仅仅凭借广告、公共关系、销售推广等促销手段是很难把产品销售出去的，企业必须派出具有专业素质的销售人员向目标消费者或潜在消费者介绍产品、现场示范，解答消费者疑问等，才有可能促成消费者的购买。

人员推销与非人员推销相比，其优点主要表现在以下方面。

（1）传播信息的双向性。成功的传播应该是一个信息双向传递的过程。与其他促销方式不同的是，人员推销是信息在同一时间进行双向传递的传播过程。一方面，销售人员通过向消费者介绍产品的相关信息，如产品质量、功能、特点、价格、服务等情况，来实现促进产品销售的目的。另一方面，销售人员通过与消费者的直接接触，能及时掌握消费者对企业和产品的评价以及一手的市场情报，为企业制定合理的市场营销策略提供依据。

（2）促销过程的灵活性。销售人员与消费者直接联系，可以掌握消费者的态度、行为特点，并依据不同消费者的特点，有针对性地选用适当的工作方法，以适应消费者，诱导其购买。

（3）促销目标的针对性。由于销售人员确定的对象往往是经过充分的市场调查和分析甄选出来的潜在的目标消费者，比其他的促销方式有更明确的销售对象。

（4）销售关系的长期性。销售人员与消费者直接接触，长期联系，双方可以建立友好的商务友谊关系，有助于开展产品销售工作以及培养忠实消费者。

尽管人员推销是一种有效的促销方式，但其也有以下缺点。

（1）成本费用高。选择和培养优秀的销售人员对企业来说耗费较大。人员推销的费用通常高于其他的促销手段。广告、公共关系、销售促进只要花费较低单位成本，就可以接触到一个潜在消费者，但销售人员接触到一个潜在消费者往往要花费高出几十倍、几百倍的费用。

（2）流动性高。销售人员的流失率普遍较高，在美国，平均每年的销售人员流动率为27%。企业培养销售人员需要花费大量的时间、金钱，一旦销售人员流失，特别是转向竞争对手的企业，往往会给企业带来巨大损失。

二、人员推销的指导思想观

推销人员从事推销活动，首先要掌握推销的指导思想。它影响着推销员对推销原则、推销方法和推销技巧的选择和发挥，决定着推销效果的差别。目前，在企业人员推销实践中存在着两种截然不同的推销观。

1. 强力推销观

它把人员推销理解为企业的“卖”，即认为推销是企业出售产品的活动。它是站在企业的立场上，强调如何将产品销售出去，想法使自己赚更多的钱；其重要特点为没有顾及消费者的需求。在此观念的指导下，推销人员为使产品得以销售，采取了各种硬性的强力推销措施，或进行软磨硬泡、带有欺骗性的推销。用此观念来指导推销活动，可能获得一时之利，但会失去消费者的信任，导致未来销售工作的失败。

2. 以消费者为中心的推销观

它把推销理解为消费者的“买”，即认为推销是消费者购买产品的活动。此观念强调的中心是：一切推销策略的运用，旨在满足消费者的需求和解决消费者的问题，以此达到企业赢利的目的。这种以“消费者为中心”的推销观念是企业获得消费者信任，保证长期销售工作顺利开展的有力保障。

三、推销人员应具备的素质

推销员，是从卖自己的面子而不是卖商品开始的。自己的面子卖不卖得出去，是决定于对方买不买，不是推销员可以片面决定的，但是推销员所应有的素质是推销成功与否的关键。

1. 态度热忱，勇于进取

推销员应具备良好的服务精神。了解顾客的需要，解决顾客的困难，当好顾客的顾问，创造推销的机会。

2. 求知欲强，知识广博

推销员应拥有丰富的业务知识，至少应该熟悉以下知识。

（1）企业知识：历史和现状、地位、规划、利润目标、产品及定价策略。

（2）产品知识：产品性能、用途、用法、维修及管理程序。

（3）用户知识：购买动机、习惯、时间、地点、方式。

（4）市场知识：现实用户和潜在用户数量、需求量及趋势、市场竞争情况。

3. 文明礼貌，善于表达

推销员应具有良好的举止风度和工作作风。

首先要文明礼貌，守时守信，尊重顾客选择，遵守公司规定。其次要善于表达，推销员的魅力在于博闻强记、能言善道。

4. 知识丰富、善于学习

丰富的知识是销售人员成功推销的有利条件。

优秀的销售人员需要具有过硬的专业知识，要对企业和产品有深刻的认识，熟练掌握相关的企业、产品知识。同时，还要有丰富的社会学、心理学知识，善于与消费者沟通，建立良好的、长期的商务关系。除此之外，优秀的销售人员也应该不断学习，提高自身的知识水平。

5. 反应灵敏、技巧娴熟

销售人员面对复杂的市场环境需要具备灵活的反应力，并善于把握时机，迅速行动。这就要求销售人员还要具备娴熟的工作技巧，能对不同的市场环境采用适当的推销方法。

6. 要有良好的心理和身体素质

由于工作的性质，销售人员要有较强的心理素质和身体素质。销售人员要适应各种市场环境，以平和的心态面对困难，并且要有一个健康的体魄，只有这样，才能适应灵活多变、繁重的销售工作。

7. 要有良好的礼仪形象及行为规范

作为一名销售人员，给消费者留下的第一印象是至关重要的，它往往决定着销售的成败。因此，销售人员应十分注意仪表、形象。衣着、打扮都应符合一定的商务礼仪规范。另一方面，销售人员也应具备良好的语言表达能力，要做到语言亲切、简练、清晰。同时销售人员要做到要谦虚谨慎，善于倾听他人的发言。

四、人员推销过程及技巧

人员推销是一个复杂的促销过程，包括寻找潜在消费者，确认理想目标消费者，与目标消费者接触，介绍产品，排除异议，把握时机达成交易以及售后服务等工作。

1. 寻找潜在消费者

销售活动的第一步就是寻找、确定潜在消费者。寻找潜在消费者，主要有以下途径。

（1）广告搜寻法。利用广告发布产品信息，由销售人员对被广告吸引来的消费者进行推销。广告搜寻法传播速度快，范围广，比较节省人力、物力和财力，适合向大量分散的潜在消费者推销产品。

（2）会议寻找法。销售人员可以利用各种行业会议、展览会等机会，与其他会议参与者接触、联系，以寻找潜在消费者。

（3）公共资料的收集。政府及相关部门，行业协会通常会定期发布企业名录，一般企业名录上会列出该行业主要企业的名称、地址和联系方式，这样的名录可以成为寻找潜在消费者的重要资料。企业也可以收集其他渠道发布的市场信息。这种方法成本低、见效快。

2. 确定理想目标消费者

找到潜在消费者并不等于所有的潜在消费者都会购买产品。销售人员还要对所有潜在消费者进行调查、分析、选择，找到那些有购买需求和支付能力的消费者，然后集中时间和精力，开展对选定的目标消费者的销售工作。企业可以把确定的目标消费者分成A、B、C三个等级，并针对不同的消费者等级安排不同的销售访问工作。

3. 与目标消费者预约联系

选定理想的目标消费者之后，销售人员需要与目标消费者进行预约联系。能够与目标消费者建立联系，得到消费者的接待，是成功销售的第一步。与目标消费者进行联系的方法主要有以下几种。

（1）电话预约。电话预约指通过电话与销售对象取得联系，要求面谈。如果是初次电话联系，需要简短地告知对方自己的单位、姓名、职务、打电话的事由，然后请求与之面谈。电话联系需要注意的是务必使消费者在较短的时间内对自己的产品产生兴趣，争取对方的面谈机会。

（2）信函约见。信函约见指使用信函、传真或电子信箱等方式与消费者联系，请求面谈。这种方法的优点是可以将产品的信息随信函一起寄给对方。但由于不能当时知道对方的反应，需要等待对方回复，因此效果不如电话预约。

（3）介绍约见。介绍约见是指通过他人的介绍来约见消费者，可以请熟悉的相关人员引见，安排与目标消费者见面的机会。这种方法比较容易取得潜在消费者的信任，成功率高。

（4）访问前准备。销售人员在初次访问消费者前，需要做好一些准备工作，包括：熟悉产品知识，熟悉潜在顾客，拟定访问计划。

4. 与目标消费者接触

销售人员在与目标消费者接触的过程中要善于倾听，从中了解消费者需求，并要对消费者的问题及时回答，解决问题。此时，要十分注意给消费者留下良好的印象，才有可能销售产品。

5. 排除异议

销售人员在与目标消费者接触的过程，消费者经常会提出各种问题，甚至反对意见，并可能会遭到拒绝。当销售人员努力施展各种推销手段来极力地推销自己的产品时，部分消费者却极有可能在不屑一顾的神情中迎头泼上一盆冷水，对其所推销的商品提出这样或那样的不同意见。这是正常的现象。排除异议的核心任务是激发愿望。当消费者发生兴趣之后，心理活动进一步发展进入评价阶段。评价是一种犹豫不决的状态，因为还有这样那样的疑虑和异议，不排除这些疑问、异议，就难以激发顾客的购买愿望。因此，在处理消费者异议时，销售人员需要做到以下几点。

（1）保持冷静，不要与消费者反驳，避免产生争吵，给消费者留下不好印象。

（2）轻松自如，充满自信，对待各类问题要尽量予以解答，对于不能解答的问题要委婉地解释，并要尽快回复消费者。

6. 把握时机、争取订单

在实际进行的、具体的推销工作中，出于各种自我保护的心理，顾客通常不主动地提出成交，即使心里很希望成交，也不愿首先提出成交。这就需要作为推销主体的推销人员敏锐地捕捉到顾客自觉或不自觉地表露出来的某些成交意向。推销人员应不失时机地运用适当的推销策略与相应的语言技巧，促成销售、实现成交目的。消费者购买意向常常伴随着一些信号和迹象，以各种方式流露出来，可能表现为动作、表情、评论或提问等。

（1）表情信号，如消费者频频点头，对产品介绍表示满意；或者紧锁的双眉分开、兴致盎然。

（2）动作信号，如本来紧张的双手放松；耸起的双肩放松下来；向你靠近，探过身来；拿起订货单。

（3）提问信号，如询问订货期和连带服务；询问价格或试探最大的折价限度；询问产品质量的细节问题，对质量或细节问题流露出关切之情；询问产品使用、保养和维修方法。

（4）评论信号，如“我正在寻找这样的产品！”，“这正是我所需要的！”。当出现了有利信号，就要抓住时机，促成交易。可以直接要求订货，也可以试探摸底性地要求订货。当谈判成交出现价格或其他条件上的分歧时，暂时退却和作出妥协是促使交易成功所不可缺少的策略。达成交易的瞬间，是推销过程中关键阶段的关键时刻，推销人员要注意在面对成功时，神情自然，切勿拖延，如果最后不能成功，也要平静对待，总结教训。

7. 售后服务

订单完成后，并不等于销售过程的完成，销售人员需要提供后期的服务，履行销售诺言，维护良好的商誉，为今后的商务往来打下基础。售后服务项目主要有：产品免费检查，产品定期保养，产品维修，产品使用指导说明，送给顾客新资料，送给顾客关于行业的商情资料，其他免费服务。表现形式主要有：亲自拜访，信函问候，电话致意，处理投诉。投诉产生的原因主要有产品的原因，服务的原因，使用的原因等。处理投诉的技巧主要包括：感谢消费者的反馈，仔细倾听，绝不争辩，找出问题，迅速采取补偿行动。

五、人员推销的形式、对象、策略

1. 人员推销的形式

（1）上门推销。上门推销是最常见的人员推销方式。它是由推销人员携带产品的样品、说明书和订单等走访顾客，推销产品。

（2）柜台推销。又称门市推销，是指企业在适当地点设置固定的门市，由营业员接待进入门市的顾客，推销产品。门市的营业员是广义的推销人员。

（3）会议推销。它指的是利用各种会议向与会人员宣传和介绍产品，开展推销活动。例如，在订货会、交易会、展览会、物资交流会等会议上推销产品。

2. 人员推销的对象

通常来讲，人员推销的对象包括：消费者、生产用户、中间商三类。

3. 人员推销的基本策略

（1）“试探性”策略。指在推销员尚未了解顾客性格、文化、职业、需要等特征的情况下所采取的一种策略。其过程为渗透性交谈→观察顾客反应→了解需求→刺激、诱发购买动机→引导顾客产生购买行为。这种策略也叫“刺激—反应”策略。

（2）“针对性”策略。指推销员针对顾客的现实需求与潜在需求开展积极主动的洽谈，以引起顾客兴趣，达到促成交易的目的，所以也叫“配方—成交”策略。

（3）“诱导性”策略。指通过交谈，看对方对哪些商品感兴趣，对哪些知识的需求最迫切，然后因势利导，诱发他们对感兴趣的商品和技术知识产生购买动机，并抓住时机介绍本企业营销的同类商品或相关商品，实现购买行为以达成交易，所以也叫“需求—满足”策略，它属于“创造性推销”策略。

六、人员推销的奖励、考核与评价

1. 奖励

（1）薪金制。指无论推销员的业绩如何，都按固定的工资标准支付报酬，有利于控制推销员，推销员收入稳定。

（2）佣金制。根据推销员完成一定数量的销售额支付一定比例的佣金，超额给予奖励金，有利于调动积极性。

（3）混合制。薪金和佣金混合使用及各种机动待遇，目的在于鼓励工作热情。

通常，推销员的固定工资占 70%，机动工资待遇占 30%。在美国，28%的企业采用全部固定工资制，21%的企业是佣金制，50%的企业是工资和佣金综合制。

2. 考核与评价

（1）考评资料的收集。包括推销人员销售工作报告、企业销售记录、顾客及社会公众的评价、企业内部员工的意见。

（2）考评标准的建立。① 基于成果的考核标准：销售量、毛利、访问率、访问成功率、平均订单数目、销售费用及费用率、新客户数目。② 基于行为的考核标准：销售技巧、销售计划的管理、收集信息、客户服务、团队精神、企业规章制度的执行等。

第三节 广 告 策 略

一、广告概述

（一）广告的定义和特征

广告作为一种传递信息的活动，它是企业在促销中普遍重视的、应用最广的促销方式，以促进销售为目的，付出一定的费用，通过特定的媒体传播商品或劳务等有关经济信息的大众传播活动。

在市场营销学中，广告通常指的是狭义的广告，也叫商业广告，美国市场营销协会为广告所作的定义是："广告是由特定的广告主以付费的方式通过各种传播媒体，对商品、劳务等信息进行的非人员促销活动。"

通常来讲，商业广告具有以下特征。

（1）广告是付出费用的信息或活动。首先，广告是一种经济活动；其次广告信息是经过加工提炼而来的；最后，广告是广告主维持组织发展的一种途径。

（2）广告有明确的广告主。广告在宣传广告主的同时，公开广告主的责任和义务。

（3）广告是经过处理的信息，但不等同于艺术，而和产业化、社会化紧密相关。

（4）广告是通过一定的媒体，把企业的产品或劳务信息传播给消费者，期望引起注意，产生深刻印象，唤起消费者的购买欲望。

（二）广告的构成要素

广告是一种动态活动过程，不仅仅指某种信息。通常，广告活动由广告主体、广告中介、广告内容和广告客体四个要素构成，缺一不可。

（1）广告主体，指广告活动的提议者、策划创作者、实施者，主要包括广告主、广告经营者、广告发布者三个方面。广告主体是广告活动的基础。

（2）广告内容，即广告传递的基本信息，包括企业产品信息、管理信息、人才信息及其整体形象信息等。

（3）广告媒体，指发布广告的传播媒介，如报纸杂志、广播电视、互联网等，它是广告传播的物质技术条件。

（4）广告客体，指广告传播需要影响的消费者，包括显在的消费者和潜在的消费者。

广告的四个构成要素是一个系统，一个有机的整体，是相互联系，彼此制约的，同时也受到整个市场环境的影响。

（三）广告的种类

1. 根据广告的目的划分

广告根据其目的可划分为产品广告和企业广告两种。

产品广告是针对商品销售开展的大众传播活动。产品广告按其目的不同可分为三种类型：一是开拓性广告，亦称报道性广告。它是以激发顾客对产品的初始需求为目标，主要介绍刚刚进入导入期的产品的用途、性能、质量、价格等有关情况，以促使新产品进入目标市场。二是劝告性广告，又叫竞争性广告。是以激发顾客对产品产生兴趣，增进“选择性需求”为目标，对进入成长期和成熟前期的产品所进行的各种传播活动。三是提醒性广告，也叫备忘性广告或提示性广告。是指对已进入成熟后期或衰退期的产品所进行的广告宣传，目的是在于提醒顾客，使其产生“惯性”需求。

企业广告又称商誉广告。这类广告着重介绍企业名称、企业精神、企业概况（包括厂史、生产能力、服务项目等情况）等有关企业信息，其目的是提高企业的声望、名誉和形象。

2. 根据广告的传播区域划分

广告根据传播区域可划分为全国性广告、区域性广告。

全国性广告是指针对全国市场、采用信息传播能覆盖全国的媒体所做的广告，以此激发全国消费者对所做广告的产品产生需求。在全国发行的报纸、杂志以及广播、电视等媒体上所做的广告，均属全国性广告。这种广告要求广告产品是适合全国通用的产品，并且，因其费用较高，也只适合生产规模较大、服务范围较广的大企业，而对实力较弱的小企业实用性较差。

地区性广告指的是针对某一地方市场，采用信息传播只能覆盖这一区域的媒体所做的广告，借以刺激某些特定地区消费者对产品的需求。在省、县报纸、杂志、广播、电视上所做的广告，均属此类；路牌、霓虹灯上的广告也属地区性广告。此类广告传播范围小，多适合于生产规模小、产品通用性差的企业和产品进行广告宣传。

3. 按广告内容不同划分

广告按内容不同可划分为告知性广告、说服性广告、提示性广告。

告知性广告主要用于介绍产品用途、特点或使用方法以及生产企业的情况和所能提供的服务。这类广告常用于产品的导入期，希望能引起消费者的注意。

说服性广告旨在培养消费者的品牌偏好，鼓励消费者使用本企业产品，改变消费者对产品特性的认识，说服顾客购买本企业产品。在产品的成长期，这类广告特别适用。

提示性广告用来提醒顾客注意企业的产品，加深记忆，提高重复购买率。在产品成熟期经常被使用。

此外，根据广告的媒体，广告可划分为：报纸广告、杂志广告、广播广告、电视广告、其他媒体广告。此外还有电影广告、幻灯片广告、包装广告、广播广告、海报广告、招贴广告、POP 广告、交通广告、直邮广告等。随着新媒介的不断增加，依媒介划分的广告种类也会越来越多。

二、广告媒体选择与效果分析

广告媒体，就是广告主与广告接收者之间起媒介作用的物质。广告必须借助一定的媒体，才能把企业的信息传递到消费者中去。

（一）常见的广告媒体

常见的广告媒体主要有报纸、杂志、广播、电视等，被称作四大媒体。此外还有一些广告媒体，被称为其他广告媒体，如户外广告、网络广告、直接邮寄广告、交通广告等。

1. 报纸

报纸是最古老也是最主要的广告媒体之一，它与杂志、广播、电视等同被看作是传播广告信息的最佳媒体。

报纸广告的优势包括以下几点。①准确定位目标消费者群体。报纸广告最主要的优点，是可以准确地定位目标消费者群体。由于绝大多数报纸都是覆盖某一地区或某一类型消费者群体，所以报纸广告可以针对某一地区或类型的消费者开展促销。②发行周期短，时效性强，传播广告信息迅速。把广告稿交给报社广告部，一到两天就可以刊出，因此对于需要时机性、季节性快速反应的产品广告尤其适用。③广告版面信息容量大，可以对产品作详细的介绍，可以登载照片和插图。④便于收集、保存。这对于购买高档产品的消费者来说，是相当重要的。消费者可以把收集的广告信息认真分析、比较，选择出合适的产品。而这一点是广播、电视广告无法做到的。

报纸广告也有它的缺点，具体包括以下几点。①有效时间短，重复性差，只能维持当期的效果。②注目率低。因报纸刊登的内容庞杂，易分散对广告的注意力。③印刷效果差，吸引力低。在表现产品外表、颜色、色泽方面效果较差。

2. 杂志

杂志以刊载各种专门知识为主，是各类专业产品的良好的广告媒体。杂志广告的优点如下。①针对性强，杂志的发行均有特定的对象。如选择医学类杂志做医疗器械广告，选择美术杂志做绘画用品的广告等。②留存性好，并且易于保管。③形象逼真，传播效果佳，有较强的吸引力。特别适合通过产品外观、色泽来吸引消费者的广告，如化妆品、服装、珠宝首饰等。④传阅性强，可以长期在读者中间传阅。

杂志广告的缺点主要是发行周期长，传播信息慢；灵活性较差；读者较少，传播不广泛，不适合做提高产品知名度的广告。杂志媒体适用于对专业性、技术性强的工业品和生活日用品做广告，例如，名牌化妆品、名牌服饰适合选择《时尚》杂志做广告；而电脑软硬件产品就可以选择专业刊物《计算机世界》等。

3. 广播

广播是一种通过听觉产生效果的广告媒体。其优点主要包括以下几点。①传播迅速、及时，适合作时机性广告。②安排灵活，制作简便，费用低廉。③针对性较强，对一些特定的消费者群体效果较好。如农民、司机、军人、老人、家庭主妇、在校学生，都是经常收听广播的群体。

广播广告的缺点主是时间短促、转瞬即逝、有声无形，消费者看不到产品，印象不深，不便记忆。这就大大降低了广播广告的实际效果。在实际中，广播通常作为一种配合性广告媒介使用，很少作为主打媒介。

4. 电视

电视是一种声形兼备、视听结合的广告媒体。因其表现力强，能充分利用语言、声音、动画等各种艺术表现手法全面传播产品信息，受到广告客户的青睐。

电视作为广告媒介具有以下优点。①媒介受众数量多。电视已经成为人们文化生活的重要组成部分，收视率高，因此影响面广。②集图像、色彩、声音、文字等表现手段为一体，使广告形象、生动、逼真、感染力强。③时效快。通常能使一个不知名的产品在几天、十几天内家喻户晓，人人皆知。

电视广告的缺点如下。①时间短，广告内容转瞬即逝，不宜存查。②制作复杂，费用较高。③由于电视广告的播出时间短，不能对产品性能、特点进行详细的介绍，因此在实际中，电视广告常常作为一种告知性广告媒介，而不像报纸、杂志是一种可以对产品详细说明的媒介。

5. 户外广告

户外广告，又称作“阳光能照射到的广告”，它是路牌、霓虹灯等设置在露天里的各类广告的统称。这种媒体形式的地理选择性好，位置优越、巨大醒目，以鲜明的色彩和独特的形式给人以刺激；持续时间长，而且灵活性好。但受到周边环境和自身的条件限制，不易为观众提供仔细浏览的机会，因此尽管巨大醒目，但都是力求简单，有时甚至只有品牌名称。如果没有其他广告媒体的配合使用，其效率往往大打折扣。

6. 网络广告

近年来，随着数字技术、网络和多媒体技术的飞速发展，网络以其高速度、大容量、互动式、全息性等特点迅速成为新的广告传播媒体，并对传统媒体广告形成了强有力的冲击。

7. 直接邮寄广告

直接邮寄广告（direct mail，DM）指的是通过邮局寄给目标消费者的广告宣传品，如产品说明书、产品试用装等。

直接邮寄广告的优点是：针对性强，可以准确地选择目标消费者；反馈信息准确，可以掌握真实的市场情况；形式灵活，不受篇幅限制，内容可以自由掌握。直接邮寄广告的缺点是覆盖的目标消费者数量较少，不适宜促销大众日用消费品；而且其广告成本较高。

8. 交通广告

交通广告是使用交通工具（如公共汽车、火车、地铁、轮船、飞机等）作为广告传播的载体。它包括车身广告和车内广告。其优点是流动性强，接触人群多，广告有效期长且成本较低；但信息量小，受众范围有限，对广告设计制作要求较高。

除此之外，企业还可以利用电影、招贴、包装、模特等多种手段进行广告活动，而且随着社会经济、技术水平的发展，还会有更多的信息传播手段和渠道被开发使用，但无论选用何种媒体，都必须符合当时的实际条件。

（二）选择广告媒体的影响因素

1. 产品的种类与特点

不同的产品对广告媒体有不同的要求。广告媒体只有适应产品的特点才能取得较好的广告效果。例如，依靠外观、颜色、光泽打动消费者购买的产品，最好选择电视、杂志，如服装、化妆品、珠宝首饰等，因为电视、杂志表现外观、色泽的能力强；而对于需要详细加以介绍的产品广告，通常应采用报纸、杂志作为媒介，如轿车广告、机械器材广告等。

2. 目标消费者接触媒体的习惯

广告的目的是被消费者，特别是目标消费者接受，因此，必须根据目标市场的特点来选择媒体。例如，在农村可以利用数十年建立起来的有线广播网进行促销；对办公用品则多采用报纸、杂志来进行广告传播；对于儿童用品则常采用电视广告。妇女杂志（如《女友》《家庭医生》《中外妇女》等）的读者主要是妇女，适合刊登女性用品广告。

3. 广告媒体的覆盖范围和影响力

广告媒体的覆盖范围直接关系到广告的传播区域、接触频率及作用强度。一般来说，媒体的传播范围应与市场范围一致，应对目标市场具有最强的影响力。因此，必须了解媒体的发行量、发行地区、顾客类别、视听率等指标。例如，丰田轿车选择北京、上海、广州三大城市的报纸作为主要广告媒体，主要是考虑这些城市是丰田轿车目标消费者集中的地区，是广告产品的主要市场。

4. 广告媒体的费用

不同广告媒体的收费标准不同，即使是同一种媒体也因传播范围和影响力的大小而有价格差别。

企业在选择广告媒体时，要根据广告目标的要求，结合各广告媒体的优缺点，综合考虑各种影响因素，尽可能选择使用效果好、费用低廉的广告媒体。

知识拓展

网络广告的特点

1. 传播范围极大

网络广告的传播范围广泛，受众不受时间、地点的限制。据中国互联网信息中心发布的《第27次中国互联网络发展状况统计报告》显示，截至2010年12月底，我国网民规模达到4.57亿人，较2009年增加7 330万人。网络广告传播的范围是传统媒体无法达到的。

2. 信息容量大

在互联网上广告主提供的信息容量是不受限制的。广告主或广告代理商可以提供相当于数千页计的广告信息和说明，而不必顾虑传统媒体上每分每秒增加的昂贵的广告费用。

3. 受众数量可准确统计

利用传统媒体做广告，很难准确地知道有多少人接收到广告信息。在互联网上可通过权威公正的访客流量统计系统可以精确统计出每个客户的广告被多少个用户看过，以及这些用户查阅的时间分布和地域分布，从而有助于客商正确评估广告效果，制定广告投放策略。

4. 灵活的实时性

在传统媒体上做广告，发布后很难更改，即使可改动往往也必须付出很大的经济代价。而在互联网上做广告能按照需要及时变更广告内容，当然包括改正错误。这样，经营决策的变化也能及时得以实施和推广。

5. 强烈的交互性与感官性

网络广告利用多媒体、超文本格式文件、虚拟现实等新技术可与受众互动，提供一定的仿真效果，这也是传统媒体无法做到的。

第四节 公共关系策略

一、公共关系概述

公共关系是指企业在从事市场营销活动中正确处理企业与社会的关系，以便树立企业的良好形象，从而促进产品销售的一种活动。

（一）公共关系的基本特征

公共关系（简称公关）是一定社会组织与其相关的社会公众之间的相互关系。①公关活动的主体是一定的组织（企业、机关、团体等）；②公关活动的对象是企业的公众，构成企业活动的客体；③公关活动的过程是信息的传播和沟通。

公关的目标是为企业广结良缘，创造良好形象和社会声誉。

公关活动的基本原则是真诚合作、平等互利、长期发展。

公关是一种信息沟通，创造人和的艺术。

公关是一种长期活动。

（二）公共关系的优缺点分析

1. 公共关系的优点

（1）营造有利的营销环境，使企业能在经营活动中处于优势地位，为企业发展创造各种有利条件。

（2）促销目的的隐蔽性，企业的活动从本质上说是为了赢利，公共关系活动也不例外，但公共关系活动一般并不以赢利为直接目的，而是通过赢得公众的好感来促进产品销售。可见，公共关系是一种间接的促销手段，较少带有功利性，对树立企业品牌形象具有重要作用。

2. 公共关系的缺点

（1）促销速度比较慢，公共关系起到间接促销作用，一般很难在短期内收到促销效果。

（2）促销效果难以测定，由于其促销效果显现较慢，而且影响销售量的因素又有很多，因此很难准确测定出公共关系的促销效果。

（3）活动费用较高，企业的公共关系活动是一个长期的系统工程，需要长期坚持，涉及的活动对象较多，活动内容也很丰富，因此成本费用也较高。

（三）公共关系的作用

1. 搜集信息，监测环境

通常来讲，企业通过公共关系搜集的信息包括三类。①产品形象信息，是消费者对企业产品的各种反应与评价，是企业形象的基础。②企业形象信息，是社会公众和企业职工对企业整体的印象和评价。企业信誉高，形象自然就好，良好的社会形象是无形资产和财富，用金钱是买不到的。③搜集企业内部公众的信息，掌握职工对企业的期望。此外，公关作为社会经济趋势的监测者，应广泛搜集有关的社会经济信息，供决策者参考，包括投资者的投资意向，竞争者动态，顾客的需求变化，其他社会公众对企业的要求以及国内外政治、经济、文化、科技等方面的重大变化。

2. 咨询建议，决策参考

企业可以利用搜集的信息进行综合分析，考查企业决策和行为在公众中产生的效应及影响程度，同时预测企业决策和行为与公众可能意向之间的吻合程度，从而及时、准确地向企业的决策者提供咨询，提出合理而可行的建议。

3. 舆论宣传，创造气氛

企业可以通过公共关系活动及时、准确、有效地将企业有关信息传达给特定的公众对象，创造良好的舆论气氛。同时也有利于企业改变公众误解，传播正确信息。

4. 交往沟通，协调关系

一个企业要顺利地发展，内部就要充满生机和活力，良好的公共关系有利于企业人员积极性、智慧和创造性的发挥；有利于增强企业内在的凝聚力，协调与外界的关系。

二、公共关系的活动方式和工作程序

（一）活动方式

1. 宣传型公关

宣传型公关是运用报纸、杂志、广播、电视等各种传播媒介，采用撰写新闻稿、演讲稿、报告等形式，向社会各界传播企业有关信息，以形成有利的社会舆论，创造良好气氛的活动。这种方式传播面广，推广企业形象效果较好。企业应当争取一切机会和新闻界建立联系，及时将具有新闻价值的信息提供给新闻媒介，以此扩大企业在消费者中的影响，引导公众意向。

2. 征询型公关

征询型公关主要是通过开办各种咨询业务、制订调查问卷、进行民意测验、设立热线电话、聘请兼职信息人员、举办信息交流会等各种形式，连续不断地努力，逐步形成效果良好的信息网络，再将获取的信息进行分析研究，为经营管理决策提供依据，为社会公众服务。

3. 交际型公关

交际型公关是通过语言、文字的沟通，广结良缘，巩固传播效果。可采用宴会、座谈会、招待会、谈判、专访、慰问、电话、信函等形式。交际性公关具有直接、灵活、亲密、富有人情味等特点，能够深化企业与公众的感情。

4. 服务型公关

服务型公关是通过各种实惠性服务，以行动去获取公众的了解、信任和好评，既有利于促销又有利于树立和维护企业形象与声誉的活动。企业可以以各种方式为公众提供服务，如消费指导、消费培训、免费修理等。

5. 社会型公关

社会型公关是通过赞助文化、教育、体育、卫生等事业，支持社区福利事业，参与国家、社区重大社会活动等形式来提高企业的社会知名度和美誉度，塑造企业的良好形象。这种公关方式，公益性强，影响力大，有长期效益，企业能从中得到特殊的利益，建立一心为大众服务的形象。

6. 建设型公关

多用于一个企业的开创时期，或某一发展时期的起步阶段，或新产品问世时，争取良好、深刻的第一印象，提高知名度。把握时机，创造条件，不断在特定公众中进行新颖、别致的“曝光”、“亮相”。

7. 维系型公关

在顺利、稳定发展时期，为保持声誉，稳定良好关系，长期不断地施以不露痕迹的影响。

8. 进攻型公关

目标与客观环境冲突、摩擦之际，以攻为守，改变对原环境的过分依赖，摆脱被动。

（二）工作程序

（1）公共关系调查。是开展公共关系工作的基础和起点，主要包括：企业基本状况、公众意见及社会环境三方面的内容。

（2）公共关系计划。是公共关系工作持续高效的重要保证。

（3）公共关系实施。公共关系计划的实施是整个公共关系活动的“高潮”。

（4）公共关系检测。公共关系实施效果的检测，主要是依据社会公众的评价。

三、公共关系的对象

1. 消费者

消费者满意是企业一切活动的中心环节。正如通用前任总裁杰克·韦尔奇所说：“公司不能为你们提供稳定的工作，只有消费者可以。”因此企业首先要使目标消费者或潜在消费者对本企业产生良好的印象，以良好的企业形象和信誉吸引消费者。

企业应从三个方面做好工作。①为消费者提供优质产品和服务，这是建立良好公共关系的首要条件和根本保证。②与消费者定期进行有效的沟通，收集消费者信息。通常比较常用的做法是通过包装、免费杂志、讲座、组建消费者俱乐部、培训班等方式，对目标或潜在消费者进行引导和教育。以此来促进产品的销售和良好企业形象的树立。③正确处理与消费者的纠纷，避免与消费者正面争吵。对待问题消费者应耐心、诚恳。如果消费者的投诉合理，在确认后应及时处理，使消费者感觉受到尊重。即使出现一些不能解决的问题，也应耐心向消费者解释，争取消费者的谅解，化解矛盾。

2. 供销商

为了保障企业正常的生产和销售，企业要与供应商以及销售商建立良好的关系。要时刻关注供应商和销售商，通过一系列公共活动保持与双方的信息互换和友好关系，使企业在生产、销售环节保持优势地位。

3. 新闻媒体

新闻媒体是企业最特殊的公众，企业的公关关系活动通常要借助一定的宣传媒体向外界发布，以扩大活动影响力。因此，一方面，企业要与各新闻媒体单位保持密切的关系。要积极与新闻媒体接触，提供可供选择的新闻素材，并欢迎媒体单位的采访报道；另一方面，对待媒体的负面报道，企业要冷静、谨慎，首先要认真核实新闻报道内容，迅速查清事实真相。如果是企业自身的问题，要尽快改正，并将改进后的情况及时通报新闻媒体，争取挽回不良影响。如果新闻报道有失偏颇，与事实不符，企业要立即通过新闻媒体说明真相，或举办新闻发布会澄清事实，并可要求发布不实报道的新闻媒体作出公开更正以免影响企业形象。

4. 政府部门

政府及相关职能部门同样是企业的公众之一。企业的生存和发展离不开政府的支持和帮助。政府及相关职能部门通过一系列的法律、法规直接或间接对企业的经营活动产生影响。因此，企业必须经常与政府部门沟通，及时了解相关的政策、规定，并使之能尽量有利于本企业的发展。

5. 社区

社区是指企业所在地的区域范围。企业要与所在地的其他企业、学校、医院、团体、居民等发生各种各样的联系。企业应与各社区保持友好关系，积极支持社区公益活动和经济建设，以此获取社区的理解，为企业发展提供多方面的便利条件。

6. 竞争者

处理好与竞争者的关系也是企业公共关系工作的重要环节。“同行是冤家”的狭隘思想已经无法在现代市场经济环境中通行，双方的殊死拼争，其结果往往是两败俱伤。只有携手共进，才能实现双赢。

知识拓展

危机公关

危机公关的含义是指由于企业的管理不善，同行竞争甚至遭遇恶意破坏或者是外界特殊事件的影响，而给企业或品牌带来危机，企业针对危机所采取的一系列自救行动，包括消除影响、恢复形象等。综观国内企业，在危机公关方面处理得当的是少之又少。危机公关处理得当与否，对于维护良好的企业形象至关重要，关系到企业能否在激烈的市场竞争中生存、发展、壮大。因此，企业在处理可能影响到新闻媒体、社会大众、消费大众等改变企业形象评估的事情时，一定要站在公共关系大局的角度来衡量得失，决不能以一时的利益来衡量，而应优先考虑消费者的利益得失以及这个问题对于公共关系的重要性，创造妥善处理危机的良好氛围，积极主动地弥补消费者的实际利益和心理利益，并建立起关心和维护消费者权益的积极形象，重塑消费者对企业的信心，争取社会公众的理解。

危机的发生，常常源于媒体、受众对事实的误解和企业的不透明。企业无论犯错与否，都需要有一个正确的心态，增加透明度，向公众作坦诚的解释。危机发生时，企业对媒体及公众的态度要沉着、冷静，企业应该注意以下两点：①表示出对媒体的尊重，第一时间主动与之进行直接的、面对面的沟通。媒体是舆论的传播者，要想影响受众，必须先争取传播者的理解。真诚的姿态，更容易使媒体感觉受到尊重，沟通也会更加有效。②对公众态度要坦诚，传达的信息必须准确、清晰，争取公众的理解。

第五节 营业推广策略

一、营业推广的概念和特点

营业推广又称销售促进，是指企业运用各种短期诱因鼓励消费者和中间商购买、经销（代理）企业产品或服务的促销活动。

营业推广有以下两个特点。

（1）促销效果明显。在开展营业推广活动中，可选用的方式多种多样。一般来说，只要能选择合理的营业推广方式，就会很快地收到明显的增销效果，而不像广告和公共关系那样需要一个较长的时期才能见效。因此，营业推广适合于一定时期、一定任务的短期性的促销活动。

（2）是一种辅助性促销方式。人员推销、广告和公关都是常规性的促销方式，而多数营业推广方式则是非正规性和非经常性的，只能是它们的补充方式。使用营业推广方式开展促销活动，虽能在短期内取得明显的效果，但它一般不能单独使用，常常配合其他促销方式使用。营业推广方式的运用能使与其配合的促销方式更好地发挥作用。

二、营业推广的形式

1. 对消费者的营业推广形式

（1）赠品。通过赠送便宜商品或免费品，使顾客得到实惠，又可刺激顾客的购买行为。馈赠的物品主要是一些能够向消费者传递企业有关信息的精美小物品。常用的方式有随货赠送、批量购买赠送、随货中奖三种。

（2）赠券或印花。当顾客购买某一商品时，企业给予一定张数的交易赠券或印花，积累到一定数额时，可到指定地点换取赠品。

（3）价格折扣。产品推销者发放优惠券，消费者凭优惠券购买商品时可得到一定的价格折扣。

（4）展销。使消费者了解商品，增加销售的机会。如季节性商品展销、名优产品展销、新产品展销。

（5）服务促销。通过周到的服务使顾客得到实惠，在相互信任的基础上长期开展交易，有售前、售中、售后服务，培训服务，保险、咨询服务，订购服务、邮寄服务等方式。

（6）消费信贷。消费者不用支付现金就可购买商品，形式有分期付款、信用卡等。

2. 对中间商的营业推广形式

（1）购买折扣。指中间商购货达到一定数量时，按计划金额给予一定的折扣。

（2）资助。企业为中间商提供陈列商品、支付部分广告费用和运费等补贴或津贴。

（3）经销津贴。为鼓励中间商购进产品开展促销，而给予中间商一定津贴。主要有：新产品津贴、广告津贴、清货津贴、降价津贴。

3. 对推销人员的营业推广形式

（1）红利提成。①固定工资不变，季末或年终从企业销售利润中提取一定比例金额奖励推销员。②无固定工资，每达成一笔交易，按销售利润多少提取一定比例金额，利润越大提取越多。

（2）推销竞赛。包括推销数额、推销费用、市场渗透、推销服务等，对成绩突出、贡献大者，给予现金、旅游、奖品、休假、晋升、精神奖励等。

本章小结

对于一个成功的企业来说，不仅要有适合顾客需要的产品，并为产品确定合理的价格，选择有效的分销渠道，而且还需要为产品制定适当的促销策略，将产品的有关信息传递给顾客，增进顾客对企业的了解，激发顾客的购买欲望，使产品得以顺利销售。本章就促销进行了介绍，并对企业常用的促销手段人员推销、广告、公共关系、营业推广的定义、特点、形式等进行阐述，并对四种促销方式进行了对比分析，见表 9.2。

表 9.2 各种促销方式比较

促销方式	优　点	缺　点
人员促销	方法灵活，有利于深谈，容易激发兴趣，促进当时成交。	费用较大，影响面较窄，难以有效管理，培养及寻找合适人才不易。
广告	信息覆盖面广，容易引起注意，可重复使用，信息可艺术化。	说服力小，信息反馈慢，不易调整，难以迅速导致购买行为。
公共关系	影响面大，容易得到信任，效果持久。	企业难以控制传播过程，见效较慢。
销售促进	吸引力大，能及时改变传播对象的购买习惯	容易引起怀疑，自贬身价。

知识巩固

一、名词解释

促销　促销组合　广告　公共关系　媒体

二、判断题

1. 宣传性公关公益性强，影响力大。（　）
2. 营业推广是一种经常的、无规则的促销活动。（　）
3. 企业在确定广告目标之后，下一个步骤是确定广告形式。（　）
4. 营业推广又称销售促进。（　）
5. 交际性公关是运用报刊、广播及电视来进行的活动。（　）
6. 公共关系也叫“免费广告”。（　）
7. 促销的作用在于传递信息，提供情报。（　）
8. 无论促销目标是否相同，促销组合都应相同。（　）
9. 推销员作为企业代表还可履行其他营销职能。（　）

10. 促销的目的是与顾客建立良好的关系。(　　)

三、选择题

1. 营业推广的目标通常是(　　)。

A. 了解市场，促进产品适销对路　　B. 刺激消费者即兴购买

C. 降低成本，提高市场占有率　　D. 帮助企业与各界公众建立良好关系

2. 报纸媒体的优点为(　　)。

A. 形象生动逼真、感染力强　　B. 专业性强、针对性强

C. 简便灵活、制作方便、费用低廉　　D. 表现手法多样、艺术性强

3. 制造商推销价格昂贵、技术复杂的机器设备时，适宜采取(　　)的方式。

A. 广告宣传　　B. 营业推广　　C. 经销商商品陈列　　D. 人员推销

4. 人员推销活动的主体是(　　)。

A. 推销市场　　B. 推销品　　C. 推销人员　　D. 推销条件

5. 以下几种广告媒体中，效果最好、费用最高的是(　　)。

A. 报纸　　B. 电视　　C. 杂志　　D. 广播

6. 公共关系是一项(　　)促销方式。

A. 一次性　　B. 偶然　　C. 短期　　D. 长期

7. 人员推销的缺点主要表现为(　　)。

A. 成本低、顾客量大　　B. 成本高、顾客量大

C. 成本低、顾客有限　　D. 成本高、顾客有限

四、填空题

1. 促销是企业市场营销活动中的重要环节，常用的手段包括________、________、________、________等。

2. 企业促销的实质是________。

3. 人员推销的形式包括________、________、________。

4. 广告是由特定的广告主以付费的方式通过各种传播媒体，对________等信息进行的非人员促销活动。

5. 公共关系是指企业在从事市场营销活动中正确处理企业与社会的关系，以________，从而________的一种活动。

五、思考题

1. 公共关系的作用体现在哪些方面?
2. 促销对企业经营的积极意义有哪些?
3. 四种主要促销手段应该如何运用以实现促销效果的互补?
4. 简述促销组合及其影响因素。
5. 选出一种产品或者服务，并建议应采取哪些促销手段以建立它的消费者特殊偏好?

娃哈哈集团的促销策略

娃哈哈集团是浙江省一家集工业、物业、商贸等产业为一体的大型企业集团。娃哈哈成长为中国食品行业的标杆企业，这与它出奇制胜的营销策略是分不开的。

在娃哈哈的营销史上，发生过以下事例。

从 1988 年起不惜巨资，在“新闻联播”前的黄金时段播放“喝了娃哈哈，吃饭就是香”的广告。

1993 年，娃哈哈在杭州市各大报纸上刊登了一则广告：将报纸上的“娃哈哈”标志剪下来，可以到杭州市各大商场领取一盒娃哈哈果奶。当天报纸发行了 100 万份，娃哈哈公司领导预计能有 30%的反馈率就不错了，然而没料到各大商场的果奶很快告罄，可商场门前人山人海，手持剪报标志来兑现果奶的人迟迟不肯散去。为了保证每一位标志持有者都能领到果奶，公司连夜生产，使手持剪报标志来的人都领到了一盒娃哈哈果奶。这一企业与中间商的广告促销活动成为各大报纸争相宣传的热点，娃哈哈的美誉度得到大幅度提高。

1993 年，成都全国糖烟酒订货会上，娃哈哈集团别出心裁，请了一支由金发碧眼的洋小姐组成的游行队伍，在街上身披绶带，向路人分发娃哈哈宣传品。洋人给娃哈哈做广告的消息不胫而走。

娃哈哈公司为郑州 5 万名小学生定做了 5 万顶醒目的小黄帽，让他们在放学过马路时戴上，以避免事故，小黄帽上印有“娃哈哈捐赠”字样。

案例思考

1. 请具体分析娃哈哈集团采用的主要是什么促销策略，其目标是什么？
2. 分析娃哈哈集团所采用的促销策略有什么特点。

一、任务实例描述

任选一种你熟悉的商品，设计制作一份时代感强、个性鲜明、富有特色、感染力强的购买点广告（point of purchase advertising，POP）作品。

二、完成任务实例的操作过程

（1）确定诉求商品。

（2）结合课本学习的促销策略制作商品的 POP。

（3）进行实际推销。

（4）形成书面报告。

第十章

市场营销的发展

总体目标

1. 掌握整合营销传播的含义。
2. 掌握整合营销传播的特征、活动流程。
3. 掌握绿色营销的含义和基本方法。
4. 了解关系营销的基本思想、方法。
5. 了解网络营销的基本思想、方法。

案例点评

某国内糖果企业在21世纪初推出新品牌糖果。为了在诸强林立的糖果市场打开一片天地，企业希望前期就能从概念深化入手，结合大量的高空广告，迅速地建立品牌知名度，拉动市场需求。为了达到最大的广告效果和营销业绩，并为品牌积累强势的品牌资源，该企业在进行了充分的消费者特征分析后，制定了“空中影视轰炸＋平面及网络软文的灌输＋地铁灯箱、车体、写字楼及高尚社区电梯间广告＋POP及终端陈列＋锁定终端拦截＋事件活动＋网络游戏”的传播组合策略。

首先付出了3亿元的代价在中央电视台的黄金时段播出具有极强冲击力和感染力的广告片，建立知名品牌的印象。其次利用报纸媒体跟进，用大量的软文对其品牌代言人及代言产品做宣传。在广告轰炸、灌输结束后，为了迅速提升认知度和影响力，各种提醒式广告纷纷登场，让消费者无处可逃。车体，灯箱，写字楼，社区等能利用的媒介几乎都被用来宣传。并且在销售终端为购买者设计了很多有趣的游戏而且还采用积分促销，这种方式在吸引了注意的同时也提供了与消费者互动的机会，同时设计了一些网络游戏，利用网络媒体的互动带动整体的传播及销售。当宣传热度达到了高峰后，超大规模的新品派发品尝会更将宣传推向了全新的高度，在零售终端上利用精美的POP及各种活动来吸引注意。

一系列努力让该企业的糖果品牌成为21世纪初糖果市场的一匹黑马，迅速实现了企业的预期目标。

这家企业的成功之处就在于充分整合利用了各类营销手段，达到了“1＋1＞2”的效果，将整合营销的作用发挥得淋漓尽致。和整合营销相似，在传统营销理论的基础上，从20世纪 80 年代开始出现了一些新的营销理论和模式，对市场营销进行了不断的发展和完善，并被企业在经营中广泛使用。

第一节 整合营销传播

整合营销传播是以消费者为中心，强调与传播对象的沟通的营销传播理念，它要求我们能够通过营销传播手段和方法的整合，向受众传递“一致”的声音，从而实现企业的营销目标。新闻事件策划和各种促销活动是当前营销活动中的常用手段和方法，它们都能够通过与广告活动的整合，弥补广告活动的不足，提高广告效果。

一、整合营销传播的含义

在营销学的发展史中，几乎每十年就产生一些新的营销理念，而每一次营销理念的更新都会推动广告理论的前进。整合营销传播理论是在 20 世纪 90 年代初首先在美国提出的，并且于 20 世纪 90 年代中期开始陆续引进到中国。

整合营销传播的概念到目前为止，尚没有一个公认的权威定义。美国市场营销学教授唐·舒尔茨认为整合营销传播是“一个管理与提供给顾客或者潜在顾客的产品或服务有关的所有来源的信息的流程，以驱动顾客购买企业的产品或服务并保持顾客对企业产品、服务的忠诚度”。

整合营销传播以消费者为中心，强调与传播对象的沟通。通过整合营销传播影响特定受众的行为，建立起品牌与消费者之间的稳固、双向的联系。信息的传播强调广告、公关、促销、企业形象（CI）、包装等各种传播手段和方法的一体化运用，发挥整体效应，使消费者在不同场合、以不同方式，接触到同一主题的信息内容。

知识拓展

营销理念的两个基本导向：1. 以消费者为导向，体现在按照消费者的需求设计和生产产品，考虑到消费者的支付水平来制定价格，按照消费者所处的地域分配市场，按照消费者能够接受的方式来制订促销计划等方面。2. 以竞争为导向，体现在对自身竞争力及竞争对手状况的关注上，通过广告营销将自身的优势传达给消费者，提高竞争力。

二、整合营销传播的特征

整合营销传播理念与传统营销传播理念有很大的差别，具有以下特征。

1. 消费者处于核心地位

在整合营销传播中，消费者处于核心地位。舒尔茨认为，以 4P（产品、价格、渠道、促销）为核心的传统营销框架，重视的是产品导向而非真正的消费者导向，信息传播追求的是“消费者请注意”。而在整合营销传播中，企业应在营销观念上逐渐淡化 4P、突出 4C（需要、成本、沟通、便利），信息传播中要体现“注意消费者”。企业首先要了解消费者所拥有的信息形态和内容；其次通过传播渠道，企业了解消费者需要哪一种信息；最后企业对消费者的需要进行回应，向其传播特定信息。

2. 以消费者资料库为基础

以消费者为核心要建立在深刻、全面了解消费者的基础之上。而对于消费者的了解，要依赖于企业长期营销活动中对消费者相关资料的积累，即消费者资料库的建立。资料库中包括消费者各方面的资料信息，例如，人口统计特征、心理统计特征、购买历史、购买行为、使用行为等方面，这些资料是实现整合营销传播的基础。

3. 培养真正的“消费者价值”观

整合营销传播需要培养真正的“消费者价值”观，与那些最有价值的消费者保持长期的紧密联系。这就需要企业从消费者第一次接触品牌到品牌不能再为其服务为止，整合运用各种传播手段，不断加强消费者与品牌之间的关系，彼此互相获利。

4. 传播以“一种声音”为支撑点

消费者可以从各种接触方式获得信息，可通过各种各样的媒体接收各种形式、不同来源、种类各异的信息，这些信息必须保持“一种声音，一个面目”才能获得最大限度的认知。企业必须对所有这些信息内容进行整合，根据企业所想要的传播目标，对消费者传播一致的信息。如果不同的传播手段和方法传递的信息互相矛盾，就很可能让消费者建立模糊、混乱的印象。

5. 以各种传播媒体的整合运用为手段

凡是能够将品牌、产品类别和任何与市场相关的信息传递给消费者或潜在消费者的过程与经验，均被视为可以利用的传播媒体。因此企业有必要对各种传播工具进行整合，根据不同类型顾客接收信息的途径，衡量各个传播工具的传播成本和传播效果，找出最有效的传播组合。

知识拓展

20 世纪中期，整合营销传播开始扩展为整合营销。1995 年，PaustianChude 首次提出了整合营销概念，他给整合营销下了一个简单的定义：整合营销就是“根据目标设计（企业的）战略，并支配（企业各种）资源以达到企业目标”。菲利普·科特勒在《营销管理》一书中从实用主义角度揭示整合营销实施的方式，即企业里所有部门都为了顾客利益而共同工作；这样，整合营销就包括两个层次的内容：一是不同营销功能，如销售、广告、产品管理、售后服务、市场调研等必须协调；二是营销部门与企业其他部门，如生产部门、研究开发部门等职能部门之间的协同。

三、整合营销传播的程序

整合营销传播的程序步骤如图 10.1 所示。

确定目标受众	• 营销信息传播必须一开始就要有明确的目标受众：潜在购买者、目前使用者、决策者或影响者；个人、小组、特殊公众或一般公众。
确定传播目标	• 确认目标受众后，营销信息传播者必须确定期望受众做出什么样的反应。
设计信息	• 有效的信息应该能引起受众的注意和兴趣，进而导致购买行为 。设计信息要考虑：说什么、怎么说及谁来说。
选择传播渠道	• 信息传播渠道有两大类，包括人员传播渠道和非人员传播渠道（媒体、气氛、事件）。
编制预算	• 量入为出法、销售百分比法、竞争对抗法、目标任务法等。
设计传播组合	• 广告、销售促进、公共关系与宣传、直接营销的组合运用。
衡量传播结果	• 信息传播者收集受众反应的行为数据，衡量信息传播对目标受众的影响。
管理和协调	• 把整合营销传播同管理过程联系起来。

图 10.1　整合营销传播程序

第二节　绿 色 营 销

一、绿色营销的含义

（一）绿色营销产生的背景

1. 社会可持续发展战略的推行

一百多年来，社会经济长足发展，但严重地浪费了自然资源，破坏了自然生态平衡，污染了环境，并造成恶劣的社会环境，给人类生存环境的良性循环造成了严重威胁。因此越来越多的国家提出并推行以保护自然环境，治理环境污染，解决恶劣的社会环境为核心的可持续发展战略。在对企业的调控方面，政府更加重视制定和严格实施规范企业营销行为的立法，立法调控日趋严厉，要求各类企业将营销活动同自然环境、社会环境的发展相联系，使企业营销活动有利于环境的良性循环发展。

2. 消费者趋向于绿色消费

社会经济发展在提高消费者福利的同时，造成恶劣的自然环境及社会环境，已直接威胁着消费者的身体健康，消费者迫切要求治理环境污染，要求企业停止生产有害环境及人们身体健康的产品。同时，社会经济的发展，使消费者个人收入不断提高，使他们追求高质量的生活环境及高质量的消费，亦即要求绿色消费。以我国为例，进入21世纪以来，市场中对于绿色家具建材、绿色食品的消费需求变得越来越强烈，消费者自发的绿色环保活动也日渐兴起。

3. 传统经济为现代经济所替代

传统经济重视劳动力和资本在经营活动中的作用，而忽略了土地等自然资源，认为自然资源是无价值的。随着现代经济取代传统经济，自然资源在经营活动中的作用同样被重视起来，强调社会经济发展必须同环境相协调，从而为企业从传统营销转化为绿色营销奠定了基础。

（二）绿色营销的含义

绿色营销是指企业以环境保护为指导思想，以绿色文化为价值观念，在生产经营过程中将企业自身利益、消费者利益和社会可持续发展三者统一，并以此为中心的营销管理过程。

绿色营销观念是在绿色营销环境条件下企业生产经营的指导思想。传统营销观念认为，企业在市场经济条件下生产经营，应当时刻关注与研究的中心问题是消费者需求、企业自身条件和竞争者状况三个方面，并且认为满足消费者需求、改善企业条件、创造比竞争者更有利的优势，便能取得市场营销的成效。而绿色营销观念却在传统营销观念的基础上增添了新的思想内容。企业生产经营研究的首要问题不是在传统营销因素条件下，通过协调三方面关系使自身取得利益，而是与绿色营销环境的关系。企业营销决策的制定必须首先建立在有利于节约能源、资源和保护自然环境上，促使企业市场营销的立足点发生转移。

二、绿色营销管理

绿色营销是适应客观要求而产生的一种新型营销理念，但是绿色营销并没有脱离原有的营销理论基础。绿色营销方案的制订和管理仍以营销理论中原有的营销组合策略为基础，包含绿色产品策略、绿色价格策略、绿色渠道策略、绿色促销策略。

1. 绿色产品策略

产品策略是市场营销组合的基础，绿色产品也是绿色营销的最基本载体。所谓绿色产品是指“对社会、对环境改善有利的产品，或称无公害产品”。绿色产品策略在设计时应注意以下问题。

（1）产品的核心功能在满足消费者的传统需要的同时，更要满足对社会、自然环境和人类身心健康有利的绿色需求；产品在符合相应的技术和质量标准的同时，还要符合有关环保和安全卫生的标准。

（2）在不降低产品质量的前提下，产品的结构、造型、功能设计应尽量利用可再生或可回收利用资源，并减小资源的消耗。在产品制造过程中应改进技术工艺，消除或减少对环境的污染。

（3）产品包装应考虑到应用环保材料，并通过相应设计减小对资源的消耗。企业还要考虑对废弃包装和报废产品进行回收、再利用。

（4）企业应对外树立良好而健康的企业形象，打造绿色品牌。企业在进行品牌战略制定时，应紧扣绿色产品的特点，将绿色文化引入到品牌内涵中，体现企业的绿色经营指导思想。

2. 绿色价格策略

价格是市场的敏感因素，绿色营销同样需要研究绿色产品价格的制定。一般来说，绿色产品的价格会比同类非绿色产品高。原因在于绿色产品在研制开发、绿色原材料使用、生产技术工艺改进等方面的投入比较大。但是由于建立了对绿色产品优势的认知，拥有绿色需求的消费者对绿色产品的价格具有较高的接受能力。并且随着科学技术的发展和各种环保措施的完善，绿色产品的制造成本会逐步下降，也将给价格下降留下空间。

3. 绿色渠道策略

绿色营销渠道是绿色产品从生产者转移到消费者所经过的通道，策略制定应注意以下问题。

（1）引导中间商建立绿色意识，使其对企业的绿色营销有更高的配合意愿。

（2）注重在营销渠道运行的相关环节中贯彻绿色观念。例如，配送方案的制订，运输工具的选择，绿色仓库的建立，装卸、运输、贮存、管理的方法规定等均应有利于资源的节省和环境的保护。

（3）在选择渠道模式时，尽可能选择短渠道、宽渠道，这样有利于通过减少渠道环节来缩小产品损耗和资源消耗，降低渠道费用。

4. 绿色促销策略

绿色促销是通过绿色促销媒体，传递绿色信息，指导绿色消费，启发引导消费者的绿色需求，最终促成购买行为。绿色促销策略主要包括以下几方面。

（1）绿色广告。以“绿色”作为广告定位，围绕绿色产品、绿色消费观念等构建广告主题。在通过广告宣传传递企业产品信息的同时，注重普及环境生态保护知识，引导消费者树立绿色消费观念。同时应注意广告效率，避免垃圾广告信息对广告资源的浪费。

（2）绿色推广。绿色推广以绿色产品信息展示、讲解、演示为主，利用推广活动的现场优势，营造“绿色氛围”。并且在推广活动的策划和实施中注意可能对活动现场造成的卫生环境破坏、噪声污染等问题。

（3）绿色公关。将传统公共关系活动与绿色这一主题结合起来，例如，赞助环保组织和活动，响应政府节能减排号召，赞助教育等公益事业等。并且在公共关系活动中杜绝违法或违背商业道德、社会道德准则的操作方式。通过绿色公关树立企业绿色形象，为绿色营销争取更广泛的社会认可。

案例链接

2006 年夏季，某知名家电制造企业在北京推出“绿色回收废旧家电——光波升级，以旧换新”活动，消费者手中任何品牌的废旧家电，均可折价 30～100 元，用于购买部分型号微波炉和小家电的优惠，同时该企业联合专业环保企业对回收的废旧小家电进行环保处理，为绿色奥运作出自己的贡献。活动推出后，北京市场连续 3 日单日销量突破 1000 台，高端光波炉的销售同比增长 69.6%。北京电视台、北京晚报、北京青年报、中国青年报、京华时报、北京娱乐信报、中国经营报等都对活动进行了追踪报道。随后活动向山东、福建、辽宁、云南、吉林、重庆等 10 多个城市扩展。该企业“绿色回收废旧家电”的活动成为 2006 年淡季小家电市场一道靓丽的风景。

第三节 关系营销

关系营销自 20 世纪 80 年代后期以来得到了迅速的发展。理论界先后提出了“维系和改善同现有顾客之间的关系”，“应与不同的顾客建立不同类型的关系”，“企业同顾客的关系对服务企业市场营销产生巨大影响”等一系列观点。人们对关系营销的研究和使用，从单纯的顾客关系逐渐扩展到了企业与供应商、中间商、竞争者、政府、社区等方面。

一、关系营销的含义

关系营销是在传统营销理念的基础上产生的。传统的市场营销理论认为如果以单个企业的角度去分析，营销是一个利用内部可控制因素来影响外部环境的过程。而内部可控制因素即为由产品、价格、分销、促销策略构成的市场营销组合，营销活动的核心即在于制定并实施有效的市场营销组合策略。

但是在企业的市场实践中，传统的营销理念往往难以直接有效地帮助企业获得经营优势。因为任何一个企业都无法独立地提供经营过程中需要的所有资源，很多资源需要由银行、科研机构、经销商、广告企业、物流企业、人力资源中介等提供。同时，除了竞争对手以外，对企业施加压力的环境因素更多，例如社区公众、媒体、政府、消费者组织、环境保护团体等，企业需要获得更广泛的认同和接受。于是对企业资源的认识，就从单纯的企业内部，扩展到了企业外部，即包括所有与企业生存和发展具有关联的组织、群体和个人，以及由这些“节点”及其相互间的互动关系所构成的整个网络。因此，企业应该与这张网络中的“节点”建立起一定的关系，争取更多方面的支持并充分利用网络中的相关资源。在这个过程中，“关系”是否能够建立并稳定存在，进而给“网络”的成员带来相关利益，则取决于有效的关系管理。

关系营销，是指把营销活动看成是一个企业与消费者、供应商、分销商、竞争者、政府机构及其他公众发生互动作用的过程，其核心是建立和发展与这些公众的良好关系。

关系营销理念与传统交易营销理念相比，区别之处如表 10.1 所示。

表 10.1 关系营销与交易营销理念对比

交易营销	关系营销
关注与顾客的一次性交易	关注如何留住顾客，发展长期稳定的顾客关系
较少强调顾客服务	高度重视顾客服务，并以此提高顾客满意度
产品质量应该是生产部门关心的	所有部门都应该关系产品质量
关注顾客	关注所有利益相关方

二、关系营销的对象

关系营销不仅仅重视单纯的顾客关系，而是关注所有的利益相关方，包括供应商、内部员工、中间商、竞争者、顾客、政府、社区等。

1. 供应商

企业经营所需的资源包括人、财、物、技术、信息等，这些资源不可能全部靠企业独自解决，企业与供应商必须结成紧密的合作，进行必要的资源交换。而且，供应商的声誉及与供应商的合作是否融洽，也会影响企业自身的形象。

2. 企业内部员工

内部员工对企业是否满意，影响着其对待工作的态度，制约着其为顾客创造价值时的效率和质量。一家企业，要想让外部顾客满意，它首先得让内部员工满意。这里的内部员工不仅指营销人员或直接为顾客提供服务的人员，而是包含所有的企业员工，因为在为顾客创造价值的过程中，任何一个环节的低效率或低质量都会影响最终的顾客满意度。

案例链接

英国一家知名零售跨国集团把建立与员工的相互信赖关系，激发员工的工作热情和潜力作为管理的重要任务。在人事管理上，该企业不仅为不同阶层员工提供周详和组织严谨的训练，而且为每个员工提供平等优厚的福利待遇。关心员工是目标，福利和其他措施都只是辅助手段，最终目的是与员工建立良好的人际关系。例如，一位员工的父亲突然在美国去世，第二天企业就帮他安排好赴美的机票，并赠送足够的费用；而另一个未婚的营业员生下一个孩子，她同时要照顾母亲，为此两年未能上班，企业却一直付薪水给她。

3. 竞争者

对于竞争者，企业关系营销的主要目的是争取与能够和自身进行资源互补的竞争者进行协作，例如技术的共享、产品的共同开发、市场的共同开拓等。这种协作能够降低企业的成本投入和经营风险，实现双赢。与竞争者的关系也会由纯粹的竞争变成“协作竞争”。

4. 中间商

中间商承担着分销渠道的重要功能，也是企业渠道政策、价格政策、促销政策的具体执行者，它们的合作意愿影响着企业营销策略是否能够真正实施。企业通过关系营销建立长期、稳定、互利的中间商关系，以图获得中间商较强的合作意愿和良好的合作态度。同时这样做也能够减少渠道摩擦、渠道调整等带来的营销费用。

5. 顾客

顾客是企业存在和发展的基础，市场竞争的实质是对顾客的争夺。针对顾客的关系营销，目的在于创造更大的顾客价值，提高顾客满意度，培养顾客忠诚度。企业可以通过数据库营销，建立会员组织等多种形式，更好地满足顾客需求，增进顾客对企业的信任，密切双方关系。

6. 其他影响者

其他影响者包括金融机构、新闻媒体、政府、社区、消费者权益保护组织、环保组织等各种各样的社会团体。

三、关系营销的方法

（一）关系营销的方法

营销学家提出了三种建立顾客价值的方法，一级关系营销、二级关系营销和三级关系营销。

1. 一级关系营销

一级关系营销又被称作频繁市场营销或频率市场营销。这是最基本的关系营销，它通过利用价格刺激增加目标市场顾客的财务利益来维持顾客关系。随着企业营销观念从交易导向转变为以发展顾客关系为中心，一些促使顾客重复购买并保持顾客忠诚度的营销手段被经常使用，例如对那些频繁购买以及按稳定数量进行购买的顾客给予财务奖励。一些银行通过它们的信用卡系统与航空企业合作开发了“里程项目”计划，在积累的飞行里程达到一定标准之后，共同奖励那些经常乘坐飞机的顾客。

2. 二级营销关系

二级营销关系在增加目标顾客的财务利益的同时，也增加他们的社会利益。这种方法比单纯的价格刺激能更好地建立顾客关系。营销人员可以通过了解单个顾客的需要和愿望，使产品或服务的提供变得更加个性化和人性化，来增加企业与顾客的社会联系。其常用的途径是建立顾客组织，以某种方式将顾客纳入到企业的特定组织中，使企业与顾客保持更为紧密的联系，实现对顾客的有效控制。例如，很多企业通过实施会员制销售或建立顾客俱乐部，使企业与顾客之间的信息沟通和情感交流变得更加容易和频繁。

3. 三级关系营销

三级关系营销是增加结构纽带，与此同时附加财务利益和社会利益。结构性联系对关系客户有价值，但不能通过其他来源得到的服务来建立。这种联系的存在可以提高客户转向竞争者的机会成本，同时也将增加客户脱离竞争者而转向本企业的收益。尤其是当企业面临激烈的价格竞争时，给予顾客的财务利益和社会利益都只能抵消一小部分竞争者的价格优势，而提供顾客需要的技术服务和援助等深层次结构纽带才能更好地吸引顾客。

（二）关系营销的工具

1. 双向沟通

在关系营销中，信息沟通应该是双向的，而不是以企业为信息源的单向传递。只有广泛的信息交流和信息共享，才是企业赢得各利益相关方支持与合作的前提基础。

2. 协同合作

关系有两种基本状态，即对立和合作。只有通过合作才能寻找到企业与各利益相关方的利益交叉点，寻找共赢的可能。

3. 利益共赢

关系营销关注合作双方或多方的利益获取，而不是通过损害其中一方或多方的利益来增加其他各方的利益。各利益相关方在合作中均实现了利益增长，才能给关系的进一步发展奠定基础。

4. 情感关怀

与利益相关方纯粹的物质利益互惠关系是较脆弱的，为了追求关系的稳定和长期发展，情感交流会起到重要作用。关系营销要通过情感交流让各方能从关系中获得情感需求的满足。

5. 跟踪控制

关系营销活动要求建立专门的部门，用以搜集顾客、中间商、供应商、竞争者等各关系营销对象的信息，并以此来掌控关系的动态变化，以便企业采取相应措施消除有损关系稳定的不利因素。

第四节 网络营销

20 世纪 90 代初开始，飞速发展的互联网（Internet）促使网络技术在企业经营中开始广泛使用，在全球范围内掀起了应用互联网的热潮。在这种机遇和挑战并存的环境下，企业纷纷在网络中提供信息服务和拓展业务项目，关于如何在市场营销活动中利用网络的理论也应运而生，并在企业的积极应用中不断发展和完善。

一、网络营销的含义

互联网是一种不同于传统电视广播的媒体，它不再局限于传统的信息单向性传播，可以与信息的接收者进行实时的交互式沟通，辐射面更广、交互性更强。网络营销是指以互联网为平台，以网络用户为中心，利用数字化的信息和网络媒体的交互性来实现企业营销目标的营销方式。简单地说，网络营销就是以互联网为主要手段进行的，为达到一定营销目的的营销活动。

作为一种新的营销方式，网络营销具有传统市场营销方式所不具备的优点。

1. 网络营销缩短了与市场的距离

国际互联网覆盖全球，企业可以利用它挖掘不同国家或区域的顾客信息，并快捷地进入任何一个传统销售模式难以到达的国家或区域市场，营销自己的产品和服务。网络营销为企业架起了一座通向更广阔市场的通道。

2. 降低营销费用

互联网中的营销推广和商品买卖，是在一种网络环境下进行的，能够降低传统营销模式下的销售费用和渠道成本，使企业具有低成本的竞争优势，尤其对中小企业提供了快速发展扩张的可能性。例如，网络营销加强了企业与供应商的信息交流，可以减少采购费用；建立了企业与消费者之间的直接联系，减少了交易环节及销售费用等。

3. 高速、双向的信息沟通

互联网具有信息传递速度快的优点，并提供了企业与顾客双向信息沟通的途径。企业除借助互联网进行信息传播外，还可以方便地收集顾客信息，并迅速地对顾客进行回应。尤其是顾客信息资料的积累与一对一信息沟通变得更加容易，使企业能够提供有针对性的个性化产品和服务。

4. 信息内容、形式多样化

借助网络进行信息传递，可选择的信息内容、形式非常多样化。图片、动画、文字和声音等多媒体信息可以更好地增强营销推广的效果。

相关资料

2011 年 1 月 19 日，中国互联网络信息中心（CNNIC）在京发布了《第 27 次中国互联网络发展状况统计报告》（下称《报告》）。《报告》显示，截至 2010 年年底，我国网民规模达 4.57 亿人，互联网普及率持续上升，增至 34.3%。我国手机网民规模达 3.03 亿，较 2009 年底增加 6 930 万人。手机网民在总体网民中的比例进一步提高，从 2009 年年末的 60.8%提升至 66.2%。值得关注的是，网络购物用户年增长 48.6%，是用户增长最快的应用，而网上支付和网上银行也有45.8%和48.2%的年增长率，远远超过其他网络应用。我国更多的经济活动正在加速步入互联网时代。43%的中国企业拥有独立网站或在电子商务平台建立网店；57.2%的企业利用互联网与客户沟通，为客户提供咨询服务；中小企业电子商务或网络营销应用水平为42.1%，其中电子邮件以21.3%的比例成为“最普遍的互联网营销方式”。

二、网络营销的内容

（一）网上市场调查和消费者行为分析

大部分的市场调查都可通过互联网进行网上调查，例如问卷调查、观察法调查、二手资料收集等均可通过互联网进行，而且互联网的媒体特点使市场调查的效率变得更高。利用互联网进行市场调查，关键是如何从大量信息中获取有价值的资料并进行相应分析。而且互联网作为用户的一种信息沟通工具，已经成为许多兴趣、爱好趋同的群体聚集交流的地方，并且形成各个特征鲜明的网上虚拟社区，例如主题论坛、即时网上沟通工具用户群体等，了解这些虚拟社区的群体特征和偏好有助于进行网上消费者行为分析。

（二）网络营销策略制定

网络营销作为一种营销模式，同样需要制定适当的营销策略，包括以下几个方面。

1. 网上产品和服务策略

网络可以成为一些无形产品如软件和远程服务的载体，同时也改变了传统产品的销售渠道模式。进行网上产品销售和服务营销，必须结合网络特点重新考虑产品的设计、开发、包装和品牌的传统产品策略。

2. 网上价格策略

网络营销中的产品价格一般比传统营销模式下的产品价格低廉，这与网络营销成本较低和互联网本身独特的免费思想有关。

3. 网上渠道策略

借助网络构建销售渠道，可以使渠道中的流通环节更少，降低渠道成本，但同样使渠道管理控制的手段和策略与传统销售渠道产生了区别，需要制定与之相适应的渠道政策。尤其是网络直销，需要企业转变传统渠道下的整个管理模式。

4. 网上促销

互联网的应用使促销方式有了不断的创新，例如网络团购、限时竞拍等。网络广告是网上促销的一种主要方式，目前，网络广告作为新兴的产业得到了迅猛发展，具有报纸杂志、无线广播和电视等传统媒体发布广告无法比拟的交互性优势。

（三）网络营销管理与控制

网络营销与传统营销模式的差异也为营销管理和控制带来了新的问题，例如产品质量保证与售后服务问题、消费者隐私保护与信息安全问题、网上交易安全问题等。因此需要结合企业网络营销策略，采取相应的措施进行严格的网络营销管理。

三、网络营销的常见手段

1. 搜索引擎营销

搜索引擎营销简写为SEM，是一种借助网络搜索引擎进行企业相关信息传播，并通过搜索引擎返回的结果，来获得更好的销售或者推广渠道的网络营销模式，谷歌、百度、雅虎等公司均提供相关服务。搜索引擎营销主要包括竞价排名、购买关键词广告、搜索引擎优化等方式。

2. 电子邮件营销

电子邮件营销是在用户事先许可的前提下，通过电子邮件的方式向目标用户传递有价值信息的一种网络营销手段。根据电子邮件营销所应用的用户电子邮件地址资源的所有形式，可以分为内部列表营销和外部列表营销，或简称内部列表和外部列表。内部列表也就是通常所说的邮件列表，是利用网站的注册用户资料开展营销的方式，常见的形式如新闻邮件、会员通信、电子刊物等。外部列表营销则是利用专业服务商的用户电子邮件地址来开展营销活动，也就是以电子邮件广告的形式向服务商的用户发送信息。

3. 网络广告

网络广告指运用专业的广告横幅、文本链接、多媒体的方法，在互联网刊登或发布广告，通过网络传递到互联网用户的一种广告方式。网络广告是主要的网络营销方法之一，像前面所介绍的电子邮件营销、搜索引擎关键词广告、搜索排名等都可以理解为网络广告的表现形式。除此之外，还包括放置在网页中的横幅式广告、按钮式广告、悬浮窗广告、插页式广告、竞赛和推广式广告、互动游戏式广告等。

4. 病毒式营销

病毒式营销是一种利用用户口碑传播的原理，借助互联网的信息传播特性，进行高效信息传播的网络营销方法，常用于进行网站推广、品牌推广等。病毒式营销不仅信息传播速度快，在互联网上借助论坛、聊天软件、博客等工具可以像病毒一样快速复制、传播开来，而且由于这种传播是互联网用户之间自发进行的，费用极其低廉。

本章小结

随着社会的发展，应市场营销环境变化和企业竞争的需要，市场营销理论也在进行更新发展，而且在20世纪80年代以后，市场营销理论的发展速度不断加快。整合营销传播、绿色营销、关系营销、网络营销都是比较重要的新营销思想，而且在企业经营中被广泛使用。

整合营销传播要求企业能够整合运用各种营销手段和工具，与顾客进行传播沟通，实现企业的营销目标。绿色营销要求企业适应社会对可持续发展的要求，在市场营销活动中对顾客、企业、社会的多方利益进行协调兼顾。关系营销要求企业抛弃一切只重视短期利益的短视行为，与众多的“关系”企业实现利益共赢。网络营销则把互联网应用到各种营销策略中，借助互联网建立一种新的营销方式。

知识巩固

一、名词解释

整合营销传播　绿色营销　关系营销　网络营销

二、判断题

1. 整合营销传播中，消费者可以从各种接触方式获得信息，可通过各种各样的媒体接收各种形式、不同来源、种类各异的信息，这些信息内容也可以不一致。(　　)

2. 绿色营销就是指在商品包装上印刷绿色认证标志、在广告中标榜绿色商品。(　　)

3. 关系营销是指与消费者之间建立稳定、互利共赢的良好关系。(　　)

4. 网络营销与传统营销的一个显著不同是可以借助互联网进行高速、双向的信息沟通。(　　)

5. 本章节中的这些新发展的营销理念让企业彻底的抛弃传统市场营销思想。(　　)

三、填空题

1. 整合营销传播的特征有________、________、________、________、________。

2. 绿色营销是指企业以环境保护为指导思想，以绿色文化为价值观念，在生产经营过程中将________、________和________三者统一。

3. 绿色营销策略包括________、________、________、________。

4. 三级关系营销是增加结构纽带，与此同时附加________和________。

5. 关系营销工具有________、________、________、________、________。

6. 网络营销的常见手段有________、________、________、________。

7. 病毒式营销是一种利用________原理，借助互联网的信息传播特性，进行高效信息传播的网络营销方法，常用于进行________、________等。

四、思考题

1. 整合营销传播与传统的营销理念有什么不同？

2. 生活中很多企业将绿色标志放在产品包装的最显眼处，这种行为是不是等同于绿色营销？

3. 关系营销的优势表现在哪些方面？

4. 你在生活中还接触过哪些网络营销的新手段？

案例分析

巴塔哥尼亚是美国一家运动设备制造商，创办于1975年，10年后销售额扩大到1亿美元，随后由于经济衰退的影响而导致销售放缓。为了走出业务下滑的困境，企业决定开始应用新的实践做法——绿色营销。

1985年巴塔哥尼亚承诺把其年销售额的1%捐给环保团体，然后它在制造一些产品时开始使用循环再造的苏打瓶。接着开始用100%的有机棉制造其他的成衣，在这之前已经使用回收客户的破旧内衣来循环制作新的服装。

巴塔哥尼亚致力于在运动服装产品线上长期使用有机棉，但却困难重重，最难解决的是有机棉的成本比化学纤维高20%以上，不得不在刚开始时提高价格并被迫承受很低的利润率。但巴塔哥尼亚坚持使用有机棉，并就此对客户发表了一项声明。

为了极力表明其承诺，巴塔哥尼亚不懈地与消费者进行沟通。它把信息编排在企业宣传册的文章中、商店印刷品和广告上。宣传手册自1991年以来都由再生纸张制作，并选择对环境负责的纸张供应商作为合作伙伴。

巴塔哥尼亚领导人乔伊纳德说“我试图改变消费者。通过我们的宣传册和我们的各种活动，我们教育了消费者。”

巴塔哥尼亚有许多创新式营销，但最富有创造性的营销方式是诚实。在企业网站上，它发表了“足迹史录”，允许任何人跟踪某一产品从设计到交付的整个过程。它列出了其产品对环境做的“好事”，同时，它也列出了企业的产品对环境仍然做的一些“坏事”。例如，在“好事栏”里，企业列出了其二级圆领羊绒衫的羊毛是来自新西兰经营良好的绵羊牧场，染色不使用重金属。在“好事栏”旁边是“坏事栏”，企业举出羊毛长途运输是一个弊病，这样增加了环境的成本。

乔伊纳德在他的著作中坦率地承认：“企业永远不会完全对社会负责，我们的企业绝不会制造出一个完全可持续、没有破坏性的产品，但它会一直努力尝试。”

在巴塔哥尼亚争取做到可持续的过程中，公司的销售额稳定增长，到2006年，达到2.75亿美元，毛利率在8%～12%的行业平均水平中处于高位——而且这是在扣除了营业收入的1%之后的毛利率。

绿色目标达到了，商业目标也达到了。

案例思考

1. 案例中企业的做法体现了哪几种营销思想？

2. 案例中企业的成功之处在于哪里？

一、任务实例描述

天一饮品企业是你所在城市的一家小规模地方性企业，其旗下的“天一”牌矿泉水是新推出的矿泉水品牌。现天一饮品企业希望通过广告宣传活动，在你所在城市进行品牌推广，请收集你所在城市的相关市场资料，为其制订营销计划。

二、任务实例的解决方案和操作过程

首先结合产品的广告媒体策略，提出适合产品的促销策略。按照对消费者促销、对经销商促销和对销售人员促销三个角度，结合整合营销、绿色营销、关系营销、网络营销的理论出发，制订促销计划，并相应地组织促销活动。

三、完成任务实例的操作过程

（1）首先确定营销传播的诉求目标及对象。

（2）设计相关品牌信息，选择能够有效传播信息的渠道组合。

（3）编制预算。

（4）组合使用各种促销方式。

（5）选择效果测量方法和指标。

主要参考文献

[1] M·J·埃策尔，B·J·沃克，等. 2008. 新时代的市场营销[M]. 张平淡，牛海鹏译. 北京：企业管理出版社.

[2] 范忠. 2003. 市场营销学[M]. 西安：西北大学出版社.

[3] 方光罗. 2005. 市场营销概论[M]. 沈阳：东北财经大学出版社.

[4] 菲利普·科特勒. 1998. 营销学导论[M]. 北京：华夏出版社.

[5] 菲利普·科特勒. 2001. 市场营销管理（亚洲版）. 北京：中国人民大学出版社.

[6] 菲利普·科特勒，凯文·莱思·凯勒. 2009. 营销管理. 王永贵译[M]. 上海：格致出版社.

[7] 郭国庆. 2005. 市场营销学通论[M]. 北京：中国人民大学出版社.

[8] 郝戊，王刊良. 2008. 网络营销[M]. 北京：机械工业出版社.

[9] 兰苓，刘志敏. 2006. 市场营销学[M]. 北京：中央广播电视大学出版社.

[10] 罗杰·J·贝斯特. 2010. 营销管理[M]. 权小妍，吕洪兵，姜岩译. 北京：清华大学出版社.

[11] 桥本博，韩彩文. 2007. 市场营销手册[M]. 权小妍，吕洪兵，姜岩译. 北京：科学出版社.

[12] 盛敏. 2005. 市场营销学案例集[M]. 北京：清华大学出版社.

[13] 孙曰瑶，曹越. 2009. BCSOK:品牌建设体系[M]. 北京：经济科学出版社.

[14] 唐·亚科布奇. 2011. 营销管理[M]. 田克龙译. 北京：机械工业出版社.

[15] 王慧敏. 2000-11-20. 别硬着头皮烤“炊饼”[M]. 人民日报，9.

[16] 吴健安. 2007. 市场营销学[M]. 北京：高等教育出版社.

[17] 杨勇. 2006. 市场营销：理论、案例与实训[M]. 北京：中国人民大学出版社.

[18] 余明阳. 2009. 市场营销战略[M]. 北京：清华大学出版社.

[19] 赵忠芳. 2010. 市场营销强化练习习题[M]. 北京：中国石化出版社.

配套资料索取说明

本书辅助学习资料可从人民邮电出版社教学与服务资源网（www.ptpedu.com.cn）下载。

本书辅助教学资料仅提供给采用本教材的授课教师，请索取资料的教师按以下格式填写调查表并发邮件至 wanguoqingljw@163.com 或 goodbook2010@tom.com。

姓名：________ 性别：___ 职称：______ 职务：______ 办公电话：_______

手机：________ 电子邮箱：________ 学校：____________________

院系：_____________ 通信地址（邮编）：________________________

我校本课程在第___学年___学期开设，原选用_________出版社，________主编的《_________》为本课程教材，____________________专业______个班共_____人使用该教材。

证明人：_______ 职务：_______ 电话：_____________ 邮箱：____________

21世纪高职高专财经类规划教材

专业基础系列已出版教材

基本信息	特点简介
管理学基础 主编：季辉 出版时间：2010年8月 书　　号：978-7-115-23521-3	提供课件、教案、习题答案、案例分析 以管理格言、导入案例增强读者学习兴趣，以课堂讨论、案例分析加深读者对所学内容的理解，以结构框图、章后小结方便读者把握内容线索，以管理一般规律为基本主线进行内容的阐述，力图使读者用最短的时间掌握管理的基本理论和技能
会计基础与实务 主　　编：杨桂洁 出版时间：2010年8月 书　　号：978-7-115-23181-9	提供教案、课件、模拟案例和习题答案、案例分析，单独提供模拟案例原始凭证附册 本书是校企合作开发的基于会计工作过程的项目式教材，按照会计工作过程选取、序化教学内容，运用单一实例贯穿全书，采用仿真的凭证、账簿、报表组织教材内容，并安排相应的教、学、做一体化训练，突出仿真性和互动性，实现工学结合
财务管理 主　　编：马红光 出版时间：2010年8月 书　　号：978-7-115-23114-7	提供教案、课件、习题答案、案例分析 理论与实践紧密结合，模块化编写，各模块相对独立，方便教与学 本书层次清晰、语言简明，力求开门见山，将知识点细分、归纳、精练，理论准确、言简意赅，最终落脚到该理论如何应用到现实层面

续表

基本信息	特点简介
经济学基础 主　　编：杨洁、方欣 出版时间：2010年8月 书　　号：978-7-115-23380-6	提供课件、教案、习题答案 采用案例导入教学，围绕现实生活中的经济现象展开基本理论的叙述，突出实践性、实用性及职业教育的特色，通过穿插示例、补充说明、探索与思考等形式多样的资料，使教材活泼生动、通俗易懂、可读性强
统计实用技术 主　　编：胡宝珅、邓先娥 出版时间：2010年8月 书　　号：978-7-115-23366-0	本书根据省级精品课程教学成果开发，精品课程网站为本书提供教学支持，提供授课计划、教学大纲、试卷样本、实训资料、电子教案 大幅增加统计整理内容，压缩统计分析内容，突出技能操作性，尽量以简明扼要、通俗易懂的形式表现其能力点和技能点，让人一目了然 《统计实用技术实训》为本书配套学习用书
统计实用技术实训 主　　编：胡宝珅、陈娟 出版时间：2010年8月 书　　号：978-7-115-23355-4	本书分为三部分。第一部分“单项技能实训”主要包括知识目标、技能目标、本章基本架构、基本技能概述、技能实训资料及参考答案、复习思考题及参考答案等内容。第二部分“综合技能实训”含两套实训内容方案。第三部分常用数表包括“随机数表”和“累计法平均增长速度查对表” 本书为《统计实用技术》配套学习用书
国际贸易理论与实务 主　　编：康芳民、刘旨贤 出版时间：2010年8月 书　　号：978-7-115-23395-0	提供课件、教案、习题答案、案例分析 本书分为两篇。上篇为理论篇，从国际贸易的研究对象与内容出发，重点介绍国际贸易基本理论、政策、政策工具及国际贸易体制。下篇为实务篇，从国际贸易术语出发，重点分析国际贸易交易磋商、谈判、合同的主要条款、贸易方式的选择及贸易结算 本书案例丰富，凸显可操作性。章后设小结、习题与案例应用
经济数学 主　　编：郭欣红、姜晓艳 出版时间：2010年8月 书　　号：978-7-115-23290-8	提供教案、课件、习题答案 以授课学时分节，节后配备课后习题，章后设单元练习 力求简化繁琐的埋论推导过程，突出重点、难点。例题的选择力争从现实生活中和经济活动中搜集教学素材，解决生活中的实际问题
经济法实务 主　　编：王琳雯　李良雄 出版时间：2011年2月 书　　号：978-7-115-24764-3	提供课件、教案、习题参考答案、案例分析 充分吸收最新经济法律法规，针对性地选择与财经专业最密切、最实用的法律法规 从职业岗位人才培养需求出发，高度结合会计从业资格、银行从业资格、证券从业资格的考试要求 彰显以学生为中心的教育理念，打破“法条罗列”式教材编写模式，利用“案例导入”、“社会热点”、“法律前沿”、“补充阅读”、“课堂讨论”、“专家说法”等栏目调动学生求知欲，增强可读性
商务谈判 主　　编：田玉来 出版时间：2011年1月 书　　号：978-7-115-24962-3	提供课件、教案、习题答案 突出趣味性，提升读者阅读兴趣。案例导入引起读者的学习兴趣；案例解析引导读者理论联系实际，增强学习效果；课堂讨论、案例、小资料和实训提高读者的阅读兴趣 着重商务谈判能力培养，提高实用性。丰富的习题方便读者对知识的消化和理解，精心安排的模拟实训着力于商务谈判能力的培养

续表

基本信息	特点简介
市场营销理论与实训 主　　编：方凤玲 周博 出版时间：2011 年 8 月 书　　号：978-7-115-25909-7	书中除提供习题外，还设置了实训项目，本书配套资料中提供实训支持材料，方便教学过程中实训环节的开展 每章前后加入了与内容紧密联系的营销案例，供教师课堂讲解或学生课后阅读分析，加强对理论知识的理解 提供课件、教案、习题答案、模拟试卷、教学案例、实训支持材料
金融基础知识 主　　编：韩宗英 出版时间：2011 年 7 月 书　　号：978-7-115-25823-6	提供课件、教案、案例分析、实战演练答案、习题答案、模拟试卷 在内容上反映最新的金融实践发展 着重加强案例教学和技能实训，将学习、探究、实训、拓展有机结合 每章以通俗易懂的故事导入，正文中配以相应的案例和实战演练，尽可能采用活泼生动的语言，力图使阅读不再枯燥乏味
保险基础与实务 主　　编：徐昆 出版时间：2011 年 8 月 书　　号：978-7-115-25908-0	校企合作开发，与职业资格证书考核内容和专业岗位要求相衔接，满足多种岗位需要，简单易学，循序渐进 涵盖保险基础、保险实务、保险理财、保险实训 提供课件、案例分析、习题答案、模拟试卷、保险实训资料
演讲与口才实用教程 主　　编：蒋红梅 罗 纯 出版时间：2011 年 7 月 书　　号：978-7-115-25935-6	提供课件、教案、整体设计、单元设计、课程标准、案例库和案例分析、检测标准 以“精讲多练”为原则，通过 100 多个训练步骤，攻难点、补薄弱，帮助读者达到敢说、能说、会说、巧说的语言表达要求 注重职场口才的技能培养，设计了虚拟求职面试和行业服务情境，强化岗位特殊口语能力，使读者在最短的时间内，最大限度的掌握特定的职业口语风范与从业规范

财务会计系列已出版教材

基本信息	特点简介
财务报告编制与分析 主　　编：赵威 出版时间：2010 年 12 月 书号：978-7-115-24442-0	提供课件、教案、教学案例集、习题答案、试卷样本 理论精准够用、条理清晰，例题、案例选择贴近实际，注重程序、方法的实用性 每章“引例导读”可激发读者的学习兴趣，提升其学习欲望；“课堂讨论”促使读者进行思考并保持学习兴趣；“知识导航”、“案例”和“推荐阅读”介绍相关知识或实例，开阔读者的视野；“小结”和“习题”，进一步帮助读者巩固所学知识
财务会计 主　　编：贾永海 出版时间：2011 年 6 月 书　　号：978-7-115-25428-3	提供课件、教案、教学做一体化训练参考答案 按照会计工作岗位选取、序化教学内容，以工作岗位为导向，工作任务为载体，融教、学、做于一体，突出仿真性和互动性，实现工学结合 理论知识够用，体例新颖，“知识目标”“能力目标”“导入案例”“考考你”“小知识”“学中做”等小栏目方便读者阅读和教师授课 重点突出实训环节，模块后配有“教学做一体化训练”项目

续表

基本信息	特点简介
会计综合实训 主　　编：甄立敏　张亚兵 出版时间：2011年8月 书　　号：978-7-115-26146-5	提供课件、教案、手工会计处理参考答案、计算机会计处理备份文件、纳税申报纸质资料、电子报税系统备份 本书由校企合作共同开发，由会计、税务行业的企业专家、会计工作人员和会计专业的教师共同编写，实训素材仿真性强 实训项目根据企业会计的实际情况设置，将会计处理和纳税申报相结合，增加职工个人权益业务内容，全书由手工会计综合仿真实验、电算化会计综合仿真实验实训和企业纳税申报仿真实验三部分组成

财政金融系列已出版教材

基本信息	特点简介
金融法理论与实务 主　　编：罗艾筠　刘洁 出版时间：2010年2月 书　　号：978-7-115-24715-5	提供课件、教案、习题考答案、案例分析 基于对金融第一线岗位人才培养的要求和高职教学改革要以"开放思想"为指导，以"工学结合"为手段的理念，本着高职高专特色，淡化"金融法"课程的独立性，始终强调"金融法"课程与相关专业课程之间的联系和综合，体现了金融法课程结构的均衡性和实用性 努力贯彻"理论足够为度，着重培养应用能力"，在每一章穿插大量的同步、关联案例，以案例解读法律条款，强化对法律条款的理解与适用，在每一章后还设置了知识点测试和实践能力训练，以着重培养应用能力
证券投资理论与实务 主　　编：吴作斌　罗正媛 出版时间：2011年7月 书　　号：978-7-115-25960-8	提供课件、教案、习题答案 内容上借鉴部分国内外证券市场理论研究的最新成果，并力求贴近和反映我国资本市场近年来的发展实践 增加了证券投资实务尤其是基本分析部分的篇幅，并且努力营造有一定趣味性的阅读环境，使读者乐于阅读并能轻松掌握证券投资的方法、策略等内容

经济贸易系列已出版教材

基本信息	特点简介
国际贸易实务 主　　编：张燕芳　林卫 出版时间：2010年2月 书　　号：978-7-115-24747-6	提供课件、教案、习题答案、案例分析 基于国际贸易工作过程编写。教材的章节顺序即出口业务中的工作顺序，每一章均根据每一工作环节的技能需要安排理论内容和实践教学 突出国际贸易职业能力培养。教材的理论内容与国际贸易业务紧密联系，实践教学以一笔出口业务为主线，详述达成此笔交易和履行该合同的整个工作过程及所需的业务技能 理论与案例相结合，提高教学的生动性，加强对学生思维能力的培养
国际贸易单证实务与操作 主　　编：徐薇 出版时间：2010年5月 书　　号：978-7-115-25009-4	提供课件、教案、习题答案 与全国国际商务单证员考试内容相衔接，有助于读者考取单证员证书 上篇国际贸易单证实务结合实际外贸业务流程精讲相关知识；下篇国际贸易单证操作，精编了大量的各种类型的习题，分为基础知识部分与实训操作部分，是上篇的配套练习 突出商务英语与国际贸易专业知识结合。本书将英语与单证结合，将外语讲懂、讲通、讲透，提高学生的外语水平

市场营销理论与实训

Shichang yingxiao lilun yu shixun

21 世纪高职高专财经类规划教材

已 出 版 教 材 书 目

21SHIJI GAOZHIGAOZHUAN CAIJINGLEI GUIHUA JIAOCAI

本书特色

理论与实训相结合。书中除提供习题外，还设置了实训项目，本书配套资料中提供实训支持材料，方便教学过程中实训环节的开展。

案例新颖实用。每章前后加入了与内容紧密联系的营销案例，供教师课堂讲解或学生课后阅读分析，加强对理论知识的理解。

配套资料丰富。为方便读者学习和教师授课，本书提供课件、教案、习题答案、模拟试卷、补充教学案例和实训支持材料，索取方式参见正文末页“配套资料索取说明”。

免费提供

课件等相关资料

人民邮电出版社

教学服务与资源网

www.ptpedu.com.cn

教材服务热线：010-81055256

反馈/投稿/推荐信箱：315@ptpress.com.cn

人民邮电出版社教学服务与资源网：www.ptpedu.com.cn

ISBN 978-7-115-25909-7

定价：29.00 元

封面设计：董志桢